Le Cycle du Graal

QUATRIÈME ÉPOQUE

La fée Morgane

J'AI LU

JEAN MARKALE

Le Cycle du Graal :

1. La naissance du roi Arthur	*J'ai lu* 4742/I
2. Les chevaliers de la Table Ronde	*J'ai lu* 4743/5
3. Lancelot du Lac	*J'ai lu* 4744/I
4. La fée Morgane	*J'ai lu* 4745/J

A paraître chez J'ai lu :

5. Gauvain et les chemins d'Avalon
6. Perceval le Gallois
7. Galaad et le roi pêcheur
8. La mort du roi Arthur

Jean Markale

Le Cycle du Graal

QUATRIÈME ÉPOQUE

La fée Morgane

Éditions J'ai lu

INTRODUCTION

L'ombre de Merlin

Ce matin la fille de la montagne tient
sur ses genoux un accordéon
de souris blanches.

André BRETON
(*Fata Morgana*)

Quand, en décembre 1940, réfugié à Marseille dans une zone dite libre, André Breton écrivait un long poème d'amour auquel il donnait le titre latin de *Fata Morgana*, il savait inconsciemment très bien ce qu'il faisait. Car, sous les orages des débuts de la Seconde Guerre mondiale, à quoi, ou à qui, pouvait-on se raccrocher pour éviter de tomber dans le vide absolu, sinon à une figure mythique et symbolique surgie du plus profond de l'imaginaire humain ? Et la *Fata Morgana*, autrement dit la Fée Morgane, cristallisation de l'éternelle femme magicienne et enchanteresse, était sans doute la seule à pouvoir encore conjurer les mauvais sorts qui s'abattaient sur l'Europe et sur un monde toujours endormi dans l'hébétude.

Il faut bien avouer que la Fée Morgane exerce une fascination particulière ; et c'est peut-être parce que c'est le personnage le plus mystérieux, le plus énigmatique de toute la tradition arthurienne. D'abord, Morgane est très mal connue, sans doute parce qu'elle semble trop « sulfureuse » et qu'elle a été souvent occultée dans les récits christianisés du Moyen Age. Ensuite, on la confond sans raison avec la fée Viviane, la Dame du Lac[1], et on en fait la mère de Mordret, destructeur de la société arthurienne, ce qui n'apparaît pourtant dans aucun texte. Tout vient de la confusion entretenue entre le nom de Morgause (*Margawse* dans la compilation anglaise tardive de Thomas Malory), qui est, dans certains textes, la femme du roi Loth d'Orcanie, c'est-à-dire Anna, une autre sœur d'Arthur, et le nom de Morgane, ou Morgue, qui ne figure, au départ, que dans les textes continentaux. La fée Morgane est en effet totalement absente des récits primitifs gallois concernant le mythe arthurien et le cycle du Graal. Ce n'est que dans la version galloise de l'*Erec et Enide* de Chrétien de Troyes qu'on pourrait la retrouver : encore faut-il préciser qu'il ne s'agit pas d'une femme, mais d'un homme, Morgan Tut, chef des médecins d'Arthur, et bien entendu dépositaire de toute la magie héritée des druides. Qui est donc en réalité cette Morgane que les textes français chargent volontiers de tous les péchés du monde ?

Si l'on s'en tient à une étymologie celtique plus qu'évidente, le nom de Morgane provient d'un ancien brittonique *Morigena*, c'est-à-dire « née de la mer », dont l'équivalent en gaélique d'Irlande est *Muirgen*. Mais une telle interprétation ferait de Morgane une véritable fée des eaux, ce qui ne semble pas le cas. Pourtant, dans la tradition populaire de Bretagne armoricaine, on raconte souvent des histoires au sujet de mystérieuses *marymorgans* qui sont des êtres féeriques vivant dans les eaux de la mer. Et si l'on va plus loin, on découvre dans la toponymie française un cer-

1. C'est le cas dans le film de John Boorman, *Excalibur*, où cette confusion, parfaitement valable sur le plan dramatique, fausse complètement la valeur symbolique de ces deux personnages féminins essentiels du mythe.

tain nombre de rivières ou de fontaines qui portent des noms comme Mourgue, Morgue ou Morgon. Mais il s'agit d'eau douce, et non de la mer. Et cela ne correspond nullement au personnage décrit dans les romans arthuriens, femme-fée, vaguement « sorcière » au sens vulgaire du terme, et quelque peu nymphomane, ce qui n'est pas contradictoire mais contribue à la faire présenter comme un être maléfique.

Fait étrange, on ne la trouve jamais auprès du personnage primitif d'Arthur, sauf sous l'aspect masculin de Morgan Tut. Certes, on pourrait dire qu'il y a eu féminisation du sorcier, le médecin, appartenant autrefois à la classe des druides, étant considéré comme expert en magies diverses. Mais le cas se complique lorsque l'on constate, dans la tradition continentale, la présence d'un grand géant qui porte le nom de Morgant ; cependant, il n'a rien à voir avec Gargantua bien que Rabelais, bon connaisseur des légendes populaires, en ait fait l'un des ancêtres de Pantagruel, dans la plaisante généalogie dressée de celui-ci en son *Second Livre*. On trouve un récit très littéraire sur ce géant Morgant dans un ouvrage italien de 1466, dû au Florentin Luigi Pulci, ouvrage qui fut bientôt traduit et imprimé en français et connut un immense succès au cours du XVIe siècle. Il s'agit de l'histoire de « Morgant le géant, lequel, avec ses frères, persécutait toujours les chrétiens et serviteurs de Dieu » ; mais ils furent, après de multiples péripéties, tués par le comte Roland, neveu de Charlemagne. Et si l'on en croit ce récit, Morgant habitait une grande montagne qui ne peut être que les Alpes, et l'action se prolonge dans le sud de l'Italie, dans les Pouilles très exactement, où se situe le fameux *Monte Gargano* qui porte le nom de Gargantua. Il faut évidemment prendre avec précaution ces récits de la Renaissance prétendument inspirés de la tradition populaire : la tendance de l'époque est à la « fabrication » de mythes lorsque ceux-ci justifient l'invraisemblance du déroulement romanesque. Mais il n'y a pas de hasard. En Bretagne armoricaine, un géant nommé « Ohès le Vieil Barbé », dans la chanson de geste qui porte le titre de *Chanson d'Aiquin*, est devenu, dans la tradition orale, un personnage féminin, Ahès, très vite confondue avec Dahud (= bonne sorcière), fille du roi Gradlon de la célèbre ville d'Is. Et actuellement encore, les antiques voies romaines de Bretagne armoricaine sont connues sous l'appellation de « Chemins d'Ahès ».

Quoi qu'il en soit de ce problème, Rabelais n'a jamais confondu le géant Morgant avec notre fée Morgane. Dans le même *Second Livre*, on peut en effet lire : « Pantagruel ouït nouvelles que son père Gargantua avait été translaté au pays des Fées par Morgue, comme le furent jadis Ogier et Arthur. » Il ne fait d'ailleurs que reprendre un thème cher aux auteurs de son siècle, puisque, la même année 1532, un anonyme avait publié des « *Grandes Chroniques* » où l'on voyait naître Gargantua de Grandgousier et Gargamelle, ceux-ci étant créés par la magie de Merlin, puis Gargantua se mettre au service du roi Arthur : « Ainsi vécut Gargantua, en la cour du très redouté et puissant roi Arthur, l'espace de trois cents ans, quatre mois, cinq jours et demi, justement, puis porté par Morgain la fée et Mélusine en féerie, avec plusieurs autres, lesquels y sont encore à présent. » Cela montre l'importance des romans de chevalerie, des récits féeriques et du cycle arthurien au début de la Renaissance, en France. Quant à la différence entre les formes Morgue et Morgain, elle s'explique parfaitement : en vieux français, Morgue est le cas sujet (nominatif) et Morgain le cas régime (ancien accusatif latin) d'où est tirée la forme moderne Morgane.

Autre fait troublant à propos de cette héroïne féerique, et qui n'est pourtant que le résultat d'une kabbale phonétique qui prête à rire : le mariage morganatique. L'exemple type, au XVIIe siècle, en a été l'union contractée par Louis XIV, devenu veuf, avec sa maîtresse, Madame de Maintenon. Il s'agissait d'un mariage *secret*, uniquement religieux, donc valable sur le plan spirituel, mais sans aucun effet sur ce qu'on ne nommait pas encore le « droit civil ». En quoi donc le mariage dit « morganatique » a-t-il un rapport, même très vague, avec la fée Morgane ?

Henri Dontenville, grand spécialiste s'il en fut – et d'ailleurs très controversé – des traditions populaires françaises, a écrit sur ce sujet des réflexions qui ne sont pas à prendre à la légère. Dontenville part en effet du conte bien connu de Charles Perrault, *La Belle au bois dormant*, conte d'origine populaire et remis au goût du jour par la grâce de cet écrivain considéré comme mineur par le tout-puissant maître des usages qu'était Boileau. On connaît le thème de ce conte, incontestablement initiatique : un jeune prince (le Prince *Charmant*, au sens fort – et étymologique – du terme) réveille une belle princesse endormie, c'est-à-dire sous le coup d'un *charme*, ou, si l'on préfère, d'un sortilège, et l'épouse secrètement. Et, de cette union, naissent une fille, l'Aurore, et un fils, le Jour. Et voici le commentaire d'Henri Dontenville : « Sous l'affadissement d'une prose XVIIe siècle, on tient probablement là l'essentiel, et la fée Aurore ne doit pas être autre que notre fée Morgane ou Morgue, celle qui se mire déjà dans une fontaine, au point du jour[1]... lorsque le soleil va se lever. Le mot serait alors l'équivalent de l'allemand *morgen*, "matin"... Ira-t-on d'un bond rejoindre la *Fata Morgana*, de date inconnue, sur la côte de Sicile où Morgantium, fondation ancienne des Sicules, pose son point d'interrogation ? Morgantium était sur le bord oriental de l'île, face au matin[2]. » Curieux rapprochement, à la fois avec la Grande Grèce, dont faisait partie

1. Ce qui rappelle la légende du Val sans Retour, localisé dans la forêt de Paimpont-Brocéliande. Au fond de ce val, « enchanté » par Morgane, se trouve un étang que la tradition nomme le « Miroir aux Fées » et sur les eaux duquel les fées viennent contempler leur visage chaque matin, au milieu de la brume.

2. H. Dontenville, *Mythologie française*, Paris, Payot, 1973, p. 144.

la Sicile, et la tradition germanique... Après tout, l'Yseult celte porte un nom dérivé du germano-scandinave *Ischild*. Pourquoi Morgane ne serait-elle pas la « Fée du Matin », celle qui, dans la légende ultérieure, est chargée par le Destin de redonner une nouvelle *aurore* au roi Arthur dans cette mystérieuse île d'Avallon, située symboliquement dans un occident qui peut être un nouvel orient ? Il semble que Morgane contienne en elle-même bien des interrogations.

Il est certain que le terme *morganatique* n'a aucun rapport sémantique avec notre Morgane. Mais la tradition se moque des règles de la linguistique, et la valeur symbolique d'un nom résulte bien souvent d'une analogie ou d'une simple homophonie. Si l'on s'en tient à l'étymologie pure, le terme *morganatique* provient du bas-latin *morganaticus*, attesté chez Grégoire de Tours, mot issu du francique *morgangeba* qui signifie littéralement « don du matin », mais qui désigne le douaire donné par le nouveau marié à sa femme. Pourtant, dans les sociétés celtique et germanique, ce douaire, à l'origine, n'était donné qu'après la nuit de noces, c'est-à-dire après que le marié se fut assuré de la virginité de son épouse. Il s'agit donc bel et bien du « prix du sang virginal ». Or, si, à propos de Morgane, « la plus chaude et la plus luxurieuse femme de toute la Bretagne », selon le texte de la version cistercienne, il est difficile de parler de sang virginal, on peut cependant penser qu'elle incarne l'image parfaite de la Vierge éternelle, c'est-à-dire celle qui se régénère sans cesse, et qui, chaque matin, est de nouveau libre et disponible, et également *puissante*, ce qui est finalement le sens étymologique du mot « vierge », d'un latin *virgo* où l'on retrouve *vis* (génitif *viris*, « force »), ou d'un ancien celtique *wraka* qui est à l'origine du breton *groac'h*, « sorcière », ainsi que du français « virago ». Tout se tient. Morgane est bel et bien une des images fortes de la Vierge universelle, maîtresse de la vie et de la mort, de l'amour et de la haine, l'ambiguïté faite femme.

On aura confirmation de cette hypothèse en se tournant vers l'Irlande. C'est là en effet qu'ont été conservés, dans les manuscrits laissés par les moines chrétiens, les thèmes et les figurations les plus archaïques de la mythologie celtique. Et l'on ne peut que s'arrêter sur le fantastique personnage de Morrigane (ou *Morrigu*, au cas sujet), l'une des plus intéressantes représentations de la déesse universelle. Appartenant à la lignée des Tuatha Dé Danann, c'est-à-dire au clan des divinités issues de la déesse primordiale Dana (la Dôn de la tradition galloise), elle est l'être ambigu par excellence, régissant l'amour, la guerre, la prophétie et la magie. Elle provoque lascivement les guerriers (comme Morgane le fait avec Lancelot), les excite furieusement les uns contre les autres, hurle d'étranges prophéties et se livre à des rituels magiques le plus souvent incompréhensibles. Et comme, dans la tradition celtique, les divinités ont au moins trois visages ou trois noms, elle est la « triple Brigit », celle que Jules César, dans ses *Commentaires*, appelle la Minerve gauloise, déesse de la poésie, des arts, des techniques et de la Connaissance en général. Mais elle apparaît souvent, dans le cycle épique et mythologique irlandais, comme une sorte de divinité féminine trinitaire sous les noms de Morrigane-Bodbh-Macha. Il est alors très important d'examiner ces noms pour mieux comprendre ce que recouvre la Morgane du cycle du Graal.

Macha est quelque peu occultée dans la mesure où elle est présentée comme une fée « mélusinienne » proposant à un paysan de l'épouser, de lui procurer richesse et bonheur, à la condition de ne jamais parler d'elle. Bien entendu, le paysan, comme le Raymondin de la légende poitevine, transgresse l'interdit, et, après avoir dû, bien qu'enceinte, engager une course folle contre les chevaux du roi d'Ulster, Macha, victorieuse, donne naissance à des jumeaux, maudit tous les habitants d'Ulster et disparaît. On retrouvera cette Macha irlandaise dans la tradition galloise sous le nom de

Rhiannon, et dans la statuaire gallo-romaine sous le nom d'Epona, la « déesse-cavalière », ou la « déesse-jument ».

Bodbh est le nom gaélique de la corneille. Dans la plus ancienne épopée d'Irlande, la célèbre *Razzia des bœufs de Cualngé,* elle apparaît sur le champ de bataille sous la forme d'une corneille qui vient harceler les combattants. On la retrouve dans de nombreux épisodes des récits arthuriens où elle accomplit les mêmes actions. Et Geoffroy de Monmouth, dans sa *Vie de Merlin,* prétend qu'elle et ses sœurs, qui vivent dans l'île des Pommiers, sont capables de se métamorphoser en oiseaux : car, dans le texte de Geoffroy, il s'agit bel et bien de Morgane, reine de l'île d'Avallon, maîtresse des vents, des tempêtes et des animaux sauvages.

Le nom de Morrigane a donné lieu à bien des interprétations. Il semblait sans doute trop facile d'identifier formellement la Morrigane gaélique comme étant la Morgane des romans arthuriens. Aussi, à la suite de d'Arbois de Jubainville a-t-il proposé à ce nom la signification de « reine des cauchemars ». C'était avouer qu'elle faisait peur et qu'elle était au centre de tous les fantasmes de la nuit. Mais, en fait, le nom de Morrigane s'explique très simplement : elle est *la Grande Reine,* ou plus exactement « la grande royale ». Or, le nom de l'héroïne galloise Rhiannon (Rivanone en breton-armoricain), venu d'un ancien brittonique *Rigantona,* a exactement la même signification. Il ne peut plus y avoir d'hésitation sur ce point : Morgane n'est pas la « née de la mer », elle est « la grande reine », elle s'identifie pleinement avec la Morrigane irlandaise, et elle est l'image héroïsée – et quelque peu « diabolisée » – de la Vierge universelle. D'où son importance dans le déroulement des multiples épisodes de ce cycle du Graal : elle est partout présente, *comme Merlin,* mais le plus souvent masquée, déguisée ou occultée, *parce qu'elle fait peur.*

Car n'oublions pas que Merlin, le prophète et l'enchanteur, est le fils d'un diable, et qu'il n'a que deux disciples, deux femmes, Viviane, la Dame du Lac, et Morgane, la reine de l'île des Pommiers. Merlin ayant disparu de la surface de la terre, selon sa propre volonté, il appartient à ses deux disciples de surveiller le fonctionnement des rouages subtils qu'il a mis en place. La première, Viviane, a pris en charge l'éducation de Lancelot, celui qui est nécessaire à cette étrange société égalitaire qu'est la Table Ronde. Viviane est devenue ainsi la Dame du Lac, la mère nourricière et l'initiatrice de celui qui sera le meilleur chevalier du monde. Mais comment peut-on devenir le meilleur chevalier du monde si l'on n'a pas d'obstacles à surmonter ? Ces obstacles, ce sera à Morgane de les dresser sur le passage du héros, car elle est l'excitatrice, la provocatrice, celle sans laquelle aucune progression ne peut être réalisée dans cette difficile errance vers le Graal. C'est dire l'importance de ces deux personnages féminins dans l'épopée arthurienne : ils sont essentiels, bien que contradictoires si l'on s'en tient aux apparences ; on est alors tenté de dire que Viviane construit et que Morgane détruit. Cette vision élémentaire n'est ni vraie ni fausse, et il faut se garder de tout parti pris manichéen de bas étage. Dans le Cycle du Graal, en dépit de la lutte que semblent engager les chevaliers d'Arthur contre les forces des ténèbres, il n'y a aucune référence à un Bien absolu, ni condamnation d'un Mal non moins absolu. L'amour de Lancelot pour Guenièvre est adultère, et il devrait être condamné. Mais il est facteur de prouesses et, dans cette mesure, il ne peut qu'être exalté. Merlin a permis à Uther Pendragon de réaliser son désir adultère et meurtrier, mais ce n'était que pour donner naissance à Arthur. Par contre, Arthur, en toute innocence, en toute naïveté, a commis l'inceste suprême, celui du frère et de la sœur et, ce faisant, il a donné naissance à un monstre, ce Mordret qui sera le destructeur de la Table Ronde. Où est le Bien ? Où est le Mal ? Lancelot, abusé par les charmes de Brisane, a cru commettre une fois de plus son coupable adultère avec la reine Guenièvre, mais ce n'était en réalité que la pure et tendre porteuse du Graal. Il le fallait, et Dieu l'avait voulu ainsi, car Galaad devait naître de la lignée de Lancelot. En ce sens, on peut dire que les récits arthuriens sont des chefs-d'œuvre d'*amoralité*. Car la morale traditionnelle, celle qu'on enseigne dans les écoles, et qui n'est qu'une suite d'interdits sociaux-culturels, n'a pas cours dans l'univers enchanté où évoluent les héros du Graal et de la Table Ronde

Il est donc exclu d'accentuer l'opposition entre Viviane et Morgane sur des critères moraux. Viviane n'est pas meilleure que Morgane quand elle entraîne le jeune fils du roi Ban de Bénoïc sous les eaux alors que la mère crie son désespoir. Le monde arthurien est impitoyable, et si l'on y pleure souvent de tendresse ou de désespoir, on s'y trucide allégrement ou rageusement sans grand respect pour la vie humaine. Il n'y a, dans ces récits, ni bons ni mauvais, mais des êtres qui cherchent, selon des méthodes divergentes, à établir les structures d'un monde idéal. Et comme dans toute épopée, l'hyperbole est de rigueur, toutes les actions sont grandes, exagérées et, bien entendu, provoquées par des puissances qu'il est convenu d'appeler surnaturelles. Les dieux n'interviennent plus directement comme dans *L'lliade* ou *L'Odyssée,* mais on les reconnaît quand même sous les traits et les caractéristiques des héros. Arthur est l'image d'un antique dieu agraire, une sorte de Saturne égaré dans un monde de violence, un âge de fer, et qui rêve de reconstituer le fabuleux âge d'or des origines. Il n'est donc guère étonnant de retrouver sous Morgane l'une des composantes essentielles du concept de la Grande Déesse : celle qui provoque, par tous les moyens, l'action humaine en permettant aux héros de se dépasser à chaque épreuve et de franchir ainsi peu à peu toutes les étapes d'un périple initiatique.

En ce sens, Morgane est le type le plus accompli de la Femme celte telle qu'elle a été imaginée dans les anciennes traditions. A la fois guerrière, prêtresse, magicienne et en fait *druidesse*, elle est un peu comme cette reine Mebdh de l'épopée irlandaise qui, selon les textes, « prodigue l'amitié de ses cuisses à tout guerrier dont elle a besoin pour assurer le succès d'une expédition[1] ». De toute façon, la puissance guerrière est liée à la puissance sexuelle, et la Psychanalyse a suffisamment démontré que, dans une guerre, on prend une ville comme on prend une femme. Mais, comme Morgane possède aussi la « connaissance », elle ne se laisse pas facilement prendre : elle serait plutôt à ranger dans cette catégorie de femmes qu'on appelle improprement des allumeuses, et qui sont en fait des « révélatrices ».

En fait, Morgane, bien qu'ayant sa propre personnalité, est la continuatrice de l'action de Merlin, du moins dans une direction, celle de la provocation. L'enchanteur, en tant que « fils de diable », se jetait constamment en travers des événements pour mieux susciter les prouesses des uns et des autres. Il provoquait *diaboliquement* ceux qui s'adressaient à lui, se mettant à rire chaque fois qu'une question lui était posée et faisant souvent le contraire de ce qui lui était demandé. Et si Viviane perpétue de son côté l'aspect protecteur de Merlin, notamment vis-à-vis d'Arthur et de Lancelot, il est bien évident que Morgane prolonge l'énergie créatrice dispensée par l'enchanteur. Au fond, même si Merlin a disparu aux yeux de tous, il est plus que jamais présent, telle une ombre, dans les deux femmes qui ont été ses disciples, pour ne pas dire ses complices, dans cette tentative insensée de refaire un monde selon les plans définis par un dieu absent mais dont ils savent déchiffrer les messages.

Mais, quel que soit leur degré d'initiation surnaturelle, Morgane, Viviane et Merlin sont *aussi* des êtres humains soumis au même destin que ceux qu'ils pré-

1. Voir sur ce sujet J. Markale, *l'Epopée celtique d'Irlande*, édition complétée, Paris, Payot, 1993, pp. 92-94 et 116-126.

tendent guider, et victimes des mêmes faiblesses que les femmes et les hommes qu'ils côtoient. C'est ce qui fait d'ailleurs leur charme et les rend parfois si émouvants : eux aussi sont en proie au chagrin, à la douleur, aux passions les plus diverses, aux sentiments les plus nobles ou même les plus bas. Malgré toute sa sagesse, Merlin s'est laissé prendre aux pièges de l'amour. Il en sera de même pour Morgane que sa sensualité inassouvie conduira à accomplir des actes de nature à bouleverser les structures mises en place par Merlin. C'est parce qu'elle est amoureuse de Lancelot qu'elle retient le héros prisonnier. C'est parce qu'elle est jalouse de l'amour exclusif qu'il porte à Guenièvre qu'elle suscitera les calomnies, puis les accusations, contre les deux amants. Et c'est aussi parce qu'elle est envieuse du pouvoir d'Arthur qu'elle tentera d'affaiblir celui-ci au profit de sa propre puissance. Revendication féministe ? Peut-être. Morgane se sent frustrée du pouvoir, se sent rejetée par cette brillante société masculine qui l'entoure. Et elle n'oublie pas qu'elle incarne, en une certaine mesure, l'antique souveraineté, elle qui est l'image de cette déesse universelle qui régnait à l'aube des temps. Les auteurs du Moyen Age, même ceux qui n'ont rien écrit sur les thèmes arthuriens, le savaient parfaitement. Ainsi, l'auteur anonyme de cette étrange chanson de geste qu'est *Huon de Bordeaux* fait du nain Obéron, magicien et prophète, le fils de Morgane et de Jules César[1]. On peut sourire de ce qui n'est après tout qu'une astuce littéraire, mais cela prouve au moins que

1. « Jules César m'a fort doucement élevé, et la fée Morgue, qui était belle, fut ma mère. Ce sont eux qui m'ont conçu et engendré, et ils n'eurent pas d'autre héritier en leur vie. A ma naissance, on fit une grande fête. Mes parents mandèrent tous les barons du royaume, et les fées vinrent visiter ma mère. Il y en eut une qui ne fut pas contente : aussi me condamna-t-elle, comme vous le voyez, à être un nain bossu » (*Huon de Bordeaux*, trad. Jean Audiau, Paris, 1926, p. 55).

la fée Morgane appartient à l'imaginaire collectif du Moyen Age et qu'elle y joue un rôle non négligeable.

C'est dire qu'on risque de rencontrer Morgane dans de nombreux récits, soit sous les noms de Morgue, Morgain ou Morgane, soit sous des noms fort différents, notamment dans les textes gallois primitifs. On la reconnaît ainsi aisément dans la première branche du *Mabinogi* gallois, où elle est Rhiannon, la « Grande Reine », sorte de déesse cavalière farouche et indépendante. Et, très curieusement, en passant la Manche, cette Rhiannon, sous la forme Rivanone, est devenue dans l'hagiographie bretonne la mère de l'aveugle saint Hervé, patron des poètes et des musiciens, mais une mère indigne, quelque peu amorale, ce qui accentue son aspect morganien. Quant aux apparitions de Morgane en tant que fée anonyme ou mystérieuse « pucelle » tentatrice au travers des épisodes des romans arthuriens, elles sont innombrables, autant que le sont les apparitions d'un Merlin s'échappant un instant de sa tour d'air invisible pour venir réconforter ou égarer un chevalier errant. Quant à la célèbre « Kundry la Sorcière » qui tient une si grande place dans la quête du Graal par Perceval, selon la version allemande de Wolfram von Eschenbach, son caractère ambigu et sa fonction de maîtresse des illusions du jardin féerique de l'enchanteur Klingsor en font incontestablement une incarnation différente de Morgane dans un contexte plus que sulfureux que Richard Wagner a superbement transcrit dans son envoûtante musique.

Au reste, jamais Morgane n'est isolée. Le premier écrivain qui la cite, Geoffroy de Monmouth, vers 1235, nous présente la paradisiaque île des Pommiers où « neuf sœurs gouvernent par une douce loi et font connaître cette loi à ceux qui viennent de nos régions vers elles. De ces neuf sœurs, il en est une qui dépasse toutes les autres par sa beauté et par sa puissance. Morgane est son nom, et elle enseigne à quoi servent les plantes, comment guérir les maladies. Elle connaît l'art de changer l'aspect d'un visage, de voler à travers les airs, comme Dédale, à l'aide de plumes ». Le mythe de Morgane est ici contenu dans ses grandes lignes, mais il semble que Geoffroy de Monmouth n'ait rien inventé. On découvre ainsi dans un texte du géographe hispano-latin du premier siècle, Pomponius Méla, les indications suivantes : « Vis-à-vis des côtes celtiques s'élèvent quelques îles qui prennent ensemble le nom de Cassitérides parce qu'elles sont très riches en étain. Celle de Séna (= île de Sein), placée dans la mer britannique, vis-à-vis de la côte des Osismi, est renommée par son oracle gaulois dont les prêtresses, consacrées par une virginité perpétuelle, sont, dit-on, au nombre de neuf. Elles sont appelées « gallicènes », et on leur attribue le pouvoir extraordinaire de déchaîner les vents et les tempêtes par leurs enchantements, de se métamorphoser en tel ou tel animal selon leur désir, de guérir les maux réputés incurables, enfin de connaître et de prédire l'avenir » (Pomponius Méla, III, 6). Le mythe vient de loin dans le temps, à une époque où il ne pouvait pas être question du roi Arthur.

Il resterait à déterminer qui sont réellement les « sœurs » de Morgane, symboliquement au nombre de neuf, comme les Muses. Ce sont évidemment des compagnes, mais aussi des disciples de Morgane elle-même, celles qu'elle initie à sa magie et qu'elle envoie à travers le monde pour y tisser lentement le filet dans lequel tomberont fatalement un jour ou l'autre, et en toute bonne foi, les héros de cette gigantesque épopée. Et ce sont toutes ces « pucelles », c'est-à-dire femmes indépendantes, non en puissance de mari, qui peuplent les forêts que traversent les chevaliers ou les forteresses où ils passent la nuit. Certaines portent des noms, comme la Brunissen du roman occitan de Jauffré, ou encore l'étrange Arianrod de la quatrième branche du *Mabinogi* gallois, sœur incestueuse du magicien Gwyddyon et de l'énigmatique Gilvaethwy, devenu Girflet fils de Dôn dans les récits arthuriens français, et qui est le même personnage que le Jauffré occitan. On pourrait également penser à la « suivante » Luned, qui est en réalité une fée douée de grands pouvoirs, qui aide et protège le chevalier Yvain, fils d'Uryen, dans son aventure chez la Dame de la Fontaine, ou encore à l'enchanteresse Camille, qui réussit à séduire le roi Arthur et à l'égarer, du moins pendant un certain temps, dans les profondeurs d'une inaccessible forêt de Brocéliande. Mais il y a aussi les autres, qui n'ont pas de nom : elles sont innombrables, et elles portent toutes la marque de leur maîtresse. Après tout, Viviane, dans sa forteresse au fond du Lac, initiait d'autres femmes à son savoir et les envoyait aussi à travers le monde, sur les traces de Lancelot.

Il y a certes de quoi se perdre soi-même en suivant les héros dans leur quête perpétuelle de l'aventure, surtout si l'on prend tout à la lettre et si l'on n'élabore point quelques signes de piste pour pouvoir, le cas échéant, revenir en arrière et jeter un regard objectif sur ce qui se passe réellement. Le cycle du Graal se déroule dans un pays magique, féerique, intemporel, traversé de lueurs vives qui font oublier les zones d'ombre où rôdent des personnages plutôt inquiétants. C'est dans ces zones d'ombre que la fascinante Morgane attend ses proies. Mais que l'on se rassure, l'ombre de Merlin plane au-dessus d'elle, prêt à intervenir si la magicienne va plus loin qu'il n'était prévu dans le grand livre des destinées.

Poul Fetan, 1994.

AVERTISSEMENT

Les chapitres qui suivent ne sont pas des traductions, ni même des adaptations des textes médiévaux, mais une *ré-écriture*, dans un style contemporain, d'épisodes relatifs à la grande épopée arthurienne, telle qu'elle apparaît dans les manuscrits du XIe au XVe siècle. Ces épisodes appartiennent aussi bien aux versions les plus connues qu'à des textes demeurés trop souvent dans l'ombre. Ils ont été choisis délibérément en fonction de leur intérêt dans le déroulement général du schéma épique qui se dessine à travers la plupart des récits dits de la Table Ronde, et par souci d'honnêteté, pour chacun des épisodes, référence précise sera faite aux œuvres dont ils sont inspirés, de façon que le lecteur puisse, s'il le désire, compléter son information sur les originaux. Une œuvre d'art est éternelle et un auteur n'en est que le dépositaire temporaire.

1

Le Val sans Retour

Morgane errait sur les landes, ne sachant pas où elle allait, comme possédée par une fureur intérieure, mais trop fière pour exprimer sa rage par des pleurs qui lui auraient fait perdre, à ses propres yeux, toute la puissance et tout l'orgueil dont elle se sentait maîtresse. Enveloppée dans son long manteau noir, elle marchait à grands pas sur des sentiers tortueux ; ses pieds frôlaient à peine le sol, tel un de ces anges trop purs ou trop aériens pour pouvoir entrer en contact avec l'humidité de la terre. Le vent soufflait, venant de la mer, quelque part du côté du sud, et parfois il prenait Morgane dans ses rafales, l'obligeant à faire halte, le temps de reprendre haleine ; le tourbillon se vengeait en courbant les ajoncs griffus jusqu'à ses jambes pour mieux l'égratigner et pour lui faire comprendre que si elle suscitait les tempêtes, elle risquait parfois de ne plus pouvoir les apaiser. Au reste, elle n'avait rien déclenché, bien trop agitée par les sentiments violents et contradictoires qu'elle ne pouvait plus contrôler. Soudain, comme pour prendre à témoin les arbustes maigres et les touffes d'ajoncs qui parsemaient la lande, ainsi que les animaux qui s'y cachaient frileusement, elle s'écria à haute voix : « Pourquoi faut-il que le meilleur chevalier du monde me résiste ? Je lui propose pourtant la plus belle femme de tout le royaume, la plus experte ! Et avec moi, il deviendrait le plus puissant d'entre tous les rois ! »

Tout en marchant, elle se remémorait la scène où Lancelot l'avait accablée de son indifférence. Elle était pourtant la plus forte : elle retenait le protégé de la Dame du Lac dans une chambre fortifiée et obscure du Château de la Charrette, et il ne pourrait plus jamais en sortir sans qu'elle y eût consenti. Il suffisait à Lancelot de répondre : « Oui, je te veux, Morgane ! Sois à moi et oublions tout le reste ! » Mais Lancelot n'avait pas même daigné répondre. Il s'était contenté de regarder Morgane avec ironie, sans même marquer de mépris et, se retournant sans plus faire attention à elle, il était allé se recoucher au fond de la pièce, s'était enroulé dans les couvertures et avait fait semblant de dormir. Morgane était alors sortie, refermant brutalement la porte derrière elle, prononçant des paroles de malédiction avec une telle énergie que les quelques servantes qui s'affairaient dans les couloirs en avaient été terrifiées et n'avaient plus osé bouger de peur d'accroître la colère de leur maîtresse. « Si cette maudite Guenièvre n'existait pas ! s'écria encore Morgane, je pourrais avoir Lancelot tout à moi. Mais, hélas ! il n'aime qu'elle, il ne pense qu'à elle, et toutes les autres femmes ne sont pour lui que des putains sans intérêt ! De plus, le malheur veut que je ne peux rien entreprendre contre Guenièvre. Cela, Merlin ne me le pardonnerait jamais ! » Et elle regarda l'anneau qui se trouvait à son doigt, l'anneau que lui avait donné Merlin avant de disparaître dans les profondeurs de Brocéliande. Morgane savait très bien que rien de ce qu'elle faisait n'échappait à l'Enchanteur. Où était-il ? Nulle part et partout, invisible mais sournoisement présent, toujours sur le qui-vive et prêt à intervenir chaque fois qu'elle irait trop loin. Pourtant, elle ne pouvait rester ainsi sur un échec : Morgane n'était pas d'une nature à oublier. Et la souffrance que lui causait le dédain de Lancelot lui rappelait une autre souffrance, encore plus cruelle, une épreuve qu'elle n'avait réussi à surmonter qu'après bien des nuits de cauchemars.

Elle avait été amoureuse, oui, et très sincèrement, du jeune Guyomarch, cousin de la reine. Subjuguée par la beauté et la prestance de celui-ci, elle s'était donnée à lui corps et âme, et tous deux avaient vécu un ardent amour rempli de tendresse et de passion. Mais, ainsi va la vie, le désir s'émousse parfois lorsque la plénitude est trop constante. Guyomarch s'était bientôt détaché de Morgane, inventant d'abord tous les prétextes possibles pour ne pas aller aux rendez-vous qu'elle lui fixait. Certes, elle n'était pas dupe et usait de tous ses sortilèges pour retenir Guyomarch auprès d'elle. Hélas ! elle s'était rendu compte que sa magie était impuissante sur l'amour et que Guyomarch s'était épris d'une autre femme. Alors, l'amour qu'elle avait porté au jeune homme s'était changé en haine, non seulement pour lui-même, mais pour tous les autres hommes qu'elle côtoyait et qui ne manquaient pas de lui faire une cour assidue. Et voilà qu'elle s'était laissé troubler par Lancelot, elle, la fière et puissante Morgane... Non, cela ne pouvait continuer ainsi.

Le soir tombait et le soleil rougissait à l'horizon. Bientôt, les oiseaux de nuit viendraient saluer celle qu'ils savaient être leur maîtresse. Et un vol de corbeaux se mit à tournoyer au-dessus d'elle comme pour lui signifier quelque chose. Elle les regarda attentivement : ils semblaient déporter lentement leur vol vers un endroit précis, au bout de la lande. Morgane s'avança dans la direction qu'ils lui indiquaient et se trouva sur des rochers rouge-violet, hérissés comme des arêtes surgies du plus profond de la terre et qui surplombaient une vallée étroite et sinueuse, dans la partie la plus large de laquelle scintillaient les eaux d'un étang. Morgane connaissait ce lieu : bien souvent, le matin, quand une brume légère recouvrait le val, elle venait, avec ses compagnes, se mirer sur la surface calme que les vents n'osaient même pas agiter. Ainsi, vérifiait-elle que son visage n'avait point vieilli et que sa beauté était inaltérable. C'est pourquoi elle avait appelé cet étang le Miroir aux Fées.

Les corbeaux tournoyaient maintenant au-dessus de la vallée sans aucunement dévier de leur trajectoire. Morgane les regarda pendant un long moment, puis elle se mit à rire et s'écria : « Je vous ai compris, corbeaux, mes amis ! Et je vous remercie de m'avoir conduite ici, car je sais à présent ce que je dois faire ! » Dès qu'elle eut prononcé ces paroles, les corbeaux se rangèrent en file et, sans bruit, se dirigèrent vers le soleil couchant, disparaissant peu à peu dans la lumière rouge qui envahissait le ciel.

Alors, Morgane se haussa sur les rochers dans l'attitude d'un oiseau qui veut prendre son vol. Mais elle fit tomber son manteau, puis sa robe et sa chemise. Elle était nue. Tout son corps frémissait dans le vent, inondé des rayons du soleil qui, en le colorant, en faisait un prolongement de la pierre, sorte d'aiguille pointée vers le ciel. Elle étendit les bras au-dessus du vide et cria d'une voix forte et grave : « Par le ciel et par la terre, par la course du soleil, par le tournoiement des étoiles, par les dieux qui furent les nôtres autrefois, par la puissance que j'ai reçue des temps anciens, je place cette vallée sous un sortilège, et je déclare qu'aucun homme, fût-il le roi en personne, qui pénétrera ici ne pourra jamais plus en sortir s'il a manqué seulement une fois à la parole donnée à la femme qu'il prétendait aimer. Tout homme infidèle qui aura le malheur de s'aventurer dans ce val y demeurera pour l'éternité, sans espoir d'en sortir, à moins qu'un brave au cœur fidèle, par la force de son amour, puisse lever l'enchantement que je prononce ! Et cette vallée sera appelée le Val sans Retour, ou le Val Périlleux, ou encore le Val des Faux Amants ! Je le jure et mon terrible serment tiendra tant que les conditions que j'ai dites seront remplies ! »

La voix de Morgane résonnait dans la vallée. Quand elle eut terminé, elle remit ses vêtements. Elle souriait, tout en murmurant : « Ainsi serai-je vengée de l'infidélité des hommes et peut-être découvrirai-je celui qui pourra m'aimer sans jamais me trahir, car c'est avec celui-là que je dominerai le monde. » Elle descendit du rocher et se remit à marcher dans le sentier. Elle avait décidé qu'elle se rendrait sans tarder à la cour du roi Arthur, son frère.

Elle se retrouva rapidement à Camelot où elle fut accueillie avec beaucoup de courtoisie par la reine Guenièvre. Le roi vint trouver Morgane et lui demanda si elle avait des nouvelles de Lancelot. Morgane lui répondit qu'elle n'en avait aucune et qu'elle était la première étonnée de ne pas le trouver à la cour. « Ma sœur, ma sœur, dit Arthur, rien ne va plus ici depuis que Merlin nous a quittés. Mais toi qui as hérité de ses connaissances, tu pourrais au moins nous révéler ce que tu sais sur son sort ! – Tu t'inquiètes pour peu de chose, répondit Morgane. Lancelot nous a toujours habitués à des absences prolongées et inexplicables. Combien de fois l'a-t-on cru mort ? Et pourtant, il est revenu, toujours au meilleur de sa forme. A mon avis, il est dans quelque forteresse lointaine à se reposer de ses fatigues. Et je suis sûre qu'il a auprès de lui quelque femme compatissante et dévouée qui l'aide à surmonter ses fatigues. » En disant cela, Morgane avait jeté un regard ironique sur la reine, mais celle-ci ne fut pas dupe : elle comprenait que Morgane en savait davantage qu'elle ne voulait bien le dire sur Lancelot. En fait, Guenièvre était désespérée ; les deux personnes auxquelles elle aurait pu se confier, Lionel et Bohort, cousins de Lancelot, étaient parties pour de lointaines errances. A qui pouvait-elle parler de Lancelot ? Sûrement pas à Morgane, dont elle se méfiait et qu'elle soupçonnait de connaître parfaitement tout ce qui les concernait, Lancelot et elle. Elle pensait qu'il était bien loin, le temps où elle pouvait pleurer sur la poitrine de la Dame de Malehaut et envoyer Galehot, le fils de la Géante, seigneur des Iles lointaines, vers celui qu'elle aimait avec toujours autant de passion. Mais Galehot et la Dame de Malehaut étaient morts, et jamais plus elle ne retrouverait de tels amis, de tels complices dans cet amour insensé qu'elle portait au fils du roi Ban de Bénoïc.

La soirée fut particulièrement désespérante pour Guenièvre. Lorsque fut venue l'heure d'aller dormir, elle se réfugia dans sa chambre et se mit à pleurer abondamment. Elle n'avait pour seule compagnie qu'une jeune fille, qui était sa cousine germaine et qui portait le nom d'Elibel. Elle se serait volontiers confiée à elle mais elle n'osait pas révéler le secret qui la tourmentait. Enfin, quand elle fut couchée, elle dormit péniblement de son premier sommeil, secouée de larmes, et affaiblie par le jeûne car elle n'avait pu, depuis plusieurs jours, absorber la moindre nourriture.

Pendant qu'elle dormait, elle eut un songe : il lui sembla que Lancelot était présent, mieux et plus richement vêtu qu'aucun autre homme au monde, et si beau qu'on n'eût pas trouvé son pareil. Derrière lui, venait une jeune fille d'une parfaite beauté que le roi accueillait avec joie et à qui il faisait prendre place près de lui. Elle-même faisait bonne figure à la jeune fille et l'entourait d'attentions diverses, lui faisant porter les meilleures nourritures et de beaux bijoux de valeur. Mais, le soir venu, quand Lancelot fut couché dans la chambre de la reine et que celle-ci eut voulu le rejoindre au lit, elle avait eu la surprise d'y trouver déjà la jeune fille. Furieuse et remplie de douleur devant cette trahison, elle se précipitait sur Lancelot qui, se dressant brusquement, implorait pitié à grands cris et jurait, par tout ce qu'il tenait de Dieu, qu'il ignorait que la jeune fille fût là, à ses côtés. Mais il avait beau se défendre, la reine ne le croyait pas et elle s'entendait lui défendre de reparaître en sa présence, où que ce fût, ajoutant qu'elle ne l'aimerait jamais plus. Et Lancelot était si affecté qu'il s'enfuyait sans vêtements, en braies et en chemise, et qu'il se mettait à courir dans la campagne en hurlant comme un fou.

Ce rêve bouleversa Guenièvre. A son réveil, elle se sentit si mal en point qu'elle n'eut pas la force de se lever. Après avoir fait le signe de croix sur son front, elle se mit à pleurer et se laissa aller à la plus cuisante douleur. « Ah ! s'écria-t-elle, cher doux ami Lancelot, tu es bien plus beau que je ne t'ai vu en songe. Plût à ce Seigneur qui daigna souffrir la mort pour nous racheter que tu fusses maintenant ici, en pleine santé, devant moi, même couché aux côtés de cette jeune fille inconnue. Et si j'en montrais la moindre mauvaise humeur, je veux qu'on me coupe la tête ! Par Dieu, je ne désirerais rien d'autre, même si l'on m'offrait toutes les richesses du monde ! » Elle sombra alors dans le désespoir, comme si elle voyait Lancelot mort devant elle. Après ces longs moments de désolation, elle s'abîma dans ses pensées. Un étourdissement lui monta alors à la tête, effaçant même le souvenir de Lancelot. Elle regarda autour d'elle et aperçut une statue en bois, représentant un chevalier en armes, très richement sculptée. Elle contempla longuement la statue, au pied de laquelle deux cierges étaient allumés, répandant une grande clarté dans la chambre.

A force de la scruter, elle finit par se persuader que c'était Lancelot lui-même. Elle sortit du lit, se dressa sur ses jambes, se couvrit de sa chemise et lui tendit les bras : « Ami très cher, dit-elle, approche, je t'en supplie. Pourquoi as-tu tant tardé à venir me rejoindre ? Approche et serre-moi dans tes bras, arrache-moi à la mort à laquelle tu me condamnes par ton absence. Délivre-moi de la pire peine et de la pire souffrance qu'ait jamais supportées une femme qui aime d'amour le plus noble de tous les chevaliers du monde. » Mais, voyant que celui à qui elle s'adressait demeurait immobile, comme s'il était insensible à ses prières, elle s'écria d'une voix douloureuse : « Ah, Lancelot ! Jamais tu n'as montré tant d'orgueil à mon égard ! Pourquoi ne réponds-tu pas à mon désir ? Mais qu'importe, puisque tu ne veux pas venir à moi, c'est moi qui irai vers toi ! »

Elle se dirigea vers la statue, lui jeta les bras autour du cou et se mit à la caresser tendrement, comme elle aurait fait avec celui pour qui tout son corps brûlait de désir. Elle s'attarda si longtemps et émit tant de soupirs et de cris que sa cousine se réveilla. Ouvrant les yeux, elle aperçut la reine qui tenait la statue embrassée, en proie à une irrésistible frénésie. Elle pensa immédiatement que la reine était en proie à un sortilège et qu'il y avait quelque diablerie là-dessous. Elle se précipita à la recherche d'eau bénite, et quand elle en eut trouvé, elle la lui jeta en pleine figure, lui disant dans son affolement : « Dame, voici le roi ! Retourne vite dans ton lit ! » Prise de peur en entendant ces paroles, la reine, qui redoutait toujours que le roi ne la surprît en compagnie de Lancelot, reprit immédiatement ses esprits, retourna vers le lit, se coucha et, brisée par la fatigue et l'émotion, s'endormit pour ne se réveiller qu'au matin.

Elle se sentit alors en meilleure santé, d'un meilleur moral qu'elle ne l'avait été depuis longtemps. Quand elle eut bu et mangé, elle comprit qu'il n'y avait dans cette chambre personne d'autre qu'elle-même et sa cousine. « Belle amie, lui dit-elle, si je savais que tu t'acquitterais comme il faut d'un message, je t'en chargerais. Mais pour cela, il faudrait beaucoup de sagesse et de prudence, autrement ce serait peine perdue, et nous en aurions toutes deux de grands désagréments. A part toi, je ne connais personne pour s'en acquitter, car l'affaire me tient trop à cœur. – Dame, répondit la jeune fille, je suis prête à faire pour le mieux de ce que tu m'ordonneras, et aucune femme ne serait plus discrète que moi à propos de tes soucis s'il te plaît de me les confier. C'est tout naturel : je suis ta plus proche parente, et je n'ai que du bien à attendre de toi. Si, par malheur, tu venais à me manquer un jour, je serais seule au monde, sans aucune famille. Aussi te servirai-je de mon mieux et de toutes les façons qu'il te plaira, afin de mériter ton affection et tes faveurs. – Certes, si tu me donnes les preuves d'une parfaite loyauté, tu n'auras pas à le regretter, et je te ferai plus de bien que jeune fille de bonne famille n'en reçut d'une reine. » La cousine fit le serment de servir fidèlement la reine, dût-elle mettre ses propres jours en danger.

Guenièvre réfléchit un long moment, puis elle fit signe à sa cousine : « Fille, dit-elle, il te faudra aller demain de l'autre côté de la mer. Là, tu chercheras une forteresse qu'on connaît sous le nom de Trèbe. Près de cette forteresse, se trouve un monastère appelé le Moutier royal. Il a été fondé en mémoire du roi Ban de Bénoïc qui y mourut, et se dresse au sommet d'une colline. Au-dessous, dans la vallée, il y a un lac. Quand tu arriveras sur le bord de l'eau, il te faudra continuer sans aucune crainte. Pénètre dans le lac avec assurance, car ce n'est que sortilège. Si tu as assez de courage pour cela, vas-y hardiment. Mais si tu n'es pas sûre de toi, attends le moment où tu verras quelqu'un y pénétrer. Dans ce cas, suis-le et ne perds pas sa trace, sinon tu n'accompliras pas bien ta mission. Dans le lac, tu trouveras de belles maisons, en grand nombre, de belles salles, des gens courtois et sages. Tu demanderas alors la dame qui régit ce domaine : elle se nomme Viviane, mais on l'appelle la Dame du Lac. Tu lui diras que tu es de ma famille, que je t'envoie à elle pour lui demander son aide, au nom de celui qu'elle a élevé si tendrement. Et tu lui expliqueras alors que Lancelot a disparu, que je me désespère sur son sort, et que je crains les sortilèges de Morgane. » Puis elle lui indiqua le chemin à suivre car, bien que n'étant jamais allée chez la Dame du Lac, elle en avait beaucoup appris à ce sujet de la part de Lancelot lors de leurs entretiens. Il lui avait si bien décrit les lieux de son enfance qu'elle savait qu'elle ne pouvait se tromper. « J'accomplirai consciencieusement ce que tu me demandes, répondit la jeune fille, et tu seras satisfaite de ma mission. – Fort bien, dit la reine. Si tu agis selon mes désirs, ta vie en sera complètement changée. »

Sur ces entrefaites, le roi entra, et quand il vit la reine assise, il fut très content, car on lui avait appris qu'elle était souffrante. « Comment te sens-tu, reine ? demanda-t-il. – Seigneur roi, fort bien, Dieu merci. Je ne suis pas aussi malade qu'hier et je suis déjà soulagée. – As-tu mangé, ce matin ? – Oui, un peu, et cela m'a réconfortée. » Le roi hésita un instant, puis il dit : « J'ai envoyé mes meilleurs compagnons à la recherche de Lancelot, car je suis sûr qu'il a besoin de notre aide. Il est absent depuis si longtemps que j'ai bien peur qu'il ne soit retenu prisonnier dans quelque forteresse lointaine. Mais Gauvain a juré qu'il ne reviendrait pas sans lui. Quant à Yvain, Sagremor, Dodinel et Gaheriet, ils ont fait le même serment. Même le duc de Clarence, qui vient tout juste de se joindre à nous et qui ne connaît Lancelot que par sa réputation, a décidé de se lancer immédiatement à sa recherche. Je ne doute pas du succès de leur entreprise. – Certes, répondit Guenièvre, cette absence prolongée de Lancelot m'inquiète, et je suis très heureuse que tu aies envoyé tes meilleurs compagnons à son aide. »

Mais, au fond de son être, la reine n'était pas convaincue des paroles qu'elle prononçait. Elle savait bien que les chevaliers d'Arthur, quelque braves et courageux qu'ils fussent, ne retrouveraient jamais Lancelot. C'est pourquoi elle tenait tant à envoyer sa cousine demander l'aide de la Dame du Lac : elle seule saurait ce qu'il fallait faire pour délivrer Lancelot des pièges où il avait dû tomber. « Reine, reprit Arthur, puisque tu te sens mieux, ne pourrais-tu pas quitter ta chambre et venir avec nous ? Il est possible que nous apprenions des nouvelles réconfortantes. – Je suis encore trop faible, répondit Guenièvre, et je préfère attendre encore un peu, car j'ai peur de montrer un visage qui ne soit pas digne d'une reine. – Fort bien, dit le roi. Repose-toi encore, Guenièvre. » Il salua la reine et sortit pour rejoindre ses compagnons dans la grande salle où il avait fait dresser les tables.

Pendant ce temps, les suivantes de la reine vinrent retrouver celle-ci dans sa chambre, heureuses de la voir bien portante. Elles lui prodiguèrent des soins attentifs, s'efforcèrent de lui redonner courage, mais aucune de leurs consolations ne put vraiment faire renaître la joie dans le cœur de Guenièvre. L'angoisse la tenaillait : elle ne savait pas si celui qui était pour elle la source de toute joie était encore vivant. Cependant, ce jour-là, grâce à la bonne humeur de ses suivantes, elle sentit renaître l'espoir en elle et se montra plus gaie qu'à l'ordinaire. Elle n'oublia pas non plus de préparer le voyage de sa cousine. Elle demanda le meilleur et le plus rapide cheval, lui fit mettre un frein et une selle magnifiques.

Le matin suivant, aux premiers rayons du soleil, Guenièvre se leva et prévint sa cousine qu'il était temps de se mettre en route et d'accomplir sa mission, sous la protection de Dieu. La jeune fille s'habilla et se prépara. La reine lui donna un vêtement neuf de soie vermeille, une tunique et un manteau pour le voyage, et elle fit ranger dans un coffre un autre vêtement plus riche, à porter lorsqu'elle serait reçue dans une cour. Elle la fit accompagner d'un nain, fort disert, qui parlait plusieurs langues, et d'un écuyer brave et hardi afin d'assurer sa sécurité. Elle lui recommanda de ne pas les mener avec elle lorsqu'elle irait au lac, mais de les laisser au Moutier royal. La jeune fille lui répondit qu'elle ne manquerait pas de suivre ses conseils.

Elle prit congé de la reine, vêtue des plus riches atours qu'eût jamais eus une voyageuse. Guenièvre lui donna un baiser au moment du départ, en lui rappelant d'aller prudemment pour mériter sa reconnaissance, ce que lui promit la messagère. Elle partit alors sans plus tarder, et la reine monta sur la plus haute tour de la forteresse pour la regarder disparaître dans la forêt, par le chemin le plus direct. Quand sa cousine et son escorte furent hors de sa vue, Guenièvre sentit que le cœur lui manquait. Elle dut s'asseoir précipitamment, et elle se mit à pleurer, tant la souffrance qu'elle ressentait était forte.

Portant par hasard les yeux sur sa main, elle y vit l'anneau d'or que la Dame du Lac avait donné à Lancelot quand elle l'avait envoyé à la cour du roi pour y être fait chevalier. Elle le contempla longuement et se souvint de celui qui le lui avait donné et pour lequel elle endurait tant de maux. Sachant que Lancelot attachait grand prix à cet objet, elle le porta à sa bouche, le baisa, comme si elle voulait lui rendre un culte. « Hélas ! murmura-t-elle, cher doux ami Lancelot, puisque je ne peux avoir de toi joie ni réconfort, dans l'absence de nouvelles à ton sujet, je me consolerai grâce à cet anneau que tu gardais si précieusement. Et parce que tu l'aimais tant, il me sera un tel soutien que sa vue me rendra le contentement. Que Dieu, par sa sainte pitié, me maintienne en vie assez longtemps pour que je te serre dans mes bras, en pleine santé, et que je sois désormais à l'abri de tous les maux. » Ainsi parla la reine, en ce matin. Les oiseaux commençaient à tournoyer autour de la forteresse. Mais elle savait que la Dame du Lac ne pouvait pas abandonner celui qu'elle avait si tendrement élevé.

Les jours passèrent, puis les semaines. Aucun des chevaliers qu'Arthur avait envoyés à la recherche de Lancelot ne revenait à la cour ou n'envoyait de messager. Le roi commençait à être sérieusement inquiet. Quand il rencontrait Morgane, lorsque celle-ci faisait une apparition à Kamaalot, il ne manquait pas de lui demander si elle avait appris quelque chose de nouveau. « Rien, répondait-elle. J'ai beau consulter les astres, j'ai beau invoquer nos ancêtres, je ne reçois aucune réponse. » Et quand elle quittait son frère, Morgane, rôdant dans les corridors de la forteresse, se mettait à ricaner, fort satisfaite de l'inquiétude d'Arthur. Elle savait bien où se trouvait Lancelot, puisqu'il était toujours prisonnier dans le château de la Charrette, gardé par ses deux complices, la reine Sybil et la reine de Sorestan. Lancelot ne risquait pas de s'enfuir de sa prison tant étaient redoutables les sortilèges qui l'environnaient. Mais, pour rien au monde, elle n'aurait dévoilé ce secret à son frère. Quant aux chevaliers qui s'étaient lancés dans l'aventure, elle savait également où ils étaient : le sortilège qu'elle avait jeté sur le Val sans Retour fonctionnait à merveille et, chaque jour, un nouvel arrivé venait grossir les rangs de ceux qui, se croyant enfermés dans cette vallée, ne réussissaient pas à vaincre les terribles dangers qu'ils imaginaient autour d'eux. Et quand Morgane allait rôder de ce côté, le visage enfoui dans un long voile pour qu'on ne la reconnût point, elle ne pouvait que se réjouir du spectacle. Ils étaient presque tous là, les compagnons du roi Arthur : Sagremor, Yvain, le fils du roi Uryen, et bien d'autres encore, y compris le preux Gauvain, la fine fleur de la chevalerie, celui qui promettait à chaque femme qu'il rencontrait une fidélité pour toute la vie. Certes, les hôtes forcés du Val sans Retour n'avaient pas trop à se plaindre de leur sort. Morgane avait établi son enchantement de telle sorte que tous les prisonniers pussent s'imaginer vivre dans le luxe et la gaieté ; ils logeaient dans des pavillons confortables, qui contenaient de beaux lits, de magnifiques tapisseries, des coffres finement ouvragés. Des serviteurs surgissaient de partout pour leur apporter les meilleurs mets qui fussent et les plus doux breuvages qu'on eût pu trouver. Des musiciens faisaient entendre leurs suaves accords à travers les frondaisons, tandis que, lorsque le temps le permettait, des danseuses s'ébattaient sur le pré en des rondes sans fin qui charmaient les yeux des spectateurs. Et l'on jouait aux échecs, aux tables et au trictrac dans le Val sans Retour. Il y avait tout ce qu'il fallait pour mener une vie douillette et sans soucis. On y voyait même une chapelle, avec un prêtre pour officier. Mais celui-ci passait son temps à dormir, car aucun des chevaliers n'avait recours à ses services, préférant de beaucoup se livrer à des occupations plus terrestres.

« Que voici de beaux guerriers ! se disait Morgane en les voyant s'agiter comme des ombres dans un rêve. J'en ai fait des lâches, des pleutres, des inconscients. Après tout, ils n'étaient peut-être que cela. Tout n'est qu'illusion en ce monde, et ce qu'ils voient ou entendent maintenant n'a guère plus d'importance que ce qu'ils voyaient et entendaient à la cour du roi, mon frère. Je sais par expérience que le plus brave peut aussi être le plus lâche. C'est ce que m'a enseigné Merlin, et je ne fais que suivre ses conseils : il faut toujours mettre les humains devant ce qu'ils croient être leur réalité, car c'est là qu'on discerne les contours de leur âme. Mais ils ne sont pas encore assez nombreux dans ce val. J'en attends d'autres, et je suis sûre qu'un jour ou l'autre, Kaï et Bedwyr, ou encore le roi Uryen, viendront se joindre à cette troupe d'oisifs qui préfèrent rêver leur vie que de la vivre. »

Mais, parmi les hôtes du Val sans Retour, tous n'en étaient pas au même degré d'hébétude. Il y en avait quelques-uns, surtout parmi les nouveaux arrivés, qui se révoltaient, qui n'acceptaient pas leur sort et qui se lançaient hardiment sur les pentes afin de trouver une issue. Mais, chaque fois que l'un d'eux tentait l'aventure, on voyait surgir des flammes partout et l'on entendait d'horribles cris qui semblaient monter de la terre elle-même. Les plus audacieux devaient renoncer, tant était grande la frayeur qu'ils éprouvaient à se voir environnés d'ennemis invisibles qui déclenchaient contre eux les foudres de l'enfer. Et Morgane s'en allait, riant aux éclats. « Les hommes sont plus crédules que je ne pensais, se disait-elle encore. Ils prennent les lueurs du soleil pour des flammes vomies par des dragons, les rochers pour des murailles infranchissables, les ajoncs pour des monstres, les cris des oiseaux pour les hurlements de tous les diables de l'enfer. S'ils cessaient un seul instant de prendre au sérieux ce qu'ils voient ou entendent, ils s'apercevraient qu'ils sont dans le fond d'une vallée offerte à tous les vents. Il leur suffirait d'ouvrir les yeux. Mais ils ne le veulent pas, et c'est tant pis pour eux. Pendant ce temps, mon cher frère, qui se croit le plus puissant de tous les rois, n'en revient pas de voir disparaître un à un les guerriers qu'il a si péniblement assemblés autour de lui pour maintenir l'intégrité de son royaume. La belle affaire, en vérité. Je suis plus puissante que lui parce que moi, Morgane, je connais les fils secrets qui relient les êtres entre eux. »

Elle avait à peine fini de prononcer ces paroles qu'elle sentit l'anneau qu'elle portait au doigt se serrer si fortement qu'elle en éprouva une atroce douleur. Elle poussa un cri et, sans plus tarder, tourna le chaton de la bague. Elle entendit alors la voix de Merlin qui semblait surgir du plus profond de la forêt : « Morgane ! Morgane ! Ne va pas trop loin, car la patience de Dieu a des limites ! L'épreuve à laquelle tu soumets les compagnons d'Arthur n'est pas mauvaise en soi puisqu'elle leur permettra peut-être de se révéler tels qu'ils sont. Mais n'affirme pas ta puissance en face de celle d'Arthur, car tu n'es pas en mesure d'infléchir le destin. – Le destin ! s'écria Morgane, je ne fais que le provoquer. Nous verrons bien ce qui arrivera. » Et, rageusement, Morgane retourna le chaton de la bague avant de s'élancer dans la nuit qui s'ouvrait sous ses pas.

Le lendemain, vers le milieu du jour, alors que le roi Arthur, en compagnie de Guenièvre, de Morgane et de plusieurs écuyers, faisait une promenade sur le pré, devant la forteresse, un cavalier arriva au grand galop. Parvenu à la hauteur du roi, le cavalier arrêta net l'élan de son cheval, mit pied à terre, enleva son heaume et s'avança. Le roi reconnut aussitôt Galessin, le duc de Clarence, qui avait décidé, de son propre chef, de se lancer à la recherche de Lancelot. « Eh bien, Galessin, dit Arthur, m'apportes-tu des nouvelles ? Sais-tu où se trouve Lancelot ? – Non, répondit Galessin, mais j'ai beaucoup de choses à te raconter. – Alors, allons nous asseoir sous cet arbre, près de la fontaine. »

Ils y allèrent. Après avoir repris son souffle, Galessin parla ainsi : « Quand j'ai quitté la cour, roi, je me suis engagé au hasard dans la forêt et j'ai interrogé tous ceux que je rencontrais, bûcherons, pasteurs ou écuyers, pour tenter de savoir si un chevalier blessé ou prisonnier ne se trouvait pas dans les environs. Mais personne n'a pu me répondre. Je fus ainsi trois jours et trois nuits à errer, jusqu'à la veille de la Pentecôte. Là, je me trouvai dans une grande plaine sillonnée par une rivière et, non loin de là, se dressait une forteresse qui ne me sembla pas de bon augure. Effectivement, lorsque je parvins auprès de celle-ci, j'aperçus des chevaliers qui se battaient avec acharnement. Grâce à leurs armes, je reconnus ton neveu Gauvain et Yvain, le fils du roi Uryen. Ils étaient aux prises avec une troupe de cavaliers vêtus de noir qui étaient, je l'ai su plus tard, des gens de Karadog le Roux, le maître de cette insolente forteresse que je voyais se dresser au-dessus de la rivière. Elle semblait inaccessible tant les fossés qui l'entouraient étaient larges et profonds. Sans hésiter, je me joignis à Yvain et à Gauvain, et nous nous battîmes avec fureur jusqu'à la nuit. Mais nos adversaires étant plus nombreux que nous, nous décidâmes de nous enfuir afin de prendre du repos, dans l'intention de recommencer la lutte le lendemain matin.

« Mais, lorsque je me retrouvai dans une clairière, au milieu de la forêt, je ne vis plus qu'un seul homme à mon côté : c'était Yvain. Nous ne savions pas où était Gauvain. Nous l'appelâmes pendant longtemps puis nous nous rendîmes à l'évidence : ton neveu avait été blessé ou capturé par nos ennemis. Et Yvain m'expliqua que Karadog le Roux avait coutume de combattre tous les chevaliers qui passaient près de son domaine pour les faire prisonniers et exiger une rançon, et cela quels que fussent leur rang ou leur fortune. Bien sûr, ton neveu et le fils du roi Uryen n'avaient nulle intention de se laisser faire, et j'étais, je pense, arrivé au bon moment pour les aider.

« Nous revînmes sur nos pas, mais nous ne découvrîmes aucune trace de Gauvain. Et comme il était impossible de continuer nos recherches pendant la nuit, nous décidâmes, Yvain et moi, de dormir au pied d'un arbre, et d'attendre le lever du jour. Nous nous réveillâmes au milieu du brouillard et, sans grand espoir, nous allâmes un peu au hasard dans la direction de cette maudite forteresse. Des paysans que nous rencontrâmes nous dirent que cette forteresse avait pour nom la Tour douloureuse, et que le seigneur du lieu avait la réputation d'un homme fourbe et cruel. Ils ajoutèrent que chaque fois qu'il faisait un prisonnier, il l'enfermait dans un cachot voûté entouré de fosses dans lesquelles se trouvaient des serpents venimeux. Nous remerciâmes les paysans et nous n'eûmes plus qu'une idée en tête : aller vers la Tour douloureuse et délivrer Gauvain de son abominable prison.

« Vers le milieu du jour, le brouillard commença à se dissiper, et nous vîmes que nous étions dans la bonne direction : la Tour douloureuse se dressait devant nous à peu de distance. Mais comment faire pour y pénétrer ? Après avoir examiné les lieux, nous décidâmes de nous séparer, Yvain et moi, et de tenter notre chance chacun de notre côté. Yvain s'éloigna vers la rivière, et moi, après un détour, je revins près de la forteresse en me dissimulant le plus possible sous le couvert d'un bois qui recouvrait la pente d'une colline. Je me demandais bien ce que j'allais faire. Certes, il me fallait laisser mon cheval et m'en aller à pied, avec mon épée pour seule arme. Ainsi pourrais-je franchir les fossés en nageant, après avoir abandonné mon haubert et mon heaume. J'en étais là dans mes réflexions quand j'entendis le bruit d'un galop. Un cavalier se précipitait vers moi et, sans plus me défier, me transperça l'épaule de sa lance d'un coup si fort qu'elle se cassa et que je tombai sur le sol, perdant conscience.

« Quelle ne fut pas ma surprise, quand je rouvris les yeux, de me retrouver dans un bon lit douillet, un visage de femme penché sur moi ! Voulant me redresser, je sentis une grande douleur dans l'épaule et je vis qu'on m'avait pansé avec soin. La femme qui se trouvait là me dit : "Ne bouge pas, Galessin, car ta blessure est loin d'être guérie. Je suis ta cousine germaine, la Dame du Blanc-Chastel. C'est en revenant de la cour d'Arthur, avec mes suivantes et mes écuyers, que je t'ai trouvé gisant sur l'herbe. Tu avais perdu beaucoup de sang. Nous t'avons emmené sur une civière, très doucement, et nous t'avons fait soigner par les meilleurs médecins. Tu es maintenant hors de danger et en toute sécurité dans ma forteresse. Mais, je t'en prie, ne t'agite pas. Tu n'as rien d'autre à faire que te reposer." Je dois avouer que je n'avais pas besoin de ce conseil : j'étais épuisé, et je crois que j'ai dormi pendant plusieurs jours et plusieurs nuits.

« Chaque jour, mon hôtesse venait prendre de mes nouvelles et parler avec moi. Je lui demandai si elle savait quelque chose au sujet de Gauvain, d'Yvain et de Lancelot. Elle me répondit qu'elle ne savait rien, mais qu'elle allait envoyer des messagers un peu partout, avec mission de s'informer. Quelques jours plus tard, alors que mon état s'améliorait et que je me sentais plus fort, elle vint me trouver et me dit : "Voici. J'ai reçu des nouvelles au sujet d'Yvain et de Gauvain. Le fils du roi Uryen a réussi à pénétrer dans la Tour douloureuse et, grâce à la complicité d'une servante pour laquelle il avait eu des bontés, il est parvenu à faire sortir Gauvain de son horrible prison. Tous deux se sont glissés hors de la forteresse, ont rejoint des chevaux qui leur avaient été préparés, et ils sont partis avec la ferme intention de retourner à la cour du roi pour demander des renforts et faire rendre gorge à cet odieux Karadog." Je lui demandai alors si elle avait pu savoir quelque chose sur Lancelot.

« "Justement, me répondit-elle, voici où l'affaire se

complique. Au cours de son emprisonnement, Gauvain aurait appris que Lancelot était retenu dans un château, en forêt de Brocéliande. Avant de revenir à la cour, il aurait persuadé Yvain de faire un détour pour tenter de délivrer leur compagnon d'armes. – Et alors ? demandai-je, l'ont-ils trouvé ?" La Dame du Blanc-Chastel montra alors quelque trouble et, après avoir beaucoup hésité, m'avoua que, depuis, personne n'avait eu connaissance du sort de Gauvain et d'Yvain.

« Je suppliai ma cousine de faire tout son possible pour en savoir davantage. Elle me le promit bien volontiers et envoya des messagers en forêt de Brocéliande. Au bout de quelques jours, elle revint me trouver. "Je n'ai rien de précis, me dit-elle, mais seulement des bruits qui courent. On murmure que, dans la forêt, se trouve une vallée perdue qui est sous le coup d'un sortilège et que les chevaliers qui y pénètrent ne peuvent plus en sortir."

« Voilà, roi Arthur, les seules nouvelles que je puisse t'apporter. Hélas, je ne sais où se trouve Lancelot, ni ce que sont devenus ton neveu et le fils du roi Uryen, ni quelle est cette vallée d'où l'on ne peut revenir. »

Après avoir entendu le récit de Galessin, le roi Arthur demeura songeur. Il se tourna vers Morgane : « Qu'en penses-tu, ma sœur ? » lui demanda-t-il. Elle le regarda tranquillement : « Que veux-tu que j'en pense, mon frère ? Je n'ai pas le don de voyance comme l'avait Merlin. Je peux seulement te dire que la forêt est vaste et qu'on y voit parfois des choses surprenantes, surtout lorsque la brume se lève. J'ignore où se trouve ton neveu, qui est aussi le mien. J'ignore où est allé le fils du roi Uryen. Quant à Lancelot, je te répète que ce n'est pas la première fois qu'il disparaît aussi longtemps sans donner de ses nouvelles. – Mais, intervint Guenièvre, tout cela n'est pas normal. Il y a quelque diablerie là-dessous ! » Morgane regarda la reine avec dureté : « Guenièvre, dit-elle, commence par te demander la différence qui existe entre ce qui est normal et ce qui ne l'est pas. » Guenièvre n'insista pas et se détourna pour fuir le regard pesant et hostile de Morgane. Si cette dernière savait quelque chose, il était évident qu'elle ne dirait rien.

Arthur se leva brusquement et s'écria avec colère : « Cela ne peut durer ainsi ! Jour après jour, un de mes compagnons disparaît. Il ne me restera bientôt que quelques écuyers inexpérimentés ! Que peut faire le roi sans ses chevaliers ? – Je ne te le fais pas dire ! marmonna Morgane en s'efforçant de ne pas ricaner. – Eh bien, reprit Arthur, puisqu'il n'en reste qu'un, je serai celui-là. Qu'on me prépare mon cheval et mes armes ! – Bonne idée ! ajouta Morgane sans que personne l'entendît. – Non ! s'écria alors Galessin, ce n'est pas à toi d'y aller, roi Arthur ! Ta place est ici. Tu as la garde du royaume et rien de bon ne peut advenir si tu te lances seul dans les aventures. C'est à moi d'y aller ! Ma blessure est guérie, maintenant, et je suis prêt à affronter tous les dangers afin de connaître la vérité sur Lancelot et sur cette vallée mystérieuse. Je vais partir immédiatement. – Eh bien, soit, dit Arthur, mais à la condition que tu reviennes sain et sauf. – Je suis sûre qu'il reviendra, sain et sauf, et vainqueur, dit alors Morgane en s'approchant du duc de Clarence. Voici un brave qui n'a jamais démérité et qui nous rendra ceux que nous avons perdus ! » Elle serra Galessin dans ses bras et lui donna un baiser.

Mais ce que Morgane ignorait, c'est qu'au même moment Saraïde, la compagne et disciple de la Dame du Lac, arrivait en vue du château de la Charrette, montée sur un cheval blanc, vêtue d'une robe blanche et d'un manteau orné d'or rouge. Parvenue au sommet d'un tertre, elle arrêta son coursier et regarda le château. « C'est donc là », murmura-t-elle. Elle mit pied à terre et leva sa main droite en s'écriant : « Par le ciel et par la terre, par le soleil et par le vent, au nom de ma maîtresse, la Dame du Lac, que justice soit faite. Je veux que tous les êtres qui résident dans ce château soient frappés d'un lourd sommeil ! » Elle répéta deux fois son incantation puis, sans prendre la peine de remonter en selle, en tirant le cheval par le licol, elle se dirigea vers la porte. D'un seul geste, elle l'ouvrit et pénétra à l'intérieur du château. Elle vit des servantes et des valets allongés à même le sol qui dormaient profondément. Elle arpenta des corridors, poussa des portes, les referma, puis se décida à descendre un escalier qui menait vers les profondeurs.

Allongé sur son lit, dans la chambre fortifiée dans laquelle il se morfondait depuis tant de semaines, Lancelot était lui aussi en proie à un lourd sommeil peuplé de rêves étranges. Il voyait un oiseau blanc qui tournoyait au-dessus de la forêt, poursuivant un oiseau noir qui venait d'apparaître à l'horizon. Il n'eut pas le temps d'en savoir davantage, car il sentit qu'une main se posait sur lui et lui secouait le bras. Agacé, car il pensait que c'était Morgane qui venait le narguer, il se retourna sur le ventre et se cacha le visage sous la couverture. « Lancelot ! dit alors une voix douce, Lancelot ! Réveille-toi ! » Il sursauta, bondit hors du lit et regarda l'être qui lui parlait ainsi. La lumière était faible dans cette chambre, mais il ne fut pas long à la reconnaître. « Saraïde ! s'écria-t-il.

– Oui, Beau Trouvé, dit-elle, c'est bien moi, Saraïde, celle qui t'a vu grandir dans le palais de la Dame du Lac, ma maîtresse. Je viens te libérer. Suis-moi. » Sans répondre, Lancelot accompagna Saraïde dans les couloirs. Comme il n'avait guère eu l'occasion de faire de l'exercice depuis longtemps, il marchait avec difficulté, et Saraïde le tenait par la main. Elle le mena dans la cour où elle choisit un cheval tout sellé qui paraissait le meilleur. Puis elle le précéda dans la salle où se trouvaient rangées les armes et elle l'en revêtit. Après quoi, sans que personne se fût réveillé dans le château, ils se retrouvèrent dehors, à l'air libre.

Ils montèrent tous deux sur leurs chevaux. « Comment m'acquitter de mes dettes envers ta maîtresse et envers toi, Saraïde ? dit Lancelot. Je dois tout à la Dame du Lac ; quant à toi, je ne sais pas comment te manifester ma reconnaissance : tu t'es toujours trouvée là au moment où je sombrais dans le désespoir ! » Saraïde se mit à rire. « Tout cela n'est rien, dit-elle, et il vaut mieux ne pas en parler. Mais ne crois pas que je sois venue te délivrer pour tes beaux yeux, Lancelot. Ma maîtresse a reçu un étrange message de la part de la reine Guenièvre. Non seulement elle suppliait la Dame du Lac de rechercher dans quelle prison tu te trouvais, mais elle s'inquiétait parce que, depuis quelque temps, la plupart des chevaliers d'Arthur disparaissent les uns après les autres sans qu'on sache ce qu'ils sont devenus. C'est à toi qu'il appartient de les retrouver, et c'est ainsi que tu paieras ta dette, envers nous bien sûr, mais aussi envers ton roi et envers la reine. Me comprends-tu ? »

Quand il apprit que c'était la reine qui avait prévenu la Dame du Lac de sa disparition, Lancelot en fut ému jusqu'aux larmes. Et l'image de Guenièvre dansa devant ses yeux, encore plus présente que pendant les longues semaines où il n'avait surmonté sa captivité qu'en fixant son esprit sur la femme aimée. « Grâces soient rendues à la reine Guenièvre, murmura-t-il enfin. Je te le jure, Saraïde, et tu pourras le dire à ta maîtresse : il n'y a rien au monde que je ne tenterai pour retrouver les compagnons d'Arthur ! – Mais comment feras-tu ? demanda Saraïde. – Je parcourrai tout le royaume, je sillonnerai toutes les forêts, je visiterai toutes les villes et toutes les forteresses jusqu'au jour où je les découvrirai, s'écria Lancelot avec une telle force que Saraïde ne put s'empêcher de sourire. – Beau Trouvé, dit-elle, tu es toujours le même, tel que tu étais enfant, aussi exalté, aussi emporté, aussi tenace dans ta détermination. Tu es bien un fils de roi, et tu es digne de l'estime qu'on te porte. Mais ce serait beaucoup de peine et beaucoup de temps pour rien, Lancelot. Aussi vais-je te guider vers le lieu où ils se trouvent. – Tu le connais ? s'étonna Lancelot. – La Dame du Lac sait tout ce qui se passe en ce monde. N'oublie pas qu'elle a obtenu la vision des choses grâce à Merlin. Et je n'ai jamais connu d'homme plus sage et plus avisé que lui. »

Elle éperonna son cheval qui bondit à travers les landes et Lancelot en fit de même. Ils longèrent une forêt dense et ombreuse, puis suivirent le cours d'un ruisseau avant de parvenir à une colline parsemée de roches rougeâtres qui semblaient surgir du fond de la terre. Saraïde s'arrêta. « Voici l'endroit où je devais te mener, Lancelot. Mais avant de te quitter et de te laisser accomplir ta mission, je vais te révéler encore une chose. Vois-tu ce val profond et ténébreux ? Il est sous le coup d'un sortilège. Ainsi, nul homme qui y a pénétré ne peut en sortir s'il a une seule fois été infidèle à la femme qui a reçu son serment. Et ils sont nombreux, les chevaliers d'Arthur, qui y sont retenus malgré eux. Je pense que c'est une caractéristique des hommes de ne jamais être fidèles à celle qu'ils ont juré d'aimer toute leur vie. Le sortilège est ainsi fait qu'il ne pourra être levé que par un homme qui n'a jamais failli à celle qu'il aime. A toi de tenter l'épreuve.

– Je n'ai jamais reculé devant une épreuve, dit Lancelot, mais je ne crois pas être celui qu'on attend, car j'ai commis une faute envers Guenièvre, une faute très lourde que je ne pourrai jamais oublier. – Enfant, répondit Saraïde, je sais de quoi tu parles. Ne te juge pas coupable, car tu n'es aucunement responsable de ce qui est arrivé. Quand la reine Ygerne a conçu le roi Arthur, elle ne savait pas que l'homme qui l'étreignait n'était pas son mari, mais le roi Uther Pendragon. C'est Merlin qui l'avait voulu ainsi et qui avait usé de ses artifices pour qu'elle ne s'en aperçût pas. Il le fallait. Il fallait qu'Arthur pût naître de cette union. Et quand tu étais à Corbénic, lorsque tu as rejoint la fille du roi Pellès dans son lit, c'est parce que tu étais sous le coup d'un enchantement : tu croyais réellement qu'il s'agissait de la reine Guenièvre. Mais, là encore, il le fallait pour que naquît un fils de ta lignée et de la fille du Roi

Pêcheur. Merlin l'avait prédit, et tout s'est passé selon sa volonté. » Lancelot soupira : « Tu as peut-être raison, mais j'en ai gardé le cœur lourd. – Oublie tout cela et délivre les chevaliers d'Arthur qui moisissent au fond de cette vallée. Va maintenant, et sois digne de celle qui t'a élevé. » Et sans plus attendre, Saraïde éperonna son cheval et disparut.

C'était déjà le soir, et les ombres commençaient à s'allonger sur le sol. Lancelot examina soigneusement le paysage qui s'offrait à lui. La forêt s'ouvrait brusquement et laissait place à des landes sans fin du côté du soleil couchant. Au bout de l'horizon, des traînées rouges et jaunes striaient le ciel. Au-dessous, la vallée se perdait dans une ténébreuse verdure. Tout semblait vide et calme. Rien ne montait des entrailles de la terre, pas même un cri, pas même un murmure du vent sur les feuilles des arbres. Lancelot sauta à bas de son cheval et, son épée à la main, descendit le long des flancs de la vallée.

Alors, les enchantements se réveillèrent. Devant lui, il aperçut une muraille formée de bois et de blocs de pierre impressionnants, et dans laquelle se trouvait une porte de fer. Il s'en approcha et tendit la main vers la serrure. Mais quand il fut près de la porte, celle-ci s'écroula dans un grand bruit de branches brisées. Il entra par cette trouée béante et, se retournant, n'aperçut plus aucune trace du mur qui, quelques instants auparavant, interdisait encore le passage vers la vallée. Lancelot continua son chemin et rencontra une autre muraille, avec une autre porte de fer. Tout se passa comme pour la première. Il y en eut sept en tout, qu'il franchit aisément et qui disparurent de la même façon.

Alors apparut à ses yeux une haute palissade en fer : sur chacun des pieux qui la maintenaient était fichée une tête d'homme aux yeux clos. D'un coup d'épée, Lancelot démolit la palissade et les têtes disparurent comme si elles n'avaient jamais existé. Il suivit alors un sentier très étroit et s'arrêta brusquement : il sentait le sol se dérober sous lui. Il était au bord d'une fosse et, au fond de cette fosse, sept serpents à la langue enflammée tendaient vers lui leurs têtes hideuses en poussant des sifflements stridents.

Lancelot frappa sept fois de son épée et les sept têtes tombèrent dans la fosse. Il sauta ensuite par-dessus et continua sa descente par le sentier étroit. Mais, une fois de plus, il sentit que le sol se creusait : un instant horrifié, il aperçut d'énormes crapauds qui surgissaient de la terre, les yeux luisants comme des escarboucles. Et ces crapauds montaient, s'accrochaient à ses jambes, voulant gagner sa poitrine dans l'intention certaine de lui dévorer le cœur. Lancelot se secoua de toutes ses forces, piétina les monstres avec rage et violence, tant et si bien que les affreuses bêtes disparurent et qu'il se retrouva sur un sol parsemé de touffes de bruyère.

Il descendit encore mais des chiens, dont les pattes étaient pourvues de griffes acérées et dont la gueule dégoulinait de sang, s'élancèrent vers lui, surgissant des fourrés, prêts à lui sauter à la gorge. Il fit voler son épée à gauche et à droite, partout où il le pouvait. Et, de nouveau, ce fut le silence, un silence trompeur, pareil à celui qui précède les grands orages sur toutes les forêts du monde.

Lancelot se retrouva alors dans une clairière : au milieu, se tenait un homme immense, haut et gros comme une tour de moulin, qui tenait dans sa main une épée longue et acérée. En ricanant, il la fit tournoyer en l'air et des myriades d'étincelles s'envolèrent sur les arbres d'alentour. Lancelot ne prit pas le temps de réfléchir : il bondit en avant contre le géant, sans se soucier de l'arme terrible qui le frôlait. Au moment où le géant allait lui fracasser le crâne, Lancelot leva sa propre épée et, d'un geste brusque, l'enfonça jusqu'à la garde au travers du corps monstrueux. Il y eut un grand tumulte et de grands cris, un grand fracas de branches brisées auquel répondit un souffle de vent furieux qui agita et tordit le sommet des arbres. Mais, du corps du géant, il n'y avait nulle trace.

Lancelot s'élança encore plus en avant. Mais son élan fut arrêté net par ce qu'il découvrit : une muraille de flammes plus hautes que des maisons lui interdisait toute approche. A droite, à gauche, des flammes, rien que des flammes qui se tordaient avec un crépitement sinistre et dégageaient une chaleur intolérable. Mais, surmontant sa crainte, Lancelot se dirigea d'un pas très sûr vers le feu, son épée dressée devant lui. Or, dès qu'il atteignit les premières flammes, celles-ci s'évanouirent. En quelques instants, la muraille de feu s'était éteinte.

A présent, une lumière étrange, comme venue des astres, brillait dans le fond de la vallée. Lancelot aperçut des maisons bien bâties, finement décorées, des fontaines où l'eau coulait avec un joyeux murmure. Sur un pré, des tables étaient dressées et des hommes jouaient aux échecs en buvant le contenu des coupes que remplissaient à chaque instant des échansons vêtus de velours rouge. Plus loin, des chevaliers dormaient à même le sol, perdus dans des rêves d'ivrognes. Il reconnut Kaï et Bedwyr, mais ceux-ci ne lui prêtèrent aucune attention. Puis, il en vit d'autres qui se querellaient et s'injuriaient, se menaçant de leurs épées. Et, parmi eux, se trouvaient Gauvain, le neveu d'Arthur, ainsi qu'Yvain, le fils du roi Uryen.

Lancelot les interpella, mais aucun d'eux ne parut s'apercevoir de sa présence. Il allait de groupe en groupe comme au milieu de fantômes. Pourtant, c'étaient bien les compagnons de la Table Ronde. Quelle malédiction les avait donc frappés pour qu'ils ne le reconnussent pas ? Il traversa une assemblée qui s'esclaffait devant les pitreries d'un jongleur, puis une deuxième qui contemplait de belles filles dansant au son d'une musique suave. Lancelot erra ainsi longtemps au fond de la vallée et finit par apercevoir une demeure plus belle et plus riche que les autres. Son toit était de porphyre, ses fenêtres de cristal, ses murs de pierre noire et brillante, avec des reflets d'améthyste. Sur le seuil de cette maison royale, immobile et droite dans une longue robe rouge brodée d'or, les cheveux dénoués, une femme semblait attendre. Ce fut vers elle que se dirigea Lancelot.

« Eh bien ! dit la dame en le voyant approcher, viens-tu te joindre à nos plaisirs, ô Lancelot du Lac, toi le plus beau fleuron de la chevalerie ? » Lancelot s'arrêta devant elle. Elle souriait, mais ses yeux lançaient des flammes étranges. « Qui que tu sois, femme, répondit Lancelot, tu dois savoir que je suis venu ici pour que cessent les effets du sortilège, pour que tous ceux qui sont ici, endormis dans leurs rêves de folie, reprennent conscience ! » Le visage de la femme se tordit. Elle poussa un ricanement qui se changea bientôt en cri d'angoisse. Stupéfait, Lancelot ne vit plus à sa place qu'un arbre mort dont les branches, partant d'un tronc moisi et vermoulu, pendaient de façon grotesque.

Il n'y avait plus de maison, mais des fourrés de ronces et d'ajoncs. Il se retourna. L'obscurité allait bientôt s'emparer du monde. La lumière irréelle qui avait tant étonné Lancelot s'était dissipée. Il n'y avait plus de maisons, plus de danseuses, plus de musiciens : le fond du val n'était plus qu'une épaisse végétation dans laquelle le vent se mettait à jouer une mélopée envoûtante. Çà et là des hommes s'interpellaient, subitement réveillés d'un cauchemar et s'élançaient sur les pentes du val pour fuir au plus vite ces lieux maudits. Ils se formaient en longues colonnes et, tandis que les chevaux hennissaient, ils s'éloignaient, criant leur joie de se sentir de nouveau libres, et gagnaient landes et forêts. Bientôt, le silence fut total et Lancelot se retrouva seul, immobile, à la même place.

Alors, il se décida à rejoindre son cheval qu'il avait laissé, tout en haut, près des rochers rouges qu'on discernait à peine maintenant. Il gravit la pente, lentement, ne rencontrant que des arbustes rabougris et de grandes touffes d'ajoncs. Arrivé au sommet, il se retourna pour regarder une dernière fois le val ténébreux dont il avait pu vaincre les enchantements : tout était calme et paisible. Seuls quelques oiseaux faisaient entendre le bruissement de leurs ailes. Mais ce bruissement s'enfla soudain, et Lancelot sentit une présence proche. Il leva son épée. « On ne frappe pas une femme ! » dit alors une voix surgie tout près de lui, derrière les rochers.

Il se dirigea vers la voix. Sur un cheval blanc, se tenait une forme noire, une femme, vêtue d'un long manteau. Lancelot la reconnut immédiatement : c'était Morgane. « J'aurais dû me douter que c'était toi la cause des sortilèges ! s'écria-t-il. – Et moi, répondit Morgane, j'aurais dû prévoir que tu serais le seul à pouvoir détruire mon œuvre ! » Ils se toisèrent un long moment, silencieusement, avec arrogance. Les yeux de Morgane étaient aussi insupportables pour Lancelot que les rayons du soleil à l'heure de midi. Mais il ne voulut pas baisser son regard, et il vit dans ses yeux bien autre chose que de la haine ou de l'orgueil : beaucoup de souffrance.

« Lancelot, dit-elle alors, tu es le seul homme que je connaisse qui puisse se faire tuer pour rester fidèle à une femme. Par malheur, celle que tu aimes, ce n'est pas moi. Que me reproches-tu, Lancelot du Lac ? Me trouves-tu trop vieille et trop laide pour toi ? – N'en crois rien, répondit Lancelot, tu es très belle et ta jeunesse est étincelante. Les années n'ont pas de prise sur toi. – Alors, pourquoi me rejettes-tu ainsi ? Tous deux, nous formerions le couple le plus fidèle, le plus uni qui puisse exister, et nous serions les maîtres du monde. – Tu sais bien que c'est impossible, Morgane. J'aime une femme, tu as dit vrai. Et cette femme, ce n'est pas toi. Ce sont là choses qui ne se commandent pas. »

Morgane tremblait. D'une voix rauque, elle dit encore : « Lancelot, je ne m'avoue pas vaincue. Jamais, je ne m'avouerai vaincue. Va donc rejoindre ta Guenièvre ! Mais sache que nous nous retrouverons, fils du roi Ban de Bénoïc ! » Alors elle piqua des deux, son cheval blanc hennit et elle s'élança à travers les landes. Seul sur les rochers rouges qui dominaient le Val sans Retour, Lancelot demeura longtemps immobile [1].

1. Ce chapitre est une synthèse de plusieurs épisodes de la version du *Lancelot en prose*, attribué – faussement – à Gautier Map, et de la légende traditionnelle locale de Tréhorenteuc (Morbihan).

2

Notre-Dame de la Nuit

Il y avait autrefois dans l'île de Bretagne un roi qui portait le nom de Pwyll[1]. Il régnait sur le pays qu'on appelle Dyved[2] ; et son territoire était partagé entre sept cantons[3] qu'il avait confiés à des vassaux de haute valeur, qui savaient rendre la justice et ne toléraient aucun manquement à la coutume. Pwyll, roi de Dyved, avait la réputation d'être un prince intègre, insensible à toutes les formes de flagornerie, et désireux de procurer le meilleur sort possible à ceux dont Dieu lui avait confié la charge en ce monde. Depuis bien longtemps, et de sa propre volonté, il avait reconnu le roi Arthur comme chef suprême de l'île de Bretagne, mais on ne l'avait jamais vu à la cour : il n'avait en effet jamais désiré faire partie des compagnons de la Table Ronde,

1. Ce nom gallois est à l'origine du nom de Pellès, le Riche Roi Pêcheur, maître de Corbénic et gardien du Graal.

2. Le Dyved est le sud-ouest du pays de Galles. Le nom provient de celui du peuple celtique des *Demetae* qui occupait le territoire au moment de la conquête romaine. On se souvient que, d'après certaines versions, la mère de Merlin était la fille du roi des *Demetae*. Il faut signaler que, chez les poètes gallois du Moyen Age, le pays de Dyved est désigné comme étant *Bro yr Hud*, c'est-à-dire « pays de la magie ».

3. Le terme français « canton », officialisé depuis la Révolution, a une étymologie fort ancienne puisqu'il remonte à un ancien gaulois signifiant « cent ». En l'occurrence, il traduit parfaitement le terme originel gallois de ce texte, *cantref*, littéralement « cent habitations ».

préférant demeurer dans ses Etats pour mieux les gouverner et en assurer la prospérité.

Un jour qu'il résidait à Arberth, sa principale forteresse, il prit fantaisie à Pwyll d'aller à la chasse dans un endroit qu'il aimait particulièrement, le Vallon rouge, situé près d'une grande forêt riche en gibier de toute sorte et à l'embouchure d'une belle et large rivière poissonneuse. Le lendemain, à la pointe du jour, Pwyll se leva, se vêtit et se prépara, choisissant soigneusement ses armes de chasse ; et il se rendit au Vallon rouge pour y lancer ses chiens sous les arbres de la forêt. Un de ses serviteurs sonna du cor afin de rassembler tous ceux qui participaient à la chasse. Le roi s'élança à la suite de ses chiens qui, en aboyant, s'étaient engagés à travers les fourrés. Mais les chiens l'entraînèrent si loin qu'il perdit bientôt la trace de ses compagnons.

Comme il prêtait l'oreille à leurs aboiements qui résonnaient dans les sous-bois, il entendit ceux d'une autre meute. Le bruit n'était pas du tout le même, et il comprit que cette meute s'avançait à la rencontre de la sienne. Une clairière s'offrit alors à son regard, et quand sa meute y apparut, Pwyll aperçut un cerf qui fuyait, pourchassé par l'autre chasse. Le cerf arrivait exactement au milieu de la clairière lorsque la meute qui le poursuivait le rejoignit et le terrassa. Pwyll se prit à admirer la couleur de ces chiens, sans songer davantage au cerf : jamais il n'avait vu pareille allure à aucun chien de chasse au monde. Ils étaient d'un blanc éclatant et lustré et avaient les oreilles rouges, d'un rouge aussi luisant et éclatant que leur blancheur. Pwyll s'avança vers eux, chassa la meute qui avait tué le cerf et appela ses propres bêtes à la curée. A ce moment, il vit venir à lui un chevalier monté sur un grand cheval gris, un cor passé autour du cou, portant un habit de chasse de laine grise.

Le chevalier s'arrêta devant Pwyll et lui parla ainsi :

« Je ne sais qui tu es et ne te saluerai pas ! » Pwyll lui répondit : « Peut-être es-tu d'un rang qui t'en dispense ? – Ce n'est certes pas l'importance de mon rang qui m'empêche de le faire, répondit l'inconnu. – Alors, dis-moi, seigneur, pourquoi cet affront ? – Par Dieu tout-puissant, la seule cause réside en ton impolitesse et ton manque de courtoisie ! » Pwyll, tout étonné de cette réponse, poursuivit : « Je voudrais bien savoir, seigneur, quelle impolitesse et quel manque de courtoisie tu as cru remarquer en moi ! – Je n'ai jamais vu personne agir comme tu l'as fait en chassant une meute qui a tué un cerf pour appeler sa propre meute pour la curée ! C'est un manquement grave à la courtoisie. Et quand bien même je ne me vengerais pas d'un tel affront, par Dieu tout-puissant, je m'engage à te faire mauvaise réputation pour la valeur de cent cerfs ! »

Pwyll se sentit soudain fort mal à l'aise : « Si je t'ai fait si grand tort, comme tu dis, je m'efforcerai de racheter ma faute. – De quelle manière t'y prendras-tu ? – Selon la coutume du pays, et selon le rang que tu occupes. Mais je ne sais pas qui tu es. – Je suis roi couronné dans mon pays d'origine. – Seigneur, bonjour à toi et prospérité sur ton peuple ! Mais de quel pays es-tu ? – Du pays que l'on nomme Announ[1] : je suis Arawn, roi d'Announ. – De quelle façon, seigneur, penses-tu que je pourrais obtenir ton pardon et gagner ton amitié ? – Je vais te le dire. Un homme occupe des domaines situés face aux miens. Il me fait continuellement la guerre : c'est Hafgan, qui prétend vouloir régner sur l'ensemble du pays d'Announ. Si tu me débarrasses de ce fléau, et je pense que tu le pourras facilement, tu répareras le tort que tu m'as causé et tu

1. Dans la tradition galloise, *Annwfn* (transcrit ici « Announ ») désigne l'Autre Monde mystérieux des Celtes, celui que les croyances localisent dans l'univers des *cairns* mégalithiques, autrement dit le monde des *sidhs* (ce mot signifiant « paix »), qui est le domaine des anciens dieux Tuatha Dé Danann en Irlande.

gagneras mon amitié. – Je le ferai volontiers, dit Pwyll. Indique-moi seulement comment y parvenir. »

Arawn, qui se disait roi d'Announ, parla alors ainsi à Pwyll : « Je vais te le dire. Je vais lier avec toi *amitié sans restriction*[1]. Je te mettrai à ma place en Announ. Je te donnerai chaque nuit la femme la plus belle que tu aies jamais vue. Je ferai aussi en sorte que tu aies ma figure et mon aspect, pour que ni valet, ni officier, ni personne parmi ceux qui m'ont toujours servi, puisse douter un instant que tu n'es pas moi. Et cela à partir de demain jusqu'à la fin de cette année. Nous nous rencontrerons alors à cette date, à l'endroit même où nous sommes aujourd'hui.

– Fort bien, dit Pwyll, mais comment saurai-je que je dois combattre l'homme que tu dis, à la date et à l'endroit précis que tu veux ? – Le combat aura lieu dans sept mois très exactement, à la tombée de la nuit, sur un gué que mes gens t'indiqueront. Tu y seras sous mon aspect et il ne s'apercevra de rien. Tu lui donneras un coup de lance, mais un seul, retiens bien cela. Car il te demandera de le frapper une seconde fois, et te suppliera même de le faire. Il faudra que tu refuses obstinément. Moi, j'ai eu beau le frapper, il est toujours revenu le lendemain se battre contre moi, avec encore plus d'arrogance et de force. – Fort bien, dit Pwyll, mais qui s'occupera de mes domaines pendant que je serai absent ? – Ne t'inquiète de rien, dit Arawn. Je pourvoirai à ce qu'il n'y ait dans tes Etats ni homme ni femme qui puissent soupçonner que c'est moi qui ai pris ta place. Je prendrai ton aspect et j'agirai comme toi-

1. L'*amitié sans restriction,* ou encore « amitié sans faille », est une curieuse coutume celtique attestée dans les épopées irlandaises. Les deux contractants s'engagent mutuellement à ne jamais refuser quoi que ce soit l'un à l'autre, par la loi de l'échange total et absolu. Cette belle coutume n'en est pas moins responsable de bien des désagréments, comme ceux qui sont racontés dans le récit irlandais de l'*Histoire de Mongân.* Voir J. Markale, *l'Epopée celtique d'Irlande,* nouv. éd., pp. 188-197.

même. – Dans ces conditions, dit Pwyll, j'accepte volontiers ton *amitié sans restriction,* et suis prêt à partir immédiatement. – Le voyage ne sera ni long, ni pénible. Rien ne te fera obstacle jusqu'à ce que tu arrives dans mes Etats, car je serai ton guide. »

Arawn conduisit Pwyll à travers la forêt jusqu'à un lieu où s'étendait une grande plaine drainée par d'abondantes rivières. Dans les prairies, de nombreux troupeaux paissaient, et d'agréables forteresses se dressaient çà et là, agrémentées de vergers qui semblaient produire de beaux fruits. Arawn désigna l'une d'elles à son compagnon et dit : « C'est ici que se trouve ma cour, avec toutes les habitations qui en dépendent. Je remets ma cour et mes domaines entre tes mains, et je vais te laisser. Poursuis hardiment ton chemin et entre dans ma forteresse. Il n'y a personne qui puisse hésiter un seul instant à te reconnaître comme étant moi-même. A la façon dont tu verras le service se faire, tu apprendras les manières de la cour. » Et, sans ajouter une parole, Arawn partit au grand galop de son cheval, laissant Pwyll en face de domaines dont il ignorait tout.

Il se dirigea vers la forteresse qui lui avait été désignée et y ayant pénétré, il aperçut des chambres à coucher, des salles, des appartements avec les décorations les plus somptueuses qui fussent. Des écuyers et de jeunes valets accoururent vers lui et s'empressèrent de le désarmer. Chacun d'eux le saluait lorsqu'il s'approchait de lui. Deux chevaliers vinrent le débarrasser de ses vêtements de chasse et le revêtir d'un habit de soie brochée d'or. Dans la grande salle, tout était prêt. Pwyll vit entrer la famille, la suite, la troupe la plus belle et la mieux équipée qui se fût jamais vue, et, avec eux, la reine, la plus belle femme du monde, vêtue également d'une robe de soie brochée d'or d'un raffinement surprenant. On corna l'eau et l'on se mit à table.

Pwyll avait la reine à sa droite et un homme, qui

devait être comte, à sa gauche. Il commença à converser avec la reine, et il jugea, à entendre ce qu'elle disait, que c'était bien la femme la plus avisée, la plus noble de caractère et la plus agréable de langage qu'il eût jamais côtoyée. Tous les convives eurent à souhait mets et boissons, musique et récitation de poèmes : c'était bien, de toutes les cours que Pwyll avait visitées en ce monde, la mieux pourvue de nourritures, de breuvages délicats, de vaisselle d'or et d'argent, de bijoux royaux. Et lorsque le moment du coucher fut arrivé, la reine et lui-même allèrent au lit.

Il eut alors un moment d'angoisse : comment allait-il se comporter vis-à-vis de cette femme, qui était si belle, si noble et si désirable, mais qui était l'épouse d'un homme à qui il avait donné son *amitié sans restriction* ? Mais la sagesse de Pwyll était grande, aussi grande que sa fidélité à la parole donnée. Aussitôt qu'ils furent au lit, il tourna le dos à la femme et resta le visage fixé vers le bord du lit, sans lui dire un seul mot jusqu'au matin. Le lendemain, il n'y eut entre eux que gaieté et aimable conversation. Et quelle que fût leur affection pendant le jour, il ne se comporta pas une seule nuit autrement que la première. Quant à son temps, il le passa en chasses, chants, danses, festins, relations aimables et conversations courtoises.

Arriva le jour où il devait rencontrer celui qui prétendait dominer tout le pays. Cette rencontre, il n'y avait pas un homme, même dans les contrées les plus reculées du royaume, qui ne l'eût présente à l'esprit. Pwyll s'y rendit donc avec les gentilshommes de ce qui était provisoirement son domaine. Dès qu'ils furent arrivés au lieu fixé, c'est-à-dire sur le gué d'une rivière qui coulait abondamment, un chevalier se leva et parla ainsi : « Nobles compagnons, écoutez-moi bien. Il ne s'agit pas ici d'une joute, mais d'une lutte entre deux rois, entre leurs deux corps seulement, et nous n'avons aucun droit à nous immiscer dans cette affaire. Chacun de ces rois réclame à l'autre terres et domaines. Vous avez donc le devoir de ne prendre parti ni pour l'un ni pour l'autre. A cette seule condition, vous pouvez assister à la rencontre. »

Les deux rois s'avancèrent l'un vers l'autre, au milieu du gué et, sans perdre de temps, ils en vinrent aux mains. Au premier choc, celui qu'on prenait pour Arawn atteignit Hafgan au milieu de son bouclier, si bien qu'il le fendit en deux, brisa l'armure et lança Hafgan sur les cailloux, de toute la longueur de son bras et de sa lance, par-dessus la croupe de son cheval, mortellement blessé. « Ah, prince ! s'écria Hafgan, quel droit avais-tu à ma mort ? Je ne te réclamais rien. A ma connaissance, tu n'avais aucun motif de me tuer. Au nom de Dieu, puisque tu as commencé, achève-moi ! – Prince, répondit celui qui avait le visage d'Arawn, il se peut que je me repente de ce que j'ai fait, mais je ne t'achèverai pas. Cherche toi-même quelqu'un qui daigne accepter de te tuer. Pour ma part, c'est un acte que je jugerais lâche et déshonorant, car on ne frappe pas un homme blessé qui gît à terre. » Hafgan harangua ceux qui étaient venus avec lui : « Mes nobles fidèles, dit-il, emportez-moi hors de ce lieu maudit. C'en est fait de moi à présent, et je ne suis plus en état d'assurer plus longtemps votre sort. » Sans plus attendre, les nobles sortirent Hafgan du gué, l'allongèrent sur une civière et l'emportèrent loin de là.

Pwyll revint vers les siens. « Nobles compagnons, dit-il, informez-vous et sachez absolument quels doivent être mes vassaux. – Seigneur, répondirent-ils, tous ceux de ce pays doivent être tes vassaux, il ne peut y avoir aucune discussion sur le sujet. Il est bien certain qu'il ne peut y avoir qu'un seul roi en Announ, et ce roi, c'est toi. – Eh bien, dit Pwyll, il est juste d'accueillir ceux qui se montreront fidèles vassaux. Quant à ceux qui ne voudront pas venir de leur plein gré, qu'on les y oblige par la force des armes. » Il reçut immédiatement l'hommage des vassaux et commença à prendre possession de l'ensemble du pays. Vers le milieu du jour, le lendemain, les deux parties du royaume étaient en son pouvoir.

Quand l'année se fut écoulée, il partit tout seul, un matin, sans se faire remarquer, et, après avoir chevauché une partie de la matinée, il arriva au Vallon rouge. Il y retrouva Arawn qui l'attendait, et chacun d'eux fit à l'autre l'accueil le plus cordial et le plus chaleureux qui fût. « Que Dieu te donne joie et bonheur, dit Arawn, car tu t'es conduit en véritable ami. Cela, je le sais, et j'ai appris comment tu avais réussi à unifier le royaume. Quand tu seras de retour dans ton pays, tu verras ce que j'ai fait pour toi. – Que Dieu te le rende ! » répondit Pwyll. Arawn redonna alors sa forme et ses traits à Pwyll, roi de Dyved, puis il reprit les siens et, après avoir salué son ami, il retourna dans sa forteresse en Announ.

Il fut fort heureux de se retrouver parmi ses gens et sa famille qu'il n'avait pas vus depuis de longs mois. Pour eux, qui n'avaient pas senti son absence, son arrivée ne parut pas plus extraordinaire que de coutume. Il passa la journée dans la gaieté, la joie, le repos et la conversation avec sa femme et ceux qui constituaient sa cour. Quand le moment fut venu de dormir plutôt que de boire, ils allèrent se coucher. Le roi se mit au lit et sa femme vint le rejoindre. Après quelques moments d'entretien, il se livra avec elle aux plaisirs de l'amour. Comme elle n'y était plus habituée depuis très longtemps, elle en fut tout étonnée et se mit à réfléchir. « Dieu, se dit-elle, comment se fait-il qu'il ait eu cette nuit des sentiments autres que toutes les autres nuits que nous avons passées ensemble depuis tant de mois ? »

Comme elle restait songeuse, se retournant sans cesse, harcelée par cette pensée, Arawn finit par se réveiller. Il lui adressa une première fois la parole pour lui demander ce qui lui arrivait. Il n'eut pas de réponse. Il insista une seconde, puis une troisième fois, toujours sans succès. « Pourquoi ne me réponds-tu pas ? demanda-t-il enfin avec une impatience non dissimulée. – Devrais-je t'en dire plus que je n'en ai dit en pareil lieu depuis presque un an ? s'écria-t-elle. – Comment cela ? Nous nous sommes entretenus de bien des choses. » La reine ne put plus se contenir : « Honte sur moi si, à partir d'une certaine nuit, il y a presque un an, en ce même lieu, au moment où nous nous trouvions dans ces draps, il y a eu jeux et entretiens, si tu as même tourné ton visage vers moi, sans parler, à plus forte raison, de choses importantes ! »

Ce fut au tour d'Arawn de devenir songeur. « En vérité, Seigneur Dieu, s'écria-t-il, il n'y a pas d'amitié plus solide, plus constante et plus fidèle que celle du compagnon que j'ai trouvé ! » Puis il dit à sa femme : « Reine, ne m'accuse pas. Par Dieu tout-puissant, je jure que je n'ai pas dormi avec toi, je ne me suis pas étendu à tes côtés depuis presque un an ! » Et il lui raconta son aventure. « J'en atteste Dieu, dit-elle, tu as mis la main sur un ami solide et dans les combats et dans les épreuves du corps. Il faut rendre hommage à la fidélité exemplaire qu'il t'a gardée. – Certes, ajouta Arawn, voilà quelque chose d'extraordinaire que je n'oublierai pas ! »

Quant à Pwyll, il était revenu dans le pays de Dyved, où son arrivée passa aussi inaperçue que si elle s'était produite de longs mois auparavant. Il commença par demander à ses vassaux ce qu'ils pensaient de son gouvernement cette année-là, en comparaison des années précédentes. « Seigneur, répondirent-ils, jamais tu n'as montré autant de courtoisie, jamais tu n'as été aussi aimable, jamais tu n'as dépensé aussi aisément ton bien en faveur des autres, jamais ton administration n'a été meilleure que pendant l'année écoulée. – Par Dieu tout-puissant, s'écria Pwyll, il est vraiment juste que vous en témoigniez votre reconnaissance à l'homme que vous avez eu au milieu de vous ! » Alors, il leur raconta l'aventure. « En vérité, seigneur, dirent-ils, Dieu soit béni de t'avoir procuré une telle amitié. Le gouvernement que nous avons eu cette année, tu ne nous le reprendras pas ? – Certes non, autant qu'il sera en mon pouvoir. »

A partir de ce moment, Pwyll et Arawn s'appliquèrent à consolider leur amitié : ils s'envoyèrent chevaux, chiens de chasse, faucons, tous les objets précieux que chacun pensait propres à faire plaisir à l'autre. A la suite de son séjour en Announ, parce qu'il y avait gouverné avec tant de succès et unifié les deux parties du royaume en un même jour, on n'appela plus Pwyll prince de Dyved, mais « chef d'Announ ». Et chacun se réjouit d'avoir un roi aussi sûr et aussi fidèle.

Un jour, Pwyll se trouvait à Arberth, sa principale résidence, où un festin avait été préparé, avec une grande suite de ses vassaux. Après le premier repas, Pwyll se leva et manifesta le désir d'aller se promener sur le pré, devant la forteresse. Au bout du pré, il y avait une éminence qu'on appelait le Tertre de la Jeunesse. C'est vers ce tertre qu'il dirigea ses pas. « Seigneur, lui dit quelqu'un de la cour, le privilège de ce tertre, c'est que tout noble qui s'y assoit ne puisse s'en aller sans avoir reçu des coups ou des blessures, ou encore avoir été témoin d'un grand prodige. – Les coups et les blessures, répondit-il, je ne les crains guère, d'autant plus que je suis entouré d'une nombreuse troupe. Quant au prodige, je ne serais pas fâché de le voir. Je vais donc aller m'asseoir sur le tertre et attendre ce qui arrivera. » C'est ce qu'il fit.

Comme il était assis au milieu de ses gens au sommet du tertre, on vit venir, le long du grand chemin, une femme montée sur un cheval blanc pâle, gros, très grand. La femme portait un habit doré et lustré et un grand manteau noir. Le cheval paraissait avancer d'un pas lent et égal. Il arriva à la hauteur du tertre. « Hommes ! demanda Pwyll, y a-t-il parmi vous quelqu'un qui connaisse cette femme à cheval, là-bas ? » Ils se regardèrent tous, mais aucun ne put rien répondre sur elle. « Eh bien ! dit Pwyll, que quelqu'un aille à sa rencontre afin de lui demander qui elle est. » L'un des vassaux de Pwyll se leva avec empressement et se porta à la rencontre de la femme. Mais quand il arriva devant elle sur le chemin, elle le dépassa. Il se mit à la poursuivre de son pas le plus rapide, mais plus il se hâtait, plus elle s'éloignait de lui.

Voyant qu'il ne servait à rien d'essayer de la rattraper, il retourna auprès de Pwyll et lui dit : « Seigneur, il est impossible, à n'importe quel homme à pied, le plus rapide soit-il, de rejoindre cette femme. – Alors, dit Pwyll, va à la forteresse, prends le cheval le plus vigoureux que tu trouveras et tâche donc de l'arrêter. » L'homme alla donc chercher le cheval et se mit à poursuivre la cavalière. Arrivé sur un terrain uni, il enfonça les éperons. Mais plus il excitait sa monture, plus la cavalière le distançait, bien que son cheval parût avoir gardé la même allure. Son cheval, à lui, donna bientôt des signes de fatigue et quand il vit que le pied lui manquait, il retourna auprès de Pwyll.

« Seigneur, dit-il, il est inutile à qui que ce soit de poursuivre cette femme. Je ne connaissais pas auparavant de cheval plus rapide que celui-ci dans tout le royaume, et pourtant je n'ai pas réussi à la rejoindre. – Assurément, dit Pwyll, il y a là-dessous quelque histoire de sorcellerie. Retournons à la cour. »

Ils rentrèrent donc dans la forteresse et passèrent la journée à festoyer. Le lendemain, après le premier repas, Pwyll dit : « Nous allons retourner sur le sommet du tertre. » Puis il s'adressa à un écuyer : « Amène le cheval le plus rapide que tu connaisses dans le pré, à proximité du tertre. » Ainsi fut fait, et ils s'en allèrent tandis que le cheval était amené dans le pré.

Ils étaient à peine assis qu'ils aperçurent la femme sur le même cheval, avec la même tenue que la veille, et suivant le même chemin. Pwyll dit à l'écuyer : « Sois prêt à te lancer à sa poursuite afin de lui demander qui elle est. – Volontiers, seigneur. » L'écuyer monta à cheval, mais avant qu'il fût bien installé en selle, elle était passée à côté de lui en laissant entre eux une certaine distance. Elle ne semblait pourtant pas se presser plus que le jour précédent. L'écuyer mit son cheval au trot, pensant que, si tranquille que fût son allure, il la rattraperait facilement. Mais comme cela ne réussissait pas, il lança son cheval au galop, à toute allure, sans pour autant gagner un pouce de terrain. Plus il frappait le cheval, plus elle se trouvait loin de lui, et cependant elle ne paraissait pas aller d'une allure plus rapide qu'auparavant. Voyant que sa poursuite ne donnait aucun résultat, il fit demi-tour et s'en alla rejoindre Pwyll.

« Seigneur, dit-il, le cheval ne peut pas faire plus que ce que tu lui as vu faire. – Je le vois bien, répondit le roi. Il est impossible de la poursuivre. Par Dieu tout-puissant, cette femme doit avoir un message à transmettre à quelqu'un de cette plaine, mais elle ne se donne pas le temps de l'exposer. Retournons à la cour. » Ils revinrent à la forteresse et y passèrent tranquillement la nuit, ayant à souhait musique et boissons diverses.

Ils passèrent la matinée du lendemain à se divertir jusqu'au moment du repas. Quand celui-ci fut terminé, Pwyll dit : « Où est la troupe avec laquelle je suis allé hier sur le sommet du tertre ? – Nous sommes là, seigneur, répondirent-ils. – Nous allons nous y asseoir de nouveau, et nous verrons bien ce qui arrivera. » Puis il dit à son écuyer : « Va chercher mon propre cheval et selle-le le mieux que tu pourras. Va avec lui sur le chemin, et n'oublie pas d'apporter mes éperons. » L'écuyer se hâta d'obéir aux ordres du roi, et tous allèrent s'asseoir sur le tertre.

Ils s'y trouvaient à peine lorsqu'ils virent la cavalière arriver par le même chemin, dans les mêmes habits et avec le même cheval. Elle avançait également de cette même allure tranquille que les deux jours précédents.

Pwyll dit à l'écuyer : « Donne-moi mon cheval. C'est moi qui irai à sa poursuite ! » Mais il ne fut pas plus tôt en selle qu'elle l'avait déjà dépassé. Il tourna bride et se précipita vers elle, lâchant les rênes à son cheval impétueux et fougueux, persuadé qu'il allait l'atteindre au deuxième ou au troisième bond. Mais il ne se trouva pas plus près d'elle qu'auparavant. Il lança alors son cheval de toute sa puissance.

Il s'aperçut bien vite qu'il ne la rejoindrait jamais. Alors il s'écria : « Femme, pour l'amour de l'homme que tu aimes le plus au monde, attends-moi ! » Elle s'arrêta net. « Volontiers, dit-elle, mais il eût mieux valu pour ton cheval que tu me fisses cette demande il y a déjà quelque temps ! » Pwyll parvint à sa hauteur. Elle rejeta la partie du voile qui recouvrait son visage, fixa ses yeux brillants sur lui et attendit qu'il voulût bien commencer la conversation. « Princesse, dit Pwyll, de quel pays viens-tu et pour quelle raison voyages-tu ainsi ? – Pour mes propres affaires », répondit-elle. Ils se regardèrent un instant en silence. Elle parla enfin : « Je suis bien heureuse de te rencontrer, roi Pwyll. – Sois la bienvenue », répondit-il. Aux yeux de Pwyll, le visage de toutes les femmes et de toutes les jeunes filles qu'il avait vues jusqu'alors était sans aucun charme par rapport à celui de l'inconnue. Pourtant, l'intensité de son regard l'inquiétait quelque peu. « Princesse, ajouta-t-il, me diras-tu un mot de tes affaires ? – Par Dieu tout-puissant, ma principale affaire était de te rencontrer. Car j'ai entendu raconter bien des choses sur toi, et je sais que tu es un homme fidèle, capable de se faire tuer pour respecter la parole donnée. – On t'a bien informée, dit Pwyll, et sois sûre que si je m'engage en quoi que ce soit vis-à-vis de toi, il ne sera rien que je ne puisse accomplir à ton service. Mais, qui es-tu donc ? – Roi Pwyll, sache qu'on me donne parfois le nom de Rhiannon, fille d'Heveid le Vieux. – Je ne connais personne de ce nom, répondit Pwyll, mais sois rassurée : tu seras bien accueillie à ma cour. Pourquoi voulais-tu me rencontrer ?

– Je vais t'expliquer, dit la cavalière. On veut me donner à un homme que je n'aime pas. Par Dieu tout-puissant, j'ai choisi de me donner à toi parce que tu es un sage roi et un homme fidèle. Ainsi serai-je à l'abri de celui qui me poursuit avec tant d'acharnement, à moins que tu ne me repousses, évidemment. – Te repousser ! s'écria Pwyll, tu n'y penses pas ! Si j'avais à choisir entre toutes les femmes et les jeunes filles du monde, c'est toi que je prendrais ! – Eh bien, puisque c'est ta décision, donne-moi un rendez-vous avant qu'on ne me donne à un autre. – Le plus tôt sera le mieux. Fixe toi-même la date et le lieu de la rencontre. – Eh bien, seigneur, le quatorzième soir après cette journée. Un festin sera préparé pour toi à la cour d'Heveid le Vieux. – Mais où se trouve la cour d'Heveid ? – Ce n'est pas difficile. Il te suffira de suivre ce chemin et de franchir les limites de ton royaume. Au bout d'une lande, près d'un étang, se dresse la forteresse. C'est là que tu me retrouveras. – J'y serai, j'en fais le serment. – Fort bien, seigneur, reste en bonne santé et souviens-toi de ton engagement. » Ils se séparèrent. Pwyll reprit le chemin d'Arberth, mais la cavalière demeura immobile au même endroit, le visage rayonnant, assurément très satisfaite de la tournure qu'avaient prise les événements.

Alors, elle étendit sa main et tourna le chaton de la bague qu'elle portait à l'un de ses doigts. « Eh bien, murmura-t-elle, que penses-tu de tout cela, Merlin ? » Elle entendit la voix de Merlin surgir des frondaisons, comme si l'enchanteur se trouvait près d'elle, invisible dans sa tour d'air. « Que veux-tu que j'en pense, Morgane ? disait-il. Ce sont tes affaires. Elles ne me concernent pas, pas plus qu'elles ne concernent Arthur. Mais explique-moi au moins le jeu auquel tu te livres. » La cavalière se mit à rire. « C'est très simple, répondit-elle.

Je veux mettre à l'épreuve le roi Pwyll et savoir s'il est aussi fidèle qu'on le dit. Je n'allais tout de même pas lui dire tout de suite qui j'étais. – Ah, Morgane ! tu ne changeras jamais. Toujours aussi tortueuse, aussi ténébreuse dans tes desseins. Sais-tu que j'ai toujours eu envie de t'appeler Notre-Dame de la Nuit ? Voilà un surnom qui te conviendrait tout à fait. Tu ne te complais que dans de sombres intrigues. Mais prends garde, Morgane, tes intrigues peuvent très bien se retourner contre toi, et je peux t'affirmer qu'un homme fidèle n'a pas toujours que des qualités ; il peut aussi avoir d'insupportables défauts ! » La voix de Merlin se tut. « Merlin ! Merlin ! dis-moi le fond de ta pensée ! » Mais elle eut beau tourner et retourner le chaton de la bague, aucune réponse ne se fit plus entendre. Alors, elle remit son voile sur sa tête et, piquant des deux, s'élança sur le chemin de l'allure tranquille qu'on lui avait vue ces trois jours.

Quant à Pwyll, il était immédiatement revenu près de ses gens. On lui demanda des nouvelles de la femme, mais à chaque fois qu'on l'évoquait, il demeurait muet ou parlait d'autre chose, à tel point que plus personne n'insista. Les jours s'écoulèrent dans les mêmes réjouissances, sauf que Pwyll ne vint plus s'asseoir sur le Tertre de la Jeunesse. Et il en fut ainsi jusqu'au moment fixé pour la rencontre. Il s'équipa, prit avec lui quelques-uns de ses fidèles et s'engagea sur la route de la forteresse d'Heveid le Vieux.

Il la trouva facilement grâce à la description que lui en avait faite celle qui prétendait s'appeler Rhiannon. On lui fit bon accueil, car Morgane s'était assuré le concours de tous ceux qui lui étaient redevables de faveurs ou qui craignaient sa colère. Il y eut donc grande assemblée et grande joie pour tous les gens qui se trouvaient là. On disposa de toutes les ressources de la cour. La salle fut préparée, les tables dressées, et l'on s'installa. Heveid le Vieux s'assit à la gauche de Pwyll et Rhiannon à sa droite, puis chacun prit place selon sa dignité. On se mit à manger, à boire et à converser.

Quand on eut fini de souper, au moment où l'on commençait à boire, on vit arriver un grand jeune homme brun, à l'air princier, vêtu d'un habit de soie brochée. De l'entrée de la salle, il adressa son salut à Pwyll et à tous ceux qui se trouvaient là. « Dieu te bénisse, lui dit Pwyll. Viens t'asseoir au milieu de nous. – Non, répondit-il, je ne suis qu'un solliciteur et je vais exposer ma requête. – Volontiers. Dis-nous ce que tu désires. – En vérité, c'est avec toi, roi Pwyll, que j'ai affaire. C'est pour te faire une demande que je suis venu ici. – Quel qu'en soit l'objet, si je puis accomplir ton désir, tu l'auras[1]. » Rhiannon se pencha vers Pwyll et lui dit : « Hélas ! Pourquoi lui as-tu fait pareille réponse ? » Mais l'étranger s'avança : « Cette réponse, il l'a faite, princesse, et en présence de tous ces gentilshommes.

– Je ne m'en dédirai pas, dit Pwyll, expose-nous l'objet de ta demande. – Voici, répondit l'étranger. Tu dois coucher cette nuit avec la femme que j'aime le plus au monde. C'est pour te la réclamer, ainsi que les préparatifs et les approvisionnements du festin, que je suis venu ici. » Pwyll demeura immobile et silencieux, ne trouvant rien à répondre. « Tais-toi autant que tu le voudras ! s'écria Rhiannon avec colère. Je n'ai jamais vu un homme faire preuve de plus de lenteur d'esprit que toi. – Princesse, dit Pwyll, j'en suis tout confus. Je ne savais pas qui il était. – Eh bien, tu vas le savoir :

1. C'est la coutume du don celtique obligatoire dont nous avons de nombreux exemples non seulement dans les épopées irlandaises ou galloises, mais également dans de multiples épisodes des romans arthuriens. Un roi ou un chef s'engage à satisfaire une demande sans savoir de quoi il s'agit. S'il ne satisfait pas cette demande, il est déshonoré à tout jamais. Dans l'épisode intitulé « la Chevauchée du prince Kilhour » (Deuxième époque du *Cycle du Graal, les Chevaliers de la Table Ronde*, pp. 195-225), le roi Arthur est plus prudent dans son acceptation, puisqu'il énonce clairement ses restrictions.

c'est l'homme à qui l'on voulait me donner, Gaul, fils de Klut, un chef très riche et très orgueilleux. Mais puisque tu as prononcé des paroles imprudentes, il faut que je me résigne. Donne-moi à cet homme pour éviter la honte. – Princesse, tu es injuste. Je ne sais pas quelle réponse est au fond de ton âme, mais je ne pourrai jamais prendre sur moi de dire ce que tu me conseilles. » Rhiannon entraîna Pwyll un peu à l'écart des autres. « Donne-moi à lui, dit-elle, car tu ne peux faire autrement. Mais si tu suis bien mes conseils, je ferai en sorte qu'il ne me possède jamais. – Comment cela ? » répondit Pwyll avec étonnement.

Rhiannon parla à voix basse : « Je te mettrai dans la main un petit sac. Garde-le bien précieusement. Gaul va également te réclamer le festin et tous ses préparatifs et approvisionnements. Or, ils ne t'appartiennent pas puisqu'ils sont à moi. Je les répartirai entre les troupes et la famille. Tu lui répondras dans ce sens. En ce qui me concerne, je lui fixerai un délai de quatorze nuits, à partir de ce soir, avant de coucher avec lui. Le quinzième soir, je ferai préparer pour lui un grand festin ici même. Il faudra que tu viennes, en compagnie de tes fidèles, dans le verger qui est sur la hauteur. Lorsque le festin battra son plein, tu entreras tout seul dans la salle, sans que personne puisse te reconnaître. Il faudra que tu sois revêtu d'habits de mendiant et que ton visage soit maculé de boue. Tu laisseras tes guerriers dans le verger après leur avoir dit qu'ils accourent dès qu'ils t'entendront sonner de la trompe. Car tu dissimuleras une trompe sous tes loques. Tu tiendras le sac que je vais te donner à la main et tu demanderas seulement qu'on te le remplisse de victuailles. Bien sûr, on ne te le refusera pas. Mais quand même on fourrerait dans ce sac tout ce qu'il y a de nourriture et de boisson dans tous tes Etats, je ferai en sorte qu'il ne soit jamais plein. Alors, quand il s'apercevra que rien ne peut remplir le sac, Gaul demandera des explications. Tu lui répondras que ce sac ne sera jamais plein si un noble très puissant ne se lève et ne tasse lui-même le sac avec ses pieds en disant : “On en a assez mis.” C'est à lui que je demanderai d'aller fouler la nourriture. Une fois qu'il aura mis les pieds dans le sac, déplie les bords et relève-les jusqu'au-dessus de sa tête. Tu le lieras alors avec les courroies du sac et tu sonneras du cor afin que tes gens accourent. N'oublie pas mes instructions et agis exactement comme je viens de te le dire. »

Cependant Gaul s'impatientait. « Roi Pwyll, dit-il, je voudrais bien connaître ta réponse. Serais-tu assez lâche pour ne pas respecter la parole donnée ? – Tout ce que tu m'as demandé et qui est en ma possession, tu l'auras », répondit Pwyll. Gaul ne se tint plus de joie. « Tu n'as donc plus qu'à t'en aller, maintenant », s'exclama-t-il à l'adresse de Pwyll. Rhiannon prit la parole : « Certes, il s'en ira. Mais il y a quelque chose que tu ignores : le festin et ses approvisionnements sont à moi, et le roi Pwyll ne peut te les donner. Je désire en disposer en faveur des hommes de Dyved, de ma famille et de la compagnie qui est ici. Telle est ma volonté et tu ne peux rien contre. Je te dois cependant une compensation : le quinzième soir qui suivra ce jour, un festin sera préparé pour toi dans cette salle. Jusqu'à ce moment-là je désire rester seule, et je ne coucherai avec toi que lorsque tu seras venu au festin. » Ainsi dit-elle. Gaul retourna sur ses terres, Pwyll en Dyved, et ils y passèrent les quatorze nuits qui les séparaient de la rencontre dans la forteresse d'Heveid le Vieux.

Gaul, fils de Klut, se rendit donc, le moment venu, au festin préparé pour lui. Il entra dans la cour et y reçut un bon accueil de la part des serviteurs, des chevaliers et de Rhiannon elle-même. Quant à Pwyll, il se rendit secrètement au verger que lui avait désigné Rhiannon, muni de son sac et entouré d'une centaine d'hommes. Il revêtit de sordides haillons et mit de grosses chaussures. Lorsqu'il sut que le repas se terminait et qu'on commençait à boire, il quitta le verger et marcha droit vers la salle du festin. Arrivé à l'entrée, il salua Gaul et ses compagnons, hommes et femmes. « Dieu te donne biens et bonheur, dit Gaul. Sois le bienvenu dans cette cour. – Seigneur, répondit le faux mendiant, j'ai une requête à te faire. – Qu'elle soit la bienvenue. Si ta demande est convenable, sois sûr que tu l'obtiendras. – Elle est très convenable, et je ne la fais que par besoin. Seigneur, je voudrais seulement qu'on me remplisse de nourriture le petit sac que je porte. – Voilà une requête bien modeste, en vérité, et je te l'accorde bien volontiers. Qu'on remplisse ce sac à ras bord ! »

Un grand nombre d'officiers se levèrent et commencèrent à le remplir : mais ils avaient beau en mettre, le sac restait pratiquement vide. Gaul s'en étonna fort. « Que faut-il donc faire pour que ton sac soit plein ? – Ce n'est pas difficile, répondit le faux mendiant. Il suffit qu'un noble, possédant de bonnes terres et de bonnes troupes, veuille bien presser son contenu avec ses pieds en disant : "On en a mis assez." » A son tour, Rhiannon prit la parole : « Champion, dit-elle à Gaul, je ne vois que toi qui sois assez riche et puissant, ici, pour le faire. – Soit, répondit Gaul, je le ferai volontiers. »

Il se leva et mit ses deux pieds dans le sac. Alors, Pwyll déplia rapidement ses bords, de telle sorte qu'il enveloppa Gaul tout entier puis ferma le sac, le noua avec les courroies et sonna du cor. Ses gens l'entendirent et accoururent bien vite, envahirent la cour et s'emparèrent de tous ceux qui étaient venus avec Gaul. Pendant ce temps, Pwyll rejeta les haillons, les grosses chaussures et se frotta le visage avec un linge mouillé. « Tu as agi sagement, dit Rhiannon, mais nous n'en avons pas terminé avec Gaul. » Le sac où se trouvait Gaul maintenant avait été placé à l'entrée de la salle, et tous ceux qui passaient donnaient un coup dessus en disant : « Qu'y a-t-il là-dedans ? – Un blaireau ! » répondait-on. Ainsi, firent-ils le jeu du *Blaireau dans le Sac* qui est encore en usage de nos jours[1].

A l'intérieur du sac, Gaul s'impatientait. « Seigneur, disait-il, veuille m'écouter : le traitement que je subis n'est pas digne de mon rang ni de ma puissance ! – C'est lui qui l'a voulu, clama Rhiannon, et il n'y a pas de raison que nous ne nous amusions à ses dépens. »

Gaul, fils de Klut, on s'en souvient, avait autrefois grandement outragé Morgane qui s'était promis de s'en venger cruellement le moment opportun. Gaul cependant continuait à se plaindre : « Seigneur, geignait-il, je suis moulu et couvert de bleus. J'ai grand besoin de bains et d'onguents pour me guérir. – Soit, dit Pwyll. Si tu veux sortir, tu dois renoncer à Rhiannon. – J'y renonce, accepta Gaul aussitôt, j'en fais le serment, par Dieu tout-puissant. – C'est bon, dit Pwyll, qu'on le laisse aller ! » Ils ouvrirent le sac, et Gaul en sortit piteusement, en grande honte d'avoir été battu. Aussi, s'esquiva-t-il avec ses gens sans plus attendre.

Alors, on prépara la salle en l'honneur de Pwyll et des hommes qui étaient venus avec lui. Puis, tous se mirent à table et chacun s'assit dans le même ordre que quinze jours auparavant. Ils mangèrent et burent en abondance et, le moment venu, Pwyll et celle qui prétendait être Rhiannon se rendirent à leur chambre. La nuit se passa dans les plaisirs et le contentement. Le lendemain, à la pointe du jour, Rhiannon dit : « Seigneur, lève-toi et commence à satisfaire les artistes. Ne refuse aujourd'hui à personne ce qu'on te demandera. – Je le ferai volontiers, répondit Pwyll, aujourd'hui et les jours suivants, tant que durera ce festin. »

Alors Pwyll fit savoir qu'il invitait solliciteurs et artistes à venir à la cour, leur signifiant qu'on satisferait chacun d'eux suivant sa volonté ou sa fantaisie. Dès l'annonce, tous les jongleurs, poètes, harpistes et son-

1. Ce jeu, attesté au Moyen Age, consistait en réalité à fourrer son adversaire dans un sac, et non à le frapper.

neurs du pays accoururent à la forteresse d'Heveid le Vieux. Et chacun reçut sa récompense. Le festin se poursuivit pendant trois jours et trois nuits et, tant qu'il dura, personne n'essuya le moindre refus. Quand il fut terminé, Pwyll dit à Heveid le Vieux : « Seigneur, avec ta permission, je partirai demain pour mon pays de Dyved. – Eh bien, répondit Heveid, que Dieu aplanisse le chemin devant toi ! Fixe le terme et le moment où Rhiannon ira te rejoindre. – Par Dieu tout-puissant, nous partirons tous les deux ensemble. – Si tel est ton désir et celui de Rhiannon, conclut Heveid le Vieux, je n'ai rien à ajouter. Faites comme vous l'entendez. »

Ils se mirent en route le lendemain pour le pays de Dyved et se rendirent immédiatement à la cour d'Arberth, où un grand festin de bienvenue avait été préparé en leur honneur. De tout le pays, de toutes les terres, accoururent autour d'eux les hommes et les femmes les plus nobles. A tous, Rhiannon fit un présent somptueux, à celui-ci un collier de grande valeur, à celui-là un anneau d'or ou une pierre précieuse. Puis, elle et Pwyll s'efforcèrent de gouverner sagement le pays. Et bientôt, on apprit que Rhiannon était enceinte.

Avant le terme fixé, un fils lui naquit à Arberth même. La nuit de sa naissance, on envoya des femmes veiller la mère et l'enfant. Les femmes s'endormirent, ainsi que la mère. Ces femmes étaient au nombre de six : elles avaient bien veillé une partie de la nuit, mais dès avant minuit, le sommeil s'empara d'elles. Elles s'endormirent donc et ne se réveillèrent qu'au lever du jour. Dès qu'elles furent debout, leurs yeux se tournèrent vers le berceau, mais elles eurent beau chercher, il n'y avait aucune trace de l'enfant. « Hélas ! s'écria l'une d'elles, l'enfant a disparu ! Qu'allons-nous devenir ? – Assurément, dit une autre, on va nous brûler ou nous tuer ! – Il faut trouver un moyen de nous tirer d'embarras, reprit la première. L'une d'entre vous a-t-elle une idée ou un conseil ? – Oui, j'en connais un bon, dit une troisième. Il y a ici une chienne de chasse avec ses petits. Tuons-en quelques-uns, frottons de leur sang le visage et les mains de Rhiannon, jetons les os devant elle et jurons que c'est elle qui a tué son fils. Notre serment à toutes les six l'emportera sur une seule affirmation de sa part. »

Et elles agirent ainsi. Peu après, Rhiannon s'éveilla et dit : « Femmes, où est mon fils ? – Princesse, ne nous demande pas ton fils ; nous ne sommes que plaies et contusions après notre lutte avec toi. Jamais, en vérité, nous n'avons vu autant de force chez une femme et il ne nous a servi à rien de nous battre pour tenter de t'empêcher d'accomplir ton crime. C'est toi-même qui as déchiré ton fils et l'as mis en pièces. Tu le vois bien. Il faut que tu aies une grande audace pour nous le réclamer. – Malheureuses ! s'écria Rhiannon, par le Seigneur Dieu qui voit tout, ne faites pas peser une telle accusation sur moi. Vous savez bien que c'est faux et que nous sommes victimes d'un sortilège. Si vous avez peur d'être châtiées, j'en atteste Dieu, je vous protégerai. – Assurément, répondirent-elles, nous ne nous exposerons pas nous-mêmes pour personne au monde. – Malheureuses ! Vous n'aurez aucun mal à dire la vérité : nous étions toutes endormies, et c'est pendant notre sommeil que l'horrible malheur est arrivé ! » Mais en dépit de ses supplications, en dépit de tout ce qu'elle put dire, Rhiannon n'obtint d'elles aucune autre réponse.

Sur ces entrefaites, Pwyll se leva à son tour ainsi que tous les gens de sa maison. On ne put lui cacher la nouvelle qui se répandit par le pays. Tous les nobles l'apprirent et se réunirent pour examiner l'affaire. Ils envoyèrent des messagers à Pwyll pour lui demander de bannir sa femme ou de la faire périr, car après un si horrible forfait, il était impensable qu'elle demeure reine. Pwyll leur fit cette réponse : « Je ne pourrai jamais faire périr une femme que j'ai aimée et dont, jusqu'à présent, je n'ai jamais eu à me plaindre. Si elle a mal agi, il est juste qu'elle soit punie, mais d'une façon qui soit exemplaire. C'est avec votre conseil que je déciderai de son sort. »

On se réunit dans la forteresse d'Arberth autour de Pwyll et l'on fit comparaître Rhiannon. Elle avait fait venir des sages et des docteurs pour la défendre, mais elle en prit bientôt son parti : il lui parut plus digne d'accepter une pénitence que d'entrer en discussion avec les femmes qui l'accusaient. Voici ce qu'on lui imposa : elle resterait pendant sept années de suite à la cour d'Arberth, s'assoirait chaque jour à côté du montoir de pierre qui était à l'entrée, à l'extérieur de la forteresse, raconterait à tous ceux qui l'ignoreraient l'affreuse action qu'elle avait commise, et proposerait aux hôtes et aux étrangers, s'ils voulaient bien accepter, de les porter sur son dos jusqu'à la grande salle où on les recevrait[1].

Chaque jour, Rhiannon s'en vint donc s'asseoir à côté du montoir de pierre, à l'entrée de la forteresse. Mais il arriva rarement que quelqu'un consentît à se laisser porter. La plupart des gens étaient émus autant par l'aventure extraordinaire qu'elle racontait que par la beauté de la femme. Mais cela ne l'empêchait nullement de se morfondre. Elle avait beau essayer de comprendre ce qui était arrivé, elle ne parvenait à aucune solution acceptable. Interrogé chaque jour, Merlin restait sourd à ses supplications. Pourtant, une fois qu'elle était seule et qu'elle versait d'abondantes larmes, elle entendit clairement la voix de l'enchanteur qui paraissait surgir des murailles mêmes de la forteresse : « Orgueilleuse Morgane, disait-il, voilà qui te fera com-

1. Cette étrange pénitence a un fondement mythologique certain, Rhiannon étant un des aspects de la Gallo-Romaine Epona (en gaulois, *epos* veut dire « cheval »), protectrice des écuries dans tout l'Empire romain, mais surtout réactualisation du vieux mythe symbolique de la déesse-mère cavalière, ou même déesse-jument, à qui l'on dérobe son fils (ou son poulain). La suite de l'aventure prouve cette identification.

prendre certaines choses. Tu te prétendais la plus forte, tu es devenue la plus faible, un objet de risée ou de pitié. Sache bien que ton sort, tu l'as choisi toi-même. Je t'avais bien dit qu'un homme fidèle n'a pas forcément que des qualités. Et Pwyll est assurément bien cruel envers toi, car il ne s'est même pas donné la peine de chercher la vérité, se fiant aveuglément au témoignage des femmes qui t'entouraient. Ce n'est guère là une preuve d'amour. Si cela peut te consoler, sache pourtant que ton fils n'est pas mort. Il a été enlevé par un sorcier que tu as humilié autrefois. De toute façon, tu ne resteras pas toujours ainsi et la vérité éclatera bientôt. » Il y eut alors un grand vent autour de la forteresse, et des oiseaux noirs se mirent à tourbillonner dans le ciel.

En ce temps-là, le seigneur qui régissait la terre de Gwent sous les Bois était un homme sage et avisé qui portait le nom de Teyrnon. C'était le meilleur homme du monde. Il avait chez lui une jument qu'aucun cheval ou jument dans le royaume ne surpassait en beauté et en élégance. Tous les ans, dans la nuit des calendes de mai[1], elle mettait bas un poulain, mais curieusement, le poulain disparaissait aussitôt après sa naissance et nul ne savait ce qu'il devenait. Un soir, Teyrnon dit à son épouse : « Femme, nous sommes vraiment bien insouciants. Nous avons chaque année un poulain de notre jument, et nous n'en conservons aucun ! – Que peut-on y faire ? déclara-t-elle. – Que la vengeance de Dieu s'abatte sur moi si, cette nuit qui est celle des calendes de mai, je ne découvre pas la cause de la

1. Cette nuit du premier mai, qui correspond à la fête celtique de Beltaine (et également à la germanique Nuit de Walpurgis), est la nuit magique par excellence, la nuit des prodiges les plus extraordinaires. Cela nous permet d'apprendre, ce qui n'avait pas été dit dans le texte auparavant, que la naissance du fils de Rhiannon a eu lieu cette même nuit du premier mai.

disparition de mes poulains comme cela se produit tous les ans ! » Il fit donc rentrer la jument dans l'écurie, se revêtit de ses armes et commença sa garde.

Au début de la nuit, la jument mit bas un poulain grand et accompli qui se dressa sur ses pieds immédiatement. Teyrnon se leva et se mit à considérer les belles proportions de l'animal. Pendant qu'il était ainsi occupé, il entendit un grand bruit et, aussitôt après, il vit une grande main griffue surgir de la fenêtre et saisir le poulain par la crinière. Teyrnon brandit son épée et trancha le bras à partir du coude, si bien que l'avant-bras et le poulain restèrent à l'intérieur. Il entendit alors un grand tumulte et des cris perçants. Il ouvrit la porte et s'élança dans la direction du bruit. Il ne voyait pas qui pouvait crier ainsi à cause de l'obscurité, mais il engagea aussitôt la poursuite. Pensant alors qu'il avait laissé ouverte la porte de l'écurie, il revint en hâte pour la fermer et trouva sur le seuil un petit garçon emmailloté et recouvert d'un beau manteau de soie brochée.

Teyrnon prit l'enfant dans ses bras, ferma la porte et se rendit dans la chambre où dormait sa femme. « Dame, dit-il, es-tu réveillée ? – Je dormais, seigneur, mais ta voix m'a éveillée. – Eh bien, voici un fils pour toi. Ainsi se trouvera atténué ton chagrin de ne pouvoir avoir d'enfant toi-même. – Seigneur, quelle est cette aventure ? » Teyrnon lui raconta tout ce qui venait d'arriver, et la femme fut très étonnée. « Seigneur, dit-elle, quelle sorte d'habit porte l'enfant ? – Un manteau de soie brochée d'or. – C'est donc un fils de noble famille. Si tu le voulais, nous trouverions en lui distraction et consolation. Nous ne dirons rien sur ce qui s'est passé cette nuit et nous garderons l'enfant dans un endroit caché. Je ferai venir des femmes, et je dirai que je suis enceinte. Ainsi sera-t-il connu comme notre fils. – Je suis de ton avis, répondit Teyrnon. Nous ferons exactement ce que tu proposes. »

On fit baptiser l'enfant et on lui donna le nom de Gouri aux Cheveux d'Or, car tout ce qu'il avait de cheveux sur la tête était aussi jaune et brillant que de l'or. On le nourrit dans la maison de Teyrnon jusqu'à ce qu'il eût un an. Il marchait d'un pas solide et il était déjà plus développé qu'un enfant de trois ans. Chaque fois qu'on le laissait aller librement à travers la forteresse, il cherchait toujours à pénétrer dans les écuries. « Seigneur, dit la dame à Teyrnon, où est donc le poulain que tu as sauvé la nuit où tu as découvert l'enfant ? – Je l'ai confié aux valets qui s'occupent des chevaux, répondit Teyrnon, en leur recommandant de bien veiller sur lui. – Ne serait-ce pas une bonne chose, seigneur, de le faire dresser et de le donner à l'enfant, puisque c'est la nuit même où tu l'as trouvé que le poulain est né et que tu l'as sauvé[1] ? – Tu as raison, répondit Teyrnon, et je t'autorise à faire ce qu'il convient pour que le poulain soit dressé et donné à l'enfant. » La dame se rendit alors aux écuries, auprès des valets et des écuyers, et leur recommanda de bien veiller sur l'animal et de faire en sorte qu'il fût bien dressé pour le moment où l'enfant serait en âge de le monter. Les valets et les écuyers dirent qu'ils feraient selon son désir.

Sur ces entrefaites, on entendit de surprenantes nouvelles au sujet de Rhiannon et de la dure pénitence qui lui était imposée. Teyrnon, à cause de la découverte qu'il avait faite, prêta l'oreille à cette histoire et s'en informa soigneusement auprès des personnes qui avaient eu l'occasion d'aller à la cour d'Arberth et qui plaignaient la malheureuse femme à propos de sa triste

1. Dans de nombreux mythes celtiques, il existe une sorte de « fraternité » entre un héros et un animal emblématique, les destins de ces deux êtres étant absolument parallèles. Ainsi, dans la légende irlandaise des *Fiana*, la vie de Diarmaid est liée à celle d'un sanglier : et, quand par suite des circonstances, Diarmaid est obligé de tuer le sanglier, il meurt lui-même immédiatement après. Voir J. Markale, *l'Epopée celtique d'Irlande*, nouv. éd., pp. 173-184.

aventure. Teyrnon y réfléchit longuement. Il examina l'enfant avec beaucoup d'attention et finit par admettre qu'il ressemblait étrangement à Pwyll comme il n'avait jamais vu un fils ressembler à son père. L'aspect de Pwyll lui était bien connu, car il avait été son familier autrefois. Aussi fut-il pris d'une grande tristesse à la pensée du mal qu'il causait en retenant l'enfant alors qu'il savait que c'était le fils d'un autre homme. Il prévint sa femme, lui démontra qu'ils agissaient mal en gardant l'enfant et en causant tant de peine à une dame comme Rhiannon, persuadé qu'il était que Gouri aux Cheveux d'Or était le fils de Pwyll, roi de Dyved.

La femme de Teyrnon tomba d'accord avec lui pour envoyer l'enfant à Pwyll. « Nous en recueillerons, dit-elle, trois avantages : d'abord, remerciements et présents pour avoir fait cesser la pénitence de Rhiannon ; remerciements et reconnaissance de la part de Pwyll pour avoir élevé l'enfant et le lui avoir rendu ; en troisième lieu, si l'enfant est de noble naissance, reconnaissance de notre fils adoptif qui nous fera le plus de bien qu'il pourra. »

Dès le lendemain, Teyrnon s'équipa avec ses chevaliers et partit en compagnie de l'enfant, qui était monté sur le poulain qu'on lui destinait. Ils se dirigèrent vers Arberth et ne tardèrent pas à y arriver. Ils aperçurent Rhiannon assise à côté du montoir de pierre. Lorsqu'ils s'arrêtèrent à sa hauteur, elle leur dit : « Seigneurs, n'allez pas plus loin ; je porterai chacun de vous jusqu'à la cour. C'est là ma pénitence pour avoir tué mon fils et l'avoir moi-même mis en pièces. – Dame, répondit Teyrnon, je ne crois pas qu'un seul d'entre nous aille sur ton dos. – Certes, reprit alors l'enfant, je sais que pour ma part, je n'irai pas ! » Ils entrèrent alors dans la forteresse où on les reçut avec de grandes démonstrations de joie.

On commençait justement un festin, car Pwyll venait de rentrer de faire le tour de ses Etats. Ils se rendirent à la salle et allèrent se laver. Pwyll fit bon accueil à Teyrnon, et tout le monde s'assit : Teyrnon fut placé entre Pwyll et Rhiannon, ses deux compagnons à côté de Pwyll, et l'enfant entre eux. Après qu'on eut fini de festoyer et que l'on commença à boire, ils se mirent à converser. Teyrnon raconta toute l'aventure de la jument et de l'enfant, comment l'enfant avait passé pour être le sien et celui de sa femme, et comment ils l'avaient élevé. « Voici ton fils, princesse, dit-il à Rhiannon en lui désignant l'enfant. Ils ont bien tort, ceux qui t'accusent faussement. Quand j'ai appris la douleur qui t'accablait, j'en ai éprouvé grande peine et compassion. Je ne pense pas qu'il y ait dans toute l'assistance quelqu'un qui puisse douter que l'enfant est vraiment le fils de Pwyll. » Ils furent tous unanimes : « Personne ne peut dire le contraire. Il ressemble trop à son père pour qu'on émette la moindre réserve à ce sujet, s'exclamèrent-ils. – Par Dieu tout-puissant, dit Rhiannon, mon esprit serait délivré de son *souci* [1] si une telle chose était vraie. »

C'est alors que se leva Pendaran, l'un des plus fidèles vassaux de Pwyll, et il parla ainsi en s'adressant à Rhiannon : « Princesse, tu viens de nommer toi-même ton fils. Le nom de *Pryderi* lui conviendra parfaitement. – Mais, remarqua Rhiannon, je suppose qu'il a été baptisé et qu'il a déjà un nom. Peut-être que le nom qui lui a été donné lui irait davantage ! – Quel nom lui as-tu donné ? demanda Pendaran à Teyrnon. – Il a reçu celui de Gouri aux Cheveux d'Or », répondit Teyrnon. Pwyll intervint alors : « Rien de plus juste, dit-il, de lui donner le nom qu'a évoqué sa mère lorsqu'elle a appris à son sujet si joyeuse nouvelle. » Et tout le monde d'admettre en effet que c'était une raison suffisante pour que l'enfant s'appelât Pryderi, fils de Pwyll.

1. En gallois, « souci » se dit *pryderi*. En prononçant cette phrase, Rhiannon-Morgane personnalise symboliquement le nom que devra porter son fils.

Cependant, Pwyll se tourna vers Teyrnon : « Dieu te récompense, pour avoir élevé cet enfant jusqu'à cette heure. Il est juste aussi que celui-ci, s'il est vraiment noble de cœur, te le rende par sa reconnaissance. – Seigneur, dit Teyrnon, aucune femme au monde n'aura plus de chagrin que la femme qui l'a élevé tendrement. Il est juste, en effet, qu'il ne nous oublie pas, ni elle ni moi, pour l'affection que nous lui avons témoignée. – Par Dieu tout-puissant, dit Pwyll, tant que je vivrai, je te maintiendrai, toi et tes biens, tant que je pourrai maintenir les miens à moi-même. Quand ce sera au tour de l'enfant de gouverner ce royaume, il aura encore plus de raisons que moi de te soutenir. Si c'est ton avis et celui des gentilshommes qui sont là, comme tu l'as nourri jusqu'à présent, nous le donnerons désormais à élever à Pendaran. Vous serez compagnons, et tous les deux, pour lui, leurs pères nourriciers [1]. – C'est une bonne idée », dirent tous ceux qui se trouvaient là.

On confia donc l'enfant à Pendaran. Celui-ci, aussitôt, fit ses préparatifs et retourna dans ses domaines. Les nobles du pays partirent au même moment. Teyrnon et ses compagnons se mirent en route au milieu des témoignages d'affection et de joie. Il ne s'en alla pas sans qu'on lui eût offert les joyaux les plus précieux, les chevaux les plus racés, les chiens les plus recherchés, mais il ne voulut rien accepter.

Quant à Rhiannon, elle dit à Pwyll : « Voici que mon fils est retrouvé et que justice m'a été rendue. Je ne vois pas ce que je ferais maintenant en ta compagnie. – Tu dis vrai, femme, ce qui nous est arrivé est trop triste. – Je reprends donc ma liberté, dit-elle encore, mais je sais que notre fils n'a rien à craindre à présent. » Sans

1. Dans la célèbre pratique celtique du *fosterage*, l'enfant qui est élevé dans une famille d'adoption a les mêmes liens et les mêmes droits que les enfants de la famille à laquelle il est confié. Pryderi aura donc en réalité trois familles, la sienne propre, celle de Teyrnon et celle de Pendaran.

ajouter une parole, elle fit préparer son cheval blanc et, vêtue des habits qu'elle avait la première fois qu'elle s'était présentée sur le chemin, près du Tertre de la Jeunesse, elle sauta en selle et s'éloigna à travers la forêt sans se retourner[1].

1. Ce chapitre est inspiré par *Pwyll, prince de Dyved*, première branche du *Mabinogi* gallois, manuscrit du XIVe siècle, dit « Livre rouge de Hergest », contenant des récits qu'on peut faire remonter au IXe siècle. Traduction française intégrale, avec commentaires, dans J. Loth, *les Mabinogion*, Paris, 1913, pp. 81-117. Analyse et commentaires dans J. Markale, *l'Epopée celtique en Bretagne*, Paris, Payot, 1985, pp. 27-42.

3

La Dame de la Fontaine

Le roi Arthur se trouvait à Kaerlion sur Wysg, et il devisait auprès de quelques-uns de ses compagnons. Il y avait là Lancelot du Lac, Gauvain, fils du roi Loth d'Orcanie, Kaï et Bedwyr, les plus anciens de ses fidèles, ainsi qu'Uryen Rheged et son fils Yvain, Sagremor, Girflet, fils de Dôn, Erec, fils du roi Erbin, Galessin, duc de Clarence, qui avait été l'un des derniers chevaliers à être enfermé dans le Val sans Retour. La reine Guenièvre était avec eux, entourée de trois de ses suivantes. Quand Morgane fit son entrée dans la salle, chacun lui fit bonne figure et la salua aimablement. « Ma sœur, dit Arthur, il y a longtemps que nous ne t'avions vue. Prends place parmi nous et raconte-nous ce que tu as fait pendant tes longs mois d'absence. » Morgane s'assit près du roi Uryen. Elle répondit : « Mon frère, ce que j'ai fait ne regarde que moi. Mais je suis sûre que, parmi tes compagnons, il y en a bien un qui ait des aventures passionnantes à raconter. – Hélas, non, dit Arthur. Personne n'a rien de nouveau à nous narrer, et tu sais bien que la coutume veut que nous ne prenions place autour de la table qu'après avoir entendu le récit de quelques merveilles ou avoir été les témoins de quelque prodige. – Ce n'est pas ma faute si vous n'avez rien à raconter, dit Morgane, mais pour ma part, je me tairai. Si je parlais, j'en aurais trop à dire, et cela ne ferait pas plaisir à tout le monde. » La reine Guenièvre regarda Morgane avec inquiétude. Visiblement, c'était à elle que sa belle-sœur en voulait. Quant à Lancelot, il paraissait tout à fait indifférent. Il savait en effet que Morgane ne dirait rien de compromettant sur Guenièvre et sur lui, parce qu'il ne dirait rien lui-même sur ce qui s'était passé au Val sans Retour. « Allons, s'exclama enfin Kaï, il y en a bien un parmi nous qui a une aventure à raconter. Qu'il parle, sans attendre ! »

On disait qu'il y avait un portier à la cour d'Arthur, mais en réalité il n'y en avait point : c'était le redoutable Glewlwyt à la Forte Etreinte qui remplissait ce rôle. Il recevait les hôtes et les gens venus des pays étrangers, leur faisait connaître les manières et les usages de la cour. Il indiquait à ceux qui avaient droit d'y entrer, la salle et la chambre, à ceux qui avaient droit au logement, leur hôtel. Le roi Arthur était assis sur un siège de joncs verts recouvert d'une étoffe de soie brochée d'or. Sous son coude, il y avait un coussin de même étoffe, mais de couleur rouge. « Mes compagnons, dit le roi, en attendant que l'aventure vienne à nous, ne vous moquez pas de moi, mais je dormirais volontiers quelque peu en attendant le repas. Quant à vous, continuez à converser, à boire de l'hydromel, à prendre les tranches de viande que Kaï vous servira. » Cela dit, le roi s'endormit aussitôt.

C'est alors que Glewlwyt à la Forte Etreinte fit entrer un chevalier dont le haubert était endommagé et qui portait sur le visage les traces de nombreux horions. « Voici un homme, dit Glewlwyt, qui pourrait bien vous divertir avec ses aventures. J'ajoute cependant que je ne crois pas un mot de son histoire. – Approche, dit Kaï. Dis-nous qui tu es et d'où tu viens. – Volontiers, seigneur, répondit le nouvel arrivant. Je me nomme Kalogrenant, et j'ai une aventure extraordinaire à vous transmettre ! – Enfin ! s'écria Kaï. Je commençais à m'ennuyer ferme. Viens t'asseoir près de nous. Le roi dort, mais si ton histoire est vraiment passionnante, nul doute qu'il se réveillera. »

Kalogrenant s'assit au milieu des compagnons d'Arthur et commença ainsi son histoire : « Je suis fils unique de père et de mère, et ai toujours été fougueux et d'une grande présomption. Je ne croyais pas qu'il y eût au monde personne capable de me surpasser en n'importe quelle prouesse. Après être venu à bout de toutes celles que pouvait offrir mon pays, je me suis donc résolu à me mettre en marche vers les extrémités du monde. Ainsi, me suis-je retrouvé un jour dans une forêt épaisse, sur un mauvais chemin plein de ronces et d'épines, chevauchant, non sans peine pour mon cheval et moi-même. J'allai ainsi tout le jour, tant et si bien que je sortis de la forêt que l'on nomme Brocéliande pour entrer dans une grande lande. Comme je demandais où j'étais à un rustre qui prétendait garder un troupeau de bêtes sauvages, celui-ci m'indiqua un chemin qui menait vers une clairière où, à ce qu'il dit, je devais me soumettre à une épreuve. Il y avait dans cette clairière une fontaine et il fallait y puiser de l'eau pour la répandre sur le perron qui la surmontait. C'est ce que je fis. Mais aussitôt que j'eus accompli ce geste, un violent orage éclata, imprévisible, car le ciel était plus bleu et plus pur que jamais. Ce fut une tornade épouvantable où les feuilles des arbres arrachées tourbillonnèrent avec violence. Et, soudainement, la tempête cessa. Des oiseaux se rassemblèrent sur un grand pin et se mirent à chanter si merveilleusement que j'en tombai en extase. C'est alors que je fus provoqué par un chevalier tout de noir vêtu qui prétendait que j'avais saccagé ses domaines. Nous nous battîmes avec acharnement, et je l'avoue honteusement, je fus blessé et jeté à terre dans l'herbe verte, tandis que mon adversaire disparaissait aussi vite qu'il était arrivé. Une sorcellerie se cachait là-dessous, j'en suis convaincu. Mais, vous-mêmes, qu'en pensez-vous ?

– Rien de bon, dit le roi Uryen, d'autant plus que je

connais ton histoire. Il y a déjà bien longtemps, quand vivait Uther Pendragon, le père de notre roi Arthur, une même aventure est arrivée à un chevalier qui avait nom Kynon, fils de Klydno. J'étais parmi ceux qui écoutèrent son récit, et je me souviens qu'Uther Pendragon avait dit qu'il s'agissait d'une épreuve provoquée par le prophète Merlin. – Et qu'as-tu fait, alors ? demanda Morgane. – Rien, répondit Uryen. Nous étions bien trop occupés à défendre le royaume contre les maudits Saxons pour donner une suite à cette affaire. – C'est bien dommage, reprit Morgane. J'aurais donné beaucoup pour en savoir davantage. Roi Uryen, étant donné ta réputation de bravoure, tu aurais dû partir tout de suite pour venger ton compagnon Kynon de l'outrage qu'il avait subi et qui rejaillissait sur vous tous. » Kaï prit la parole : « C'est évident, dit-il avec un air perfide. Le roi Uryen a failli à l'amitié qui le liait à Kynon, fils de Klydno. Il devait, sans plus tarder, prendre son cheval, tenter l'épreuve et accomplir la vengeance. » Morgane se mit à rire : « Il n'est peut-être pas trop tard pour bien faire, dit-elle. Que le roi Uryen nous prouve sa vaillance et son courage et qu'il aille tenter l'épreuve. Alors, je pourrai vraiment croire que sa réputation n'est pas usurpée. – Tu me provoques, Morgane, répondit Uryen. Eh bien, soit. J'irai faire ce que je n'ai pas pu accomplir autrefois. » Et, en disant ces mots, il se leva. Mais son fils Yvain se leva à son tour. « Assieds-toi, père, dit-il. Tu es provoqué par Morgane, et comme je suis ton fils, c'est à moi de relever le défi et de lui prouver que notre famille n'est pas une lignée de lâches ! – Par la main de mon ami ! s'écria Kaï, ce n'est pas la première fois que ta langue propose ce que ton bras ne ferait pas ! »

Comme Yvain s'apprêtait à se jeter sur Kaï tant la colère montait en lui, Guenièvre s'interposa : « En vérité, mieux vaudrait te voir pendre, Kaï, que de t'entendre ainsi tenir des propos aussi outrageants contre un homme comme Yvain ! Tu ne mesures pas plus la portée de tes paroles que tu ne mesures l'effort qu'il faut faire pour atteindre un ennemi de la pointe de l'épée ! – Par la main de mon ami ! hurla Kaï, tu n'en as pas dit plus que moi-même à la louange d'Yvain ! » A ce moment, Arthur s'éveilla et demanda s'il avait dormi longtemps. « Assez, seigneur, dit Yvain. – Est-il temps de se restaurer ? demanda le roi. – Il en est grand temps, seigneur », répondit Yvain. Alors, Arthur donna le signal de corner l'eau, et le roi, avec tous les siens, se mit à table. Mais, le repas terminé, Yvain eut une longue conversation avec Kalogrenant. Puis il alla à son logis et prépara son cheval et ses armes.

Le lendemain, dès qu'il vit le jour poindre, il revêtit ses armes et monta en selle. Au moment où il allait franchir le seuil de la forteresse, il aperçut Morgane, frileusement drapée dans son manteau noir. Il s'arrêta à sa hauteur et lui demanda ce qu'elle voulait. « Je voudrais t'expliquer, dit-elle, pourquoi j'ai provoqué ton père pour cette aventure de la fontaine. C'est parce que j'espérais bien que tu relèverais toi-même le défi. Je te sais parfaitement capable d'accomplir la prouesse, et je me fie à toi, car j'ai grande envie de connaître le fin mot de cette aventure. Va-t'en pleinement rassuré, Yvain. Les sortilèges n'auront pas de prise sur toi. Quant à moi, en ton absence, je m'occuperai de ton père. Il est maintenant âgé, mais sa réputation n'est pas ternie, et il mérite qu'on s'intéresse à lui. – Je te remercie, Morgane, répondit Yvain, mais je vois mal ton jeu. » Ses yeux brûlants le transpercèrent : « Va toujours, fils du roi Uryen. Je te promets le triomphe et la victoire. »

Yvain ne s'attarda pas plus longtemps. Il s'en alla par les montagnes et les vallées, à travers d'immenses forêts, par des lieux étranges et sauvages. Il traversa des gués et des défilés périlleux, tant et si bien qu'il arriva en forêt de Brocéliande et se retrouva sur un sentier obscur, plein de ronces. Il se dit alors qu'il était sur la bonne voie et qu'il ne risquait plus de s'égarer.

Quoi qu'il dût lui en coûter, il finirait bien par découvrir la clairière où se dressait le pin ombrageant la fontaine et le perron qui provoquait la pluie et la tempête. Au bout du sentier, il vit le vallon boisé dont lui avait parlé Kalogrenant. Il longea la rivière qui serpentait au fond du vallon, passa sur l'autre rive et, tranquillement, marcha au pas jusqu'à une plaine où il s'engagea jusqu'au moment où il vit la forteresse. Des jeunes gens lançaient leurs couteaux, exactement comme Kalogrenant les lui avait décrits, avec un homme blond, le maître du château, à côté d'eux. Au moment où Yvain allait le saluer, l'homme blond lui adressa le premier son salut et le précéda au château. Il aperçut une chambre, et, en y pénétrant, découvrit des jeunes filles en train de coudre des étoffes de soie, assises sur des chaises dorées, plus belles encore et plus gracieuses que ce qu'en avait dit Kalogrenant. Elles se levèrent pour servir Yvain comme elles l'avaient fait pour Kalogrenant, et sans doute pour Kynon, fils de Klydno.

Au milieu du repas, l'homme blond demanda à Yvain le but de son voyage. Yvain ne lui cacha rien : « Je voudrais, dit-il, me mesurer avec le chevalier qui garde la fontaine qui bout, bien qu'elle soit plus froide que le marbre. » L'homme blond sourit ; il éprouvait quelque gêne à donner à Yvain des indications à ce propos, comme il l'avait fait auparavant pour Kalogrenant, mais il le renseigna néanmoins complètement, car il se doutait bien qu'Yvain ne reviendrait jamais sous le coup d'une défaite. Et sur ce, ils allèrent se coucher.

Le lendemain matin, Yvain trouva son cheval tout sellé et tenu prêt par les jeunes filles. Il chemina jusqu'au grand pré où se trouvait l'homme noir, celui qui gardait les bêtes sauvages, peut-être Merlin en personne, lui avait-on dit. Il lui demanda son chemin avec beaucoup de courtoisie, sans s'inquiéter de la taille et de la laideur du rustre. L'homme noir lui indiqua de façon très précise le chemin qu'il devait suivre. Se conformant à tout ce qui lui avait été révélé, Yvain aperçut bientôt l'arbre vert et la fontaine et, au bord de celle-ci, la dalle de pierre avec le bassin servant à puiser de l'eau. Yvain ne perdit pas son temps à examiner les lieux, car il voulait en finir au plus vite. Il sauta à bas de son cheval, prit le bassin, le remplit d'eau dans la fontaine bouillonnante et versa celle-ci sur le perron.

Il avait à peine fini son geste qu'un coup de tonnerre éclata et que le ciel se couvrit de nuages très noirs. Alors une ondée de pluie et de grêle ravagea les feuilles des arbres aux alentours, et des tornades de vent secouèrent la forêt comme si la fin du monde approchait. Puis la tempête cessa brusquement. Le ciel redevint bleu et le soleil réapparut à travers les branches dénudées. C'est alors qu'un vol d'oiseaux survint et se posa sur le grand pin qui dominait la fontaine. Ils se mirent à chanter de façon si étrange et si magnifique qu'Yvain, se mettant à rêver, ne sut bientôt même plus où il se trouvait et ce qu'il avait décidé d'accomplir. Subjugué par le chant des oiseaux, il vit venir à lui, à grande allure, un chevalier dont l'armure était entièrement noire. Yvain, reprenant ses esprits, se dressa face à son adversaire et les deux hommes se précipitèrent l'un contre l'autre, comme s'ils se haïssaient à mort depuis toujours.

Chacun avait une lance roide et forte. Dès les premiers chocs, leurs boucliers furent percés et leurs hauberts mis à mal. Leurs lances éclatèrent et volèrent en tronçons. Ils s'assaillirent alors à l'épée, se frappant à tour de bras, dessus et dessous, déchiquetant les débris de leurs boucliers, se tailladant bras et flancs à découvert. Toutefois, l'un et l'autre restaient inébranlables, solidement campés sur leurs chevaux, ne lésinant pas sur les coups. Chacun avait son heaume fendu et bosselé, et son haubert si disloqué qu'il ne servait plus à rien, mais chacun savait aussi qu'il ne céderait pas à son adversaire. Enfin, la bataille durant depuis plusieurs heures, Yvain parvint à écarter le heaume du chevalier noir qui en fut tout étourdi et saisi de frayeur, n'ayant jamais reçu un tel coup. De fait, le fer avait fendu sa tête jusqu'à la cervelle et du sang vermeil inondait la coiffe et le haubert. Le chevalier noir en éprouva une si grande douleur que le cœur faillit lui manquer. Il comprit bien qu'il était blessé à mort et que toute résistance était désormais inutile. Aussi piqua-t-il des deux et prit-il son élan vers sa forteresse qui se trouvait non loin de là, bien protégée au milieu de la forêt.

Le pont était abaissé et la porte grande ouverte. Yvain éperonna sa monture avec violence pour rattraper le fuyard avant qu'il ne pût franchir la porte. Mais le chevalier noir avait une grande avance. Il l'entraîna ainsi jusqu'aux portes de la ville et tous deux pénétrèrent à l'intérieur. Ils ne trouvèrent ni homme ni femme. Les rues étaient désertes, et ils furent bientôt sous les murs mêmes de la forteresse. La porte en était large et haute, mais l'entrée si étroite que deux hommes à cheval ne pouvaient y passer de front sans se heurter. Sur le seuil, se trouvaient deux trébuchets qui soutenaient une porte à coulisse, en fer bien trempé. Si un homme ou un animal montait sur l'engin, la porte descendait avec force, tranchant ou attrapant l'audacieux qui avait osé s'y aventurer. Juste au milieu des trébuchets, le passage était aussi étroit qu'un sentier de montagne. Le chevalier noir s'y engagea avec prudence, sachant bien ce qui lui arriverait s'il avait le malheur de heurter le mécanisme. Mais Yvain, qui ne connaissait pas la particularité des lieux, s'y jeta à toute allure, à bride abattue, espérant encore rejoindre, avant qu'il ne fût trop tard, l'homme qu'il poursuivait avec tant d'acharnement.

C'est alors qu'Yvain atteignit son adversaire, presque à l'arçon de derrière. Et ce fut fort heureux pour lui, car il dut se pencher en avant, sans quoi il eût été tranché en deux par la porte qui retomba dans un grand fracas. Le cheval, lui, n'échappa pas à ce triste sort, avec l'arrière de la selle et les deux éperons tranchés au ras des talons du fils d'Uryen. Ce dernier tomba à la renverse, saisi d'une grande frayeur et de telle sorte que le chevalier blessé à mort put lui échapper. Il y avait en effet une seconde porte, semblable à la première, qui tomba dès que le chevalier noir l'eut franchie. Yvain se trouva donc dans un grand embarras, prisonnier dans une sorte de salle intermédiaire fermée par des grilles et hérissée de clous agressifs. Il aperçut, à travers les jointures de la porte, une rue avec des rangées de maisons. Il entendit alors une petite porte s'ouvrir et vit sur son seuil une jeune fille aux cheveux blonds frisés, la tête ornée d'un bandeau d'or, vêtue de soie jaune, les pieds chaussés de brodequins de cuir de Cordoue tacheté, qui le regardait attentivement. Elle alla vers l'une des portes, celle qui donnait sur l'intérieur, et, à haute voix, demanda qu'on lui ouvrît.

« En vérité, jeune fille, dit Yvain, il n'est pas plus possible de t'ouvrir ici que tu ne peux toi-même me délivrer de cette prison. – Qu'en sais-tu ? répondit-elle. Je crains effectivement que tu sois le malvenu dans cette forteresse. Si l'on te voit, tu seras certainement mis en pièces, car le maître des lieux est blessé à mort et je sais bien que c'est toi qui lui as porté le coup fatal. Ma dame en fait un tel deuil et ses gens crient si fort que, pour un peu, ils se tueraient eux-mêmes de désespoir. Ils savent que tu es ici, mais ils ne songent guère à toi en ce moment tant leur douleur est grande. Sache cependant qu'ils pourront te prendre et te mettre à mort quand ils le voudront. – S'il plaît à Dieu, dit Yvain, ils ne me prendront pas et je ne mourrai pas à cause d'eux. Car ce n'est pas moi qui ai provoqué ton maître, et je n'ai fait que me défendre ! De toute façon, ils doivent savoir que je ne serai jamais leur prisonnier.

– C'est vraiment grande pitié qu'on ne puisse te délivrer, reprit la jeune fille. Ce serait le devoir d'une femme de te rendre service. Je n'ai jamais vu, je te l'assure, un jeune homme meilleur que toi pour une femme. Je le sais d'expérience. Une fois, ma dame m'a envoyée en tant que messagère à la cour du roi Arthur.

Or il n'y eut pas un seul chevalier capable d'écouter ma requête et de m'adresser la parole. Sans doute n'étais-je pas une jeune fille digne de leurs ambitions. Le seul qui fit exception, ce jour-là, ce fut toi, Yvain, fils du roi Uryen. Tu daignas m'écouter, tu fis droit à ma requête et tu fis en sorte que le roi Arthur donnât raison à ma dame. Je te rendrai donc l'honneur que tu me fis ce jour-là. Si tu avais une amie, tu serais le meilleur des amis pour elle. Si tu avais une maîtresse, il n'y aurait pas de meilleur amant que toi. Aussi ferai-je tout ce que je pourrai pour te tirer d'affaire.

– Mais, qui es-tu donc ? » demanda Yvain. La jeune fille répondit : « On m'appelle Luned, et je suis la suivante attitrée de la dame qui possède cette forteresse. Elle, on la nomme Laudine, et son mari, celui que tu as blessé à mort, porte le nom d'Esclados le Roux. Peut-être ne le savais-tu pas. Il est le gardien de la fontaine qui bout, bien que plus froide que le marbre et, chaque fois qu'un intrus provoque la tempête, il va pour le combattre. Généralement, il le blesse ou le tue. Mais, cette fois, je pense qu'il a trouvé plus fort que lui. – Je ne savais rien de tout cela, dit Yvain. J'ai seulement appris qu'il y avait une épreuve et j'ai voulu la tenter. – Cela prouve ton audace et ton courage, dit Luned. Mais pour le moment, il convient de te sortir de la situation périlleuse qui est tienne. Ecoute-moi bien : tu vas prendre cet anneau et le mettre à ton doigt. Tu tourneras le chaton à l'intérieur de ta main et fermeras la main dessus. Tant que tu le cacheras, il te cachera toi-même en ce sens que personne ne pourra soupçonner ta présence. Tu seras aussi invisible que l'aubier recouvert de son écorce.

« Lorsqu'ils seront tous revenus à eux, les gens d'Esclados le Roux, accourront ici, sachant très bien que tu y es prisonnier, et ils te livreront au supplice pour avoir tué leur seigneur et maître. Ils seront fort irrités quand ils s'apercevront que tu n'es plus là, mais ils penseront que tu as pu t'échapper grâce à quelque sorcellerie. Ils ouvriront les portes et tu en profiteras pour te glisser à l'intérieur de la cour. Moi, je serai sur le montoir de pierre, là-bas, à t'attendre. Tu me verras, mais moi, je ne pourrai te voir puisque tu seras invisible. Accours en hâte vers moi et mets ta main sur mon épaule. Ainsi saurai-je que tu es là. Alors, tu me suivras où j'irai. » Sur ce, la jeune fille s'éclipsa et rentra dans la maison qu'elle avait quittée.

Yvain se tint tranquille dans un recoin, entendant le grand tapage que faisaient les gens de l'autre côté de la porte. Puis celle-ci s'ouvrit et des hommes en armes se précipitèrent dans le but évident de s'emparer de lui. Mais ils eurent beau chercher, ils ne trouvèrent que la moitié du cheval, une partie de la selle et les éperons. Fort étonnés, ils ouvrirent alors la porte qui donnait sur l'extérieur, mais ils n'eurent pas plus de succès, ce qui les rendit furieux. Comme ils s'agitaient en tous sens, Yvain se glissa prudemment entre eux, sortit dans la cour, s'approcha du montoir et mit la main sur l'épaule de la jeune fille. Aussitôt, elle se mit en marche et Yvain la suivit. Arrivés à la porte d'une grande et belle chambre, elle l'ouvrit et ils entrèrent après avoir refermé soigneusement derrière eux. Yvain regarda autour de lui. Il n'y avait pas un clou qui ne fût peint de riches couleurs, pas un panneau qui ne fût décoré de diverses figures dorées. La jeune fille qui avait dit se nommer Luned alluma un feu, prit un bassin d'argent rempli d'eau et, une serviette de fine toile blanche sur l'épaule, elle offrit l'eau à Yvain pour qu'il se lavât. Celui-ci fut bien aise de pouvoir se rafraîchir, tant il avait souffert pendant le combat qu'il avait mené contre Esclados le Roux.

Ensuite, elle plaça devant lui une table d'argent doré, couverte d'une nappe de fine toile jaune, et lui apporta à souper. Il n'y avait pas de mets connus d'Yvain dont il ne vît là abondance, avec cette différence que ceux qu'on lui présentait étaient beaucoup mieux préparés qu'ailleurs et excellents. Il n'y avait pas un vase de service qui ne fût d'or ou d'argent. Yvain mangea et but jusqu'à une heure avancée : il avait besoin de se réconforter après tant de fatigues. Ils entendirent alors de grands cris venir du château, et Yvain demanda à la jeune fille ce qui se passait. « On donne l'extrême-onction au maître », répondit-elle calmement. Sur ce, Yvain alla se coucher. Le lit que lui avait préparé Luned aurait été digne du roi Arthur, car il était moelleux et doux, et recouvert de tissu d'écarlate, de toile fine et de taffetas de soie richement brodé.

Au milieu de la nuit, il fut réveillé par des cris perçants. « Que se passe-t-il encore ? » demanda Yvain. La jeune fille, qui se trouvait toujours là et qui veillait à la fenêtre, répondit : « Le seigneur, maître de ce château, vient de mourir. » Yvain se rendormit alors jusqu'au lever du jour. Puis, retentirent des cris et des lamentations d'une violence inexprimable. Yvain demanda à Luned ce qu'ils signifiaient. « On porte en terre, répondit-elle, le corps du seigneur, maître du château. » Yvain se leva, s'habilla et, pour se rendre à nouveau invisible, tourna le chaton de la bague vers l'intérieur. Il ouvrit alors la fenêtre et regarda dans la cour. Il ne vit ni commencement ni fin aux troupes qui remplissaient les rues, toutes en armes. Il y avait aussi beaucoup de femmes à pied et à cheval, et tous les gens d'Eglise de la cité étaient là, chantant des psaumes. Il semblait à Yvain que le ciel résonnait sous la violence des clameurs, du son aigre des trompettes et des chants d'Eglise. Au milieu de la foule se trouvait la bière, recouverte d'un drap de toile blanche, portée par des hommes dont le moindre était assurément baron.

La procession passa au bas de la fenêtre où se tenait Yvain. Tout à coup, les chants s'interrompirent et la foule se pressa autour de la bière, car le sang vermeil s'était mis à couler sur l'étoffe blanche. Ainsi les plaies du mort s'étaient rouvertes, preuve certaine que le meurtrier se trouvait à proximité[1]. Les hommes d'armes se remirent à chercher et à fouiller partout, mais ils ne découvrirent personne. Enrageant de plus en plus, s'émerveillant du prodige, ils dirent entre eux : « Celui qui l'a tué est parmi nous, et nous ne le voyons pas. Il y a là merveille et diablerie ! » Mais comme ils ne pouvaient le découvrir, ils reprirent lentement leur marche vers le cimetière.

A la fin du cortège, se tenait une femme aux cheveux blonds, flottant sur les épaules, souillés à leur extrémité par du sang provenant de meurtrissures, vêtue d'habits de soie brodée d'or en lambeaux, les pieds chaussés de brodequins de cuir bigarré. C'était merveille que le bout de ses doigts ne fût écorché, tant elle frappait avec violence ses deux mains l'une contre l'autre. Il était impossible de voir une femme aussi belle et aussi émouvante dans sa douleur, et Yvain se dit qu'en son état habituel elle devait être cent fois plus belle et désirable encore. Ses pleurs dominaient ceux de ses gens et le son des trompettes de la troupe. En la voyant, Yvain sentit qu'un trouble intense le saisissait malgré lui : il s'enflammait d'amour, incapable de résister à cette pulsion. Il demanda à la jeune fille qui elle était. « On peut dire, répondit Luned, que c'est la plus belle des femmes de ce pays, la plus généreuse, la plus sage, la plus noble. C'est ma dame. Elle porte le nom de Laudine, mais on préfère l'appeler la Dame de la Fontaine. C'est l'épouse d'Esclados le Roux, l'homme que tu as tué hier. – Dieu tout-puissant ! s'écria Yvain, on peut dire aussi que c'est la femme que j'aime le plus au monde ! – Dieu sait qu'elle ne t'aime guère. Ecoute-la hurler. »

1. Ce détail ne se trouve que dans l'*Yvain* de Chrétien de Troyes, et non dans le récit gallois qui sert de base à ce chapitre. Mais c'est une croyance d'origine celtique qui était très répandue dans toute l'Europe au Moyen Age : on était persuadé que les plaies d'un homme assassiné (ou tué à la guerre) se rouvraient et saignaient en présence de celui qui l'avait tué.

En proie à sa douleur, la dame criait en effet des paroles bien dures à l'encontre du meurtrier inconnu. « Ah, Dieu ! se lamentait-elle, ne trouvera-t-on pas le traître qui a tué mon mari, le meilleur des meilleurs, le plus brave qui fut jamais en ce pays ? Vrai Dieu, ce sera ta faute si tu le laisses échapper ! Je ne saurais blâmer nul autre que toi si tu le dérobes à ma vue, si tu le soustrais à ma vengeance. Jamais on n'a vu tel abus, telle injustice à mon égard puisque tu ne me laisses même pas découvrir celui qui est si près de moi ! Je peux dire avec raison qu'un fantôme ou le diable lui-même s'est glissé parmi nous. Puisqu'il se cache, c'est qu'il est lâche. Pour sûr, il me redoute, et c'est pour cela qu'il fuit ma vengeance. Je suis ensorcelée, à coup sûr ! Ah ! fantôme, peureuse créature, pourquoi es-tu si lâche envers moi, toi qui fus si hardi envers mon seigneur ? Misérable, que ne t'ai-je en mon pouvoir ? Que ne puis-je te tenir ? Comment as-tu pu faire périr mon seigneur autrement que par trahison ? Tu es un fantôme, c'est certain, car jamais mon seigneur n'aurait été vaincu s'il avait pu te voir en face, lui qui n'avait pas son pareil au monde ! Si tu es un simple mortel, il n'est pas concevable que tu aies osé attenter aux jours de cet incomparable chevalier ! » Et tandis que la dame se lamentait et criait ainsi sa douleur et sa haine, ses gens pleuraient de compassion autour d'elle, en la voyant en si grande peine.

« Tu as entendu, dit Luned à Yvain, ce que ma dame pense de toi. Si elle venait à t'attraper, sois sûr qu'elle ne te laisserait pas longtemps en vie, car vengeance de femme est implacable. Tu as donc intérêt à ne pas te montrer et à rester ici jusqu'à ce que je trouve un moyen pour te faire sortir. » Elle alla vers la cheminée et alluma de nouveau un feu. Puis, elle souleva une marmite remplie d'eau et la fit chauffer. Enfin, saisissant une serviette de toile blanche, elle la mit autour du cou d'Yvain. Prenant un gobelet en os d'éléphant et un bassin d'argent, elle lui lava soigneusement la tête.

Après quoi, elle ouvrit un coffret de bois, en tira un rasoir au manche d'ivoire dont la lame avait deux rainures dorées et le rasa. Quand tout fut terminé, elle rangea les objets dont elle s'était servie, dressa la table devant Yvain et lui apporta de quoi se restaurer. Yvain n'avait jamais goûté de souper comparable, ni bénéficié d'un service plus irréprochable. Le repas achevé, la jeune fille lui prépara le lit et lui dit : « Il ne te reste plus qu'à te coucher et à dormir. Il faut maintenant que je pense à une solution pour te tirer d'embarras. » Et sur ce, elle sortit, prenant bien soin de refermer la porte de la chambre derrière elle.

Yvain s'allongea sur le lit, mais il ne put trouver le sommeil. Il avait constamment devant lui l'image de la Dame de la Fontaine, les cheveux épars et souillés de sang, s'égratignant la figure, se tordant les mains et battant ses paumes. Comme il la trouvait belle dans son désespoir ! « Je suis fou, se dit-il, de penser ainsi à elle. J'ai blessé à mort son mari et je compte maintenant faire la paix avec elle, et peut-être plus encore ? J'oublie qu'elle me hait plus que nulle autre créature au monde, et c'est à bon droit. Mais si elle me hait à présent, peut-être portera-t-elle plus tard un autre regard sur moi ? Je ne puis être son ennemi puisque toutes mes pensées envers elle sont imprégnées de l'amour le plus absolu. J'ai tant de peine à la voir en telle affliction. Je sais qu'en dépit des larmes qui coulent sur ses joues, ses yeux sont les plus beaux yeux qu'on puisse voir. Je m'afflige tant de sa douleur, de son angoisse, tant me peine ce visage qu'elle abîme par ma faute. Un visage si limpide, si beau, si pur ! Quelle tristesse aussi de lui voir meurtrir sa gorge ! Nul cristal n'est si clair, si poli. Pourquoi commet-elle cette folie de tordre ses douces mains, de frapper sa poitrine ? Ne serait-ce pas divine merveille de la regarder, de la contempler, si elle était dans la joie et le bonheur, alors qu'elle est déjà si belle dans les excès de sa douleur ? Oui, je peux bien le jurer, sa beauté est incomparable et je ne peux qu'y succomber ! »

Pendant qu'Yvain s'abîmait dans ses pensées ferventes, Luned était allée rejoindre la Dame de la Fontaine. Elle s'était réfugiée dans sa chambre, ne pouvant plus, dans son désarroi, supporter la vue de personne. Luned s'avança dans la chambre et salua sa maîtresse, mais elle ne répondit pas. Mais Luned était assez libre avec elle pour ne pas s'en effaroucher. Elle fit semblant de se fâcher. « Dame, dit-elle, je m'étonne de te voir agir si follement. Que t'est-il donc arrivé que tu ne veuilles répondre à personne aujourd'hui ? Crois-tu que tes larmes te rendront ton mari ? – Luned, répondit alors la dame, tu as bien peu d'honneur et encore moins de compassion. Tu n'es pas même venue partager mon chagrin aujourd'hui. C'est bien mal de ta part de n'être pas venue me soutenir dans ma douleur. Ainsi, saurais-tu que je voudrais être morte ! – Et pourquoi donc, ma dame ? – Pour rejoindre mon seigneur ! – Le rejoindre ? Dieu t'en garde ! Qu'il te rende plutôt un aussi bon seigneur, aussi capable que celui qui n'est plus. – Comment oses-tu prononcer d'aussi abominables paroles ? Tu sais bien que Dieu, même dans son infinie bonté, ne pourra jamais me donner un aussi bon mari ! – Il t'en rendra un meilleur, si tu veux le prendre, et je m'engage à te le prouver ! » La dame se leva et s'écria fort en colère : « Assez de stupidités ! Par Dieu tout-puissant, s'il ne me répugnait pas de faire périr une jeune fille que j'ai élevée et à qui j'ai donné tant d'affection, je te ferais mettre à mort sur-le-champ, pour faire en ma présence des comparaisons aussi insensées et criminelles ! Sors d'ici, et que je ne te revoie plus ! – Je pars, dame, puisque vous le voulez. Mais honte à la première d'entre nous qui enverra chercher l'autre, moi pour solliciter une invitation et toi pour la demander ! » Et Luned quitta la chambre en claquant la porte.

Elle retourna auprès d'Yvain et lui demanda s'il avait besoin de quelque chose. « Par Dieu ! répondit-il, une seule chose me manque, et tu ne pourras jamais me la procurer ! Depuis que j'ai vu ta maîtresse, mon esprit ne peut plus se détacher d'elle. » Luned sourit : « Laisse-moi faire, dit-elle, tu ne le regretteras pas. – Mais qui es-tu, en réalité ? demanda Yvain. Une sorcière, une fée, une intrigante ? Le fait que tu m'aies donné un anneau qui me permet d'être invisible m'incite à penser que tu es une sorcière. – Ne te pose pas tant de questions, répliqua Luned, cela n'en vaut pas la peine. Sache seulement que je suis restée longtemps en compagnie de Morgane, la sœur du roi Arthur, et que j'ai appris d'elle comment redresser des situations périlleuses. Fie-toi à moi, et prends bien garde de ne jamais sortir de cette chambre tant que je ne t'y aurai pas invité. » Sur ces mots, elle sortit et, sans tenir compte de la défense que lui avait faite la Dame de la Fontaine, elle alla la rejoindre.

« Ah ! te voilà revenue ! dit Laudine. Tu oses donc enfreindre mes interdictions ! – Dame, je sais qu'au fond de toi-même tu es heureuse que je sois ici. – Peut-être, mais je dois constater que tu as bien mauvais caractère. Je n'aime pas qu'on claque la porte quand on sort de ma chambre ! – Si ce n'est que cela, je promets de ne plus le faire à l'avenir. Mais si tu veux que je retrouve ma bonne humeur, il te faut m'écouter. – Eh bien, soit, parle. Qu'as-tu donc à me dire ? – C'est très simple, répondit Luned, je voudrais te demander si toute prouesse est morte avec ton seigneur ? Je peux te prouver qu'il existe, de par le monde, cent chevaliers aussi preux que ton mari défunt, et peut-être même meilleurs que lui – Que le Ciel te confonde, Luned, et si tu n'as que cela à me dire, tu ferais mieux de t'en aller ! – Non, dame, je n'en ai pas fini. Tu vas me répondre très franchement : quand deux chevaliers s'affrontent en combat singulier, lequel penses-tu être le meilleur ? Le vainqueur ou le vaincu ? – M'est avis que tu me tends un piège ! – Voyons, tu es assez avisée pour savoir quelle est la meilleure réponse. La mienne est précise : je donne le prix au vainqueur. Et toi ? – Mais tu es donc le diable ! s'écria Laudine. Je ne veux plus t'entendre. Va-t'en ! » Luned sortit, mais prit soin de refermer la porte très doucement, en restant sur le seuil un long moment, immobile. Entendant la dame pleurer et soupirer, elle eut un sourire satisfait et partit rejoindre Yvain dans la chambre où celui-ci avait fini par s'endormir.

Quant à Laudine, elle fut en grande peine toute la nuit. Elle savait bien que Luned avait raison et que de deux chevaliers qui se battent en combat singulier, le vainqueur est nécessairement meilleur que le vaincu. De plus, elle craignait fort pour son domaine. Chaque fois qu'un intrus versait de l'eau sur le perron de la fontaine, la tempête ravageait les bois et les champs, et il fallait absolument s'opposer à tout nouvel arrivant. Jusqu'à présent, Esclados le Roux avait mis toute son expérience à défendre la fontaine et le domaine, mais maintenant, il était mort, et la fontaine était sans gardien. Qui pourrait donc accomplir cette mission ? Elle savait bien aussi qu'aucun de ses gens portant lance ou épée n'était assez courageux pour relever le défi d'un chevalier étranger. Qu'allait-elle devenir et qu'allait donc être le sort des terres qu'elle avait réussi à préserver jusqu'à ce jour ? Aussi, commença-t-elle à se repentir d'avoir congédié Luned, car celle-ci était de bon conseil, bien que parfois trop impertinente, et elle se mit à espérer que la jeune fille reviendrait la voir sans qu'elle-même eût à faire le premier pas.

Luned revint effectivement le lendemain sans y avoir été invitée, et elle reprit son discours où elle l'avait laissé. La dame, qui se reprochait de l'avoir offensée, baissait la tête, résolue à lui faire des excuses et à écouter jusqu'au bout ce qu'elle lui dirait. « Je te demande pardon, dit-elle humblement, pour toutes les méchancetés que j'ai prononcées à ton égard. Je sais bien que celui qui a vaincu mon mari était meilleur chevalier que lui. – Il est toujours le meilleur chevalier ! affirma solennellement Luned. – Dis-moi alors qui il est, reprit Laudine, et à quelle maison il appartient. S'il est de mon rang, pourvu qu'il n'y ait pas d'empêchement de sa part, je pourrai, j'en conviens, en faire mon mari et le seigneur de ma terre. Mais il faudra agir de telle sorte qu'on ne puisse jamais dire : c'est celle qui a pris celui qui a tué son époux. – C'est bien mon avis. En tout cas, je peux te dire que tu auras le seigneur le plus noble, le plus franc, le plus beau jamais sorti du lignage d'Adam. – Comment se nomme-t-il ? – Yvain, fils du roi Uryen Rheged. – Certes, ce n'est pas un vilain. Il est de bonne famille et sa réputation n'est plus à faire. Quand donc pourrai-je le voir ? – Dans cinq jours, tout au plus. – Cinq jours ! s'écria Laudine. C'est bien long. Qu'il vienne dès ce soir, ou demain au plus tard ! – Dame, dit Luned, ce n'est pas possible. Nul ne peut parcourir si longue distance en un seul jour. Même si je partais maintenant pour la cour d'Arthur, je n'arriverais jamais à le joindre en si peu de temps. Disons que cela pourra se faire demain soir. – C'est encore trop long. Luned, pars immédiatement pour la cour du roi Arthur et ramène-moi dans les plus brefs délais cet Yvain, fils du roi Uryen. » Luned ne se le fit pas dire deux fois. Elle prit congé de la dame et fit comme si elle devait accomplir un long voyage. En réalité, elle alla rejoindre Yvain dans la chambre où il se cachait.

Le lendemain, vers midi, Yvain revêtit une robe, un surcot et un manteau de soie jaune, rehaussé de larges festons de fils d'or. Ses pieds étaient chaussés de brodequins de cuir bigarré, fermés par une figure de lion en or. Yvain éprouva une grande appréhension à l'entrée de la chambre où l'on attendait impatiemment sa venue et où il craignait d'être mal accueilli. La dame, quand elle l'aperçut, resta bouche close, ce qui augmenta sa frayeur. Il se crut trahi et demeura immobile à la porte. Luned alors s'écria : « Aux cinq cents diables celui qui n'ose pas entrer dans la chambre d'une femme si belle et n'a ni langue ni esprit pour se faire connaître ! Chevalier, entre ! N'aie pas peur que ma dame te morde, mais implore plutôt d'elle la paix ! Et je la prierai avec toi de te pardonner la mort d'Esclados le Roux, son défunt mari. »

Yvain joignit les mains, s'agenouilla et murmura en tremblant : « Dame, je ne crierai pas merci, mais je te remercierai pour ce que tu voudras faire de moi, car rien qui vienne de toi ne saurait me déplaire. – Vraiment ? répondit Laudine. Et si j'ordonnais ta mort ? – Dame, je ne saurais dire autre chose que grand merci ! » La Dame de la Fontaine considéra Yvain avec attention. « Luned, dit-elle alors avec une certaine ironie, ce seigneur n'a pas l'allure de quelqu'un qui vient d'accomplir un long voyage ! – Quel mal y a-t-il à cela, princesse ? répondit Luned. Aurais-tu préféré qu'il se présentât devant toi couvert de boue et de poussière ? – Après tout, peu m'importe, tu as raison, reprit Laudine. Ainsi, ce n'est pas un autre que lui qui a fait sortir l'âme du corps de mon seigneur. – Tant mieux pour toi, princesse, car s'il n'avait pas été le plus fort, il ne lui aurait pas enlevé l'âme du corps. C'est chose faite et nous n'y pouvons rien. »

La dame fit relever Yvain. « En somme, dit-elle, tu t'en remets à mon jugement sans te soucier de ce qui peut t'arriver ? – C'est cela même, répondit Yvain. Sans mentir, il n'y a pas une force comparable à celle qui me commande d'obéir à ton entière volonté. Je ne redoute rien de ce qu'il te plaira d'ordonner à mon sujet. Et si je pouvais réparer le meurtre que j'ai commis malgré moi, je le ferais aussitôt sans discuter. – Malgré toi ? Donc, selon toi, tu n'as commis aucune mauvaise action lorsque tu as tué mon seigneur ? – Par Dieu tout-puissant, dame, j'ai été attaqué par ton seigneur. Que pouvais-je faire d'autre que de me défendre ? – Je pense en effet qu'il aurait été coupable s'il t'avait tué, puisque c'est lui qui t'a attaqué. Mais je voudrais bien savoir d'où te vient cette force qui te commande de m'obéir sans réserve. Sache que je te tiens quitte de la mort de mon seigneur, mais à la condition que tu m'expliques une telle résignation. » Yvain parut fort embarrassé. Il finit par dire : « Dame, la force qui me pousse vient de mon cœur qui est à toi. C'est mon cœur qui m'a mis en ce désir. – Et qu'est-ce qui a mis ton cœur dans cet état ? – Ce sont mes yeux, dame. – Et qu'est-ce qui a troublé tes yeux ? – La grande beauté que j'ai vue en toi. – Mais cette beauté, qu'a-t-elle donc fait ? – Elle a tant fait que je suis devenu amoureux. – Amoureux de qui, s'il te plaît ? – De toi, dame, à jamais. – Et de quelle façon es-tu si amoureux ? – De telle façon qu'un amour plus grand que le mien est inconcevable, que mon cœur ne peut plus se séparer de toi, que je t'aime plus que moi-même, que je veux vivre ou mourir pour toi ! – Qui te parle de mourir ? Il y a peut-être mieux à faire. Serais-tu assez audacieux pour défendre ma fontaine comme avait coutume de le faire mon défunt seigneur ? – Oui, dame, contre tout homme qui osera se présenter. » La dame observa un court silence. « Sache donc que la paix est conclue entre nous. Maintenant, retire-toi en compagnie de Luned, car je dois prendre conseil auprès de mes vassaux. »

Elle fit appeler les hommes de sa terre et, comme ils se trouvaient tous dans la forteresse, ils ne furent pas longs à se réunir autour d'elle. Sans plus tarder, elle leur signifia que le comté était vacant et fit remarquer qu'on ne pouvait le maintenir que par chevalerie, armes et vaillance. Et elle ajouta : « Je vous donne à choisir : ou l'un de vous me prendra comme épouse, ou vous me permettrez de choisir un mari qui soit étranger à cette terre, mais qui soit capable de la défendre contre tous nos ennemis. » Ils délibérèrent et décidèrent de lui permettre de choisir un mari en dehors du pays, pourvu que ce fût un homme de haut lignage et d'une grande vaillance, qui ne leur ferait pas honte et qui saurait défendre leurs droits. « Alors, dit-elle, vous serez satisfaits, car j'ai choisi le plus preux de tous les chevaliers de ce siècle, et qui plus est, compagnon de la Table Ronde. Il s'agit d'Yvain, le fils du roi Uryen. » Ils applaudirent fort à cette annonce, et la dame fit appeler ses chapelains pour qu'on célébrât sans tarder le mariage. Ainsi, furent unis sans délai Laudine de Landuc, fille du duc Laudunet, et Yvain, fils du roi Uryen Rheged.

Le mort fut vite oublié. Le meurtrier était le mari de la veuve et les gens du pays prisaient davantage le vivant qu'ils n'avaient respecté le défunt. Tous les hommes du comté prêtèrent hommage à Yvain qui garda la fontaine avec lance et épée. Tout chevalier qui y venait fut terrassé et rançonné selon son rang et sa valeur, rançon qui était partagée entre barons et chevaliers, au grand contentement de tout le monde[1].

Pendant ce temps, à Kaerlion sur Wysg, le roi Arthur se promenait un jour en compagnie de son neveu Gauvain, de son vieux compagnon Bedwyr et de son frère de lait Kaï, qui était aussi son sénéchal. Gauvain remarqua que son oncle était triste et taciturne. Très peiné de le voir dans cet état, il lui en demanda la raison. « Par Dieu tout-puissant, Gauvain, répondit le roi, je suis inquiet à propos d'Yvain, le fils du roi Uryen. Il n'a pas donné de ses nouvelles depuis qu'il est parti, il y a plusieurs semaines, sur un défi de Morgane, pour venger l'honneur de Kalogrenant, de Kynon et même de son père Uryen. Je souhaite qu'il ne lui soit rien arrivé de fâcheux dans cette aventure de la fontaine qui déchaîne les tempêtes. – Tu sais bien, mon oncle,

1. Tout cela est conforme aux mœurs de l'époque. Nombreux furent en effet les chevaliers qui épousaient les veuves de ceux qu'ils tuaient en combat singulier. C'était une façon de réparer le tort causé, mais aussi de faire fortune. Ces procédés sont largement attestés par l'Histoire. Dans la légende, il en est de même pour le roi Uther Pendragon lorsqu'il épouse Ygerne par compensation de la mort du duc de Cornouailles (voir la première époque : *La naissance du roi Arthur*), et pour Lancelot du Lac dans ses premières aventures (voir troisième époque : *Lancelot du Lac*).

qu'Yvain est valeureux et audacieux. Je suis certain qu'il reviendra vainqueur de cette épreuve. Néanmoins, si tu le désires, nous pouvons aller avec toi, sous la conduite de Kalogrenant, nous rendre compte nous-mêmes du sort qui lui a été réservé. S'il est vainqueur, nous pourrons ainsi le féliciter. S'il est prisonnier, nous le libérerons et si, par malheur, il a été tué, nous le vengerons. – Tu as raison, beau neveu, dit Arthur, faisons préparer dès maintenant nos chevaux et nos armes. »

Le lendemain matin, Arthur et ses gens partirent. Il y avait là son neveu Gauvain, Girflet, fils de Dôn, Kaï et Bedwyr, ainsi qu'un grand nombre d'écuyers et de serviteurs. Kalogrenant leur servait de guide. Après plusieurs jours de marche, ils arrivèrent à la forteresse où étaient venus Kynon et Kalogrenant : les jeunes gens étaient en train de lancer leurs couteaux à la même place, et l'homme blond était debout près d'eux. Dès qu'il aperçut Arthur, il le salua et l'invita à passer la nuit dans sa demeure. Arthur accepta volontiers l'invitation et ils entrèrent dans la forteresse, mais malgré leur grand nombre, on ne s'aperçut pas de leur présence dans le château. Les jeunes filles se levèrent pour les servir et Arthur et les siens ne furent jamais mieux honorés et servis.

Au lever du jour, Arthur se mit en marche, toujours avec Kalogrenant pour guide. Ils arrivèrent auprès de l'homme noir : sa stature parut encore plus imposante à Arthur qu'on ne le lui avait dit. Mais il n'osa pas lui demander s'il était vraiment Merlin ou quelque rustre héritier de la sagesse des anciens druides. Ils gravirent le sommet d'une colline et suivirent la vallée jusqu'à l'arbre vert, jusqu'à ce qu'ils aperçussent la fontaine avec le bassin sur le perron. Alors Kaï dit à Arthur : « Roi, je connais parfaitement le motif de cette expédition, et j'ai une prière à te faire : c'est de me laisser jeter de l'eau sur la dalle et subir la première épreuve qui viendra. » Arthur le lui permit.

Kaï jeta de l'eau sur la pierre et, aussitôt, il y eut un grand coup de tonnerre, suivi de l'ondée de pluie et de grêle. Jamais ils n'avaient été témoins d'une averse et d'un bruit pareils, et beaucoup de gens d'armes et de valets de la suite d'Arthur furent tués par les grêlons. Mais l'ondée cessa brusquement et le ciel redevint serein. Lorsqu'ils levèrent les yeux vers l'arbre, il n'y avait plus de feuilles. C'est alors que les oiseaux descendirent sur le pin : jamais, assurément, ils n'avaient entendu une musique comparable à leur chant. Puis ils virent un chevalier monté sur un cheval noir, vêtu d'un manteau sombre, qui galopait vers eux d'une allure ardente. Kaï alla à sa rencontre et entreprit de l'assaillir. Mais le combat ne fut pas long et Kaï fut jeté à terre. Le chevalier, sans dire un mot, dressa alors son pavillon un peu à l'écart, dans un espace compris entre fourrés de ronces et ajoncs. Arthur et ses gens en firent autant pour la nuit.

En se levant, le lendemain matin, ils aperçurent l'enseigne de combat flottant sur la lance du chevalier noir. Kaï alla de nouveau trouver Arthur : « Roi, dit-il, j'ai été renversé hier dans de mauvaises conditions. Te plairait-il que j'allasse aujourd'hui me battre contre ce chevalier qui est bien arrogant et sûr de sa victoire ? – Je te le permets volontiers, répondit Arthur, et fais en sorte de lui donner une leçon. » Kaï se dirigea alors vers le chevalier noir, mais le combat ne dura pas davantage que la veille. Kaï de nouveau fut jeté à terre. Alors, le chevalier noir, comme pour marquer son mépris, égratigna de sa lance son front, le heaume, la coiffe, la peau, et même la chair jusqu'à l'os, de toute la largeur du bout de la hampe. Kaï, péniblement, se releva et revint auprès de ses compagnons.

Alors, les gens d'Arthur allèrent tour à tour se battre contre le chevalier noir, mais ils furent tous défaits les uns après les autres. Bientôt, il ne resta plus debout qu'Arthur et Gauvain. « Fort bien, dit Arthur, c'est à moi maintenant d'y aller et de venger l'affront. » Mais, comme il revêtait ses armes pour aller lutter contre le chevalier, Gauvain lui dit : « Mon oncle, laisse-moi aller le premier contre notre adversaire. Si je suis vaincu, il te sera toujours possible de nous venger. – Fort bien, dit Arthur, je te laisse aller si tu le veux, beau neveu, mais à une condition : sois vainqueur. – Je le serai, affirma Gauvain avec force. Tu sais bien que je ne suis jamais revenu vaincu d'une semblable épreuve. »

Il alla donc combattre le chevalier noir. Comme il était revêtu ainsi que son cheval d'une grande cape de soie brochée d'or que lui avait envoyée la fille du comte d'Anjou, personne ne pouvait le reconnaître. Les deux champions se toisèrent, s'attaquèrent et se battirent, ce jour-là, jusqu'au soir, et cependant on vit bien qu'aucun d'eux n'était sur le point de jeter l'autre à terre. Comme la nuit tombait, le chevalier noir se retira sous son pavillon et Gauvain revint vers le roi Arthur qui le félicita d'avoir tenu si longtemps en face d'un aussi redoutable adversaire. Après quoi, ils prirent un repas très frugal et succombèrent au sommeil.

Le lendemain matin, bien remis de leurs fatigues, Gauvain et le chevalier noir reprirent le combat. Ils luttaient avec de lourdes lances, multipliant chacun leurs prouesses, mais aucun d'eux ne parvenait à triompher de l'autre. Ils interrompirent le combat à la nuit tombante et s'en allèrent se reposer, chacun de son côté.

Le jour suivant, ils s'élancèrent au combat avec des lances encore plus solides, grosses et robustes. Enflammés de colère, ils se chargèrent avec fougue jusqu'au milieu du jour et, enfin, un choc violent, donné de part et d'autre, fit rompre les sangles de leurs chevaux ; tous deux roulèrent sur le sol. Ils se relevèrent vivement, tirèrent leurs épées et se battirent avec encore plus d'acharnement. Jamais, de l'avis de tous ceux qui étaient là, on n'avait vu deux hommes aussi vaillants, aussi forts et aussi endurants, à tel point que si la nuit avait remplacé le jour, elle eût été éclairée par le feu qui jaillissait de leurs armes entrechoquées. Enfin, le chevalier noir assena à Gauvain un tel coup que son heaume découvrit son visage, et qu'il reconnut Gauvain.

« Gauvain ! s'écria Yvain, je ne te reconnaissais pas à cause de cette cape qui te masquait ! Tu es mon cousin germain. Tiens, prends mon épée et mes armes. – C'est toi qui es le maître, Yvain, répondit Gauvain. C'est toi qui es le vainqueur de ce combat. Il est juste que tu prennes mon épée. » Arthur, remarquant la situation où ils se trouvaient, s'approcha d'eux. « Roi Arthur, dit Gauvain, voici Yvain à la recherche de qui nous sommes, et qui te causait tant de chagrin lorsque tu n'avais pas de ses nouvelles. Le voici donc, en pleine santé, et plus valeureux que jamais. C'est lui qui est le vainqueur du combat, pourtant il ne veut pas accepter l'épée que je lui remets bien volontiers. – Non, seigneur roi, dit Yvain, c'est Gauvain qui m'a vaincu, et il ne veut pas recevoir de moi l'épée à laquelle il a droit, du fait de sa prouesse et de sa vaillance. Oblige-le, je te prie, à la prendre sans plus de discussion. » Le roi Arthur réfléchit un moment. « Il y a une solution, dit-il enfin. Donnez-moi tous les deux vos épées. Ainsi n'y aura-t-il ni vainqueur ni vaincu. » Yvain jeta ses bras autour du cou d'Arthur, et ils se donnèrent l'accolade avec beaucoup d'amitié. Les autres compagnons accoururent vers eux. Il y eut tant de presse et de hâte pour voir Yvain et l'embrasser que peu s'en fallut qu'il n'y eût des morts. Ils passèrent la nuit dans leurs pavillons.

Le lendemain, Arthur manifesta l'intention de se remettre en route et de regagner Kaerlion sur Wysg. « Seigneur roi, dit Yvain, ce n'est pas ainsi que tu dois agir. Il y a déjà de nombreuses semaines que je t'ai quitté pour réparer le tort qu'avait subi Kalogrenant et, du temps de ton père, le roi Uther, à Kynon, fils de Klydno. Or, aujourd'hui, cette terre m'appartient de plein droit, et je ne peux, sans être déshonoré, te laisser repartir sans que tu viennes dans ma forteresse. Depuis que je suis maître du pays, j'ai préparé un festin pour toi et tes compagnons. Je savais qu'un jour ou l'autre, tu me rechercherais. Tu viendras donc avec moi jusqu'à ma demeure pour te délasser de tes fatigues, avec tes gens. Vous aurez des bains en abondance, de la bonne nourriture et des breuvages choisis parmi les meilleurs qui soient au monde. – Eh bien, répondit Arthur, c'est avec grande joie et grand plaisir que nous acceptons ton invitation. »

Ils montèrent tous sur leurs chevaux et se dirigèrent vers la forteresse de Landuc par le plus court chemin. Mais Yvain avait pris soin d'envoyer en avant un écuyer qui portait un faucon sur son poing, afin qu'il avertît la dame Laudine de leur arrivée et que les gens pussent embellir les maisons, en l'honneur du roi Arthur. D'ailleurs, quand la Dame de la Fontaine eut appris la venue du roi, elle en fut très heureuse, et ses gens n'en furent pas moins contents. La dame leur commanda d'aller à sa rencontre. Ils obéirent avec grand empressement et quand ils furent à la hauteur de la troupe, ils saluèrent en grande pompe le roi de l'île de Bretagne et tous les gens de sa compagnie. Puis, ils les escortèrent jusqu'à la forteresse en poussant des cris d'allégresse.

La cité s'emplit d'une joyeuse rumeur. On para les murs de draps de soie, et des tapis furent étendus sur les pavés. Pour protéger les rues du soleil qui était fort chaud, car on était en plein été, on les couvrit de courtines. Les cloches, les cors et les trompettes retentirent à grand bruit dans la ville. Devant le roi, dansaient des jeunes filles tandis que les tambours rythmaient la marche des nouveaux arrivants. D'agiles jongleurs sautaient et accomplissaient des tours d'adresse. Tous rivalisaient de gaieté pour recevoir le roi Arthur.

La Dame de la Fontaine était sortie, vêtue d'une robe impériale bordée d'hermine, un diadème sur le front, tout orné de rubis. Elle était resplendissante et se montrait gaie et enjouée ; elle paraissait plus belle qu'une déesse des temps anciens. Autour d'elle se pressait la foule, et tous disaient et répétaient, les uns après les autres : « Bienvenu soit le roi, le seigneur des rois et le roi des seigneurs du monde[1] ! » Arthur ne pouvait guère répondre à tous ces saluts. Il vit venir à lui la dame qui lui tint l'étrier. Mais il ne voulut point se prêter à cette courtoisie, et se hâta de descendre d'un bond de son cheval. Elle le salua courtoisement en disant : « Sois le bienvenu, roi Arthur, mon seigneur, et béni soit le valeureux Gauvain, ton neveu ! – Que ta noble personne ait le bonjour, belle Dame de la Fontaine ! » répondit le roi. Et, en disant ces mots, il l'embrassa.

Pendant le festin, un chevalier n'avait d'yeux que pour la jeune fille qui portait le nom de Luned. C'était Gauvain, la fine fleur de la chevalerie, l'un des plus valeureux compagnons de la Table Ronde, et le neveu du roi, celui qu'il avait désigné comme son successeur. Gauvain faisait en effet resplendir la chevalerie comme le soleil du matin, en dardant ses rayons, illumine tous les lieux où il se répand. Et si Gauvain était le soleil[2], il devait y avoir une lune pour recevoir ses rayons. Ce fut Luned, la suivante de Laudine[3], qui avait été l'élève

1. On s'aperçoit que le mythe actuel du « Roi du Monde » a une lointaine préhistoire. Il remonte en effet à la mythologie la plus éloignée de tous les peuples.

2. Gauvain, qui se nomme Gwalchmai, c'est-à-dire « Faucon de mai » dans le texte gallois, est le type même du héros solaire. Certains récits disent que sa force grandit au fur et à mesure que le soleil monte dans le ciel, atteignant son maximum vers l'heure de midi et déclinant ensuite jusqu'à la tombée de la nuit. On y a vu, peut-être facilement, une image du soleil dans sa course diurne.

3. Le jeu de mots est évident en français (la « lune ») comme en gallois (*llun*). Mais, en réalité, *llun* signifie aussi « image », « effigie », et peut être considérée comme une sorte d'*anima* féminine opposée à un *animus* masculin, selon la méthode psychanalytique jungienne. Cependant, il faut savoir que, dans les langues celtique et germanique, « lune » est un mot masculin tandis que « soleil » est féminin. Quant à Chrétien de Troyes, il utilise la forme « Lunette », ce qui ajoute une connotation humoristique à ce nom, ce qui est tout à fait dans la tonalité de l'écrivain champenois, juif de Troyes converti mais

de Morgane et qui s'y connaissait fort bien en magie et nécromancie. Elle était brune, avenante, très aimable et enjouée et, de plus, très avisée pour résoudre les problèmes les plus ardus. Elle se lia vite avec Gauvain qui la prisait beaucoup. Il l'appela son amie et lui offrit son service, parce qu'elle avait sauvé de la mort son compagnon et cousin. « Jeune fille, disait Gauvain, je serai désormais ton chevalier, et si tu te trouves dans le besoin, tu me trouveras toujours pour te rendre service ou pour te faire justice. » Ainsi fut nouée l'amitié entre Gauvain et la jeune Luned, suivante de la Dame de la Fontaine après avoir été l'élève de Morgane[1].

Yvain se réjouissait grandement du séjour du roi. Laudine de Landuc honorait beaucoup les chevaliers de sa suite et faisait si bonne mine à chacun que plus d'un présomptueux prit ses sourires et ses attentions pour des preuves d'amour. Mais la Dame de la Fontaine sut très bien les ramener à la raison. En tout cas, nombreux furent ceux qui allèrent, en compagnie d'Yvain, visiter le pays et s'ébattre dans les châteaux des environs, qui étaient fort beaux et bien pourvus de vivres et de breuvages.

Cependant, le roi Arthur songea qu'il ne devait pas s'attarder plus longtemps et qu'il lui fallait regagner ses propres domaines pour continuer à y faire régner l'ordre et la paix. Il prépara donc son départ, tandis que ses compagnons s'efforçaient de persuader Yvain de les suivre. Gauvain, en particulier, se montra si pressant, qu'Yvain prit à part la dame Laudine et lui demanda la permission d'accompagner ses amis pendant trois mois. Laudine lui répondit : « Seigneur, il est bon qu'un chevalier, surtout quand il appartient à ceux

très au courant de la Kabbale traditionnelle. Le personnage de Luned est, en fait, une sorte de doublet de celui de Morgane.

1. Dans tous les romans arthuriens, Gauvain fait la cour à toutes les jeunes filles qu'il rencontre, quitte à s'attirer de nombreux désagréments, ce qui n'entache nullement sa bravoure et sa prouesse.

de la Table Ronde, passe quelque temps à la cour du roi. Je t'accorde volontiers ton congé, mais jusqu'au terme que je fixe moi-même : c'est trois mois, et une semaine en plus à cause des circonstances qui peuvent advenir. Passé ce délai, l'amour que j'ai pour toi risque de devenir de la haine, sois-en persuadé. Sache que je tiendrai ma parole si tu ne tiens pas la tienne. Si tu veux conserver mon amour, songe à revenir huit jours au plus tard après la Saint-Jean. Tu seras vraiment perdu pour mon cœur si tu dépasses le terme que je t'ai fixé. – Dame, dit Yvain, grand merci à toi, et tu as ma promesse que je reviendrai avant même le délai que tu as dit. – Je le souhaite car sinon tu me perdrais de façon irrémédiable. » Et, en disant ces paroles, Laudine semblait triste et désemparée.

Yvain alla rejoindre le roi Arthur et ses gens. Sans plus attendre, le roi donna le signal du départ. Les palefrois furent amenés, garnis de selle et de frein. On monta à cheval et on se mit en route pour regagner la forteresse de Kaerlion sur Wysg[1].

1. D'après le récit gallois, *Owein, ou la Dame de la Fontaine*, manuscrit du XIVe siècle (traduction complète dans J. Loth, *les Mabinogion*, Paris, 1913, II, pp. 1-45), avec de nombreux emprunts à *Yvain, ou le Chevalier au Lion*, poème français du XIIe siècle, de Chrétien de Troyes (nombreuses éditions et traductions).

4

Les impossibles Sortilèges

Girflet, fils de Dôn, était l'un des plus fidèles compagnons de la Table Ronde. Nombreux étaient les exploits qu'il avait accomplis au service du roi Arthur, et son habileté au combat était reconnue par tous. Mais, lorsque aucune aventure ne se présentait, il préférait quitter la cour du roi et retourner dans son pays d'origine, le Gwyned, auprès de son oncle Math qui l'avait élevé, avec ses frères Govannon et Gwyzion, et sa sœur, la belle Arianrod, dont le nom signifiait « Cercle d'Argent ». Gwyzion et Arianrod avaient ceci de particulier qu'ils avaient été tous deux des familiers de Morgane. Ils avaient appris avec elle de nombreux secrets qu'elle ne dispensait qu'à ceux dont elle était sûre qu'ils en feraient usage selon ses propres projets. Mais Gwyzion et Arianrod avaient eu également un autre maître en magie et sortilèges, leur oncle Math, qui possédait une baguette merveilleuse avec laquelle il pouvait transformer l'aspect des êtres et des choses.

Math, fils de Mathonwy, était le seigneur de Gwyned mais, à cette époque, il ne pouvait vivre qu'à la condition que ses deux pieds reposassent dans le giron d'une jeune fille vierge, à moins toutefois que le tumulte de la guerre ne l'obligeât à prendre la tête de ses troupes[1]. La jeune fille qui vivait alors avec lui était Goewin, fille

1. C'est le même thème que celui du roi David qui ne pouvait

de Dol Pebin, et c'était bien, à la connaissance des gens du pays, la plus belle fille de son temps. Math résidait toujours à Kaer Dathyl, sur les bords de la rivière Arvon. Il ne pouvait accomplir le tour de son pays, mais ses neveux le faisaient à sa place et venaient ensuite lui rendre compte de ce qu'ils avaient vu et observé pendant leur voyage. Quant à la jeune fille, elle ne le quittait jamais.

Or, une année, Girflet, fils de Dôn, avait accompagné son frère Gwyzion dans son tour du pays. Quand il fut de retour à Kaer Dathyl, ses yeux se portèrent sur la jeune Goewin, et il en devint amoureux. L'image de la jeune fille le hantait, et il se mit à l'aimer au point qu'il dépérissait : il perdait ses couleurs, il maigrissait, ne mangeait plus et demeurait la plupart du temps dans le silence et la mélancolie. Gwyzion s'aperçut de l'état déplorable de son frère et lui demanda pourquoi il en était arrivé là. Girflet ne répondit rien. Gwyzion insista plusieurs fois. A la fin, il lui dit : « Pourquoi me poses-tu cette question ? – Je vois que tu as perdu ta prestance et tes couleurs, ce n'est pas normal. Qu'as-tu donc ? – Mon frère, ce qui m'est arrivé, je ne serais pas plus avancé de le confesser à qui que ce soit. – Et pourquoi donc ? demanda Gwyzion. – Tu connais le privilège de Math, répondit Girflet. Si la moindre conversation entre deux personnes, chuchotée aussi bas que possible, est portée par le vent jusqu'à ses oreilles, il l'entend. – C'est bien, mon frère, n'en dis pas plus long. J'ai compris que tu aimes une jeune fille, et je sais même qui elle est, mais il est inutile de prononcer le moindre nom. »

En voyant que son frère devinait sa pensée, Girflet poussa un soupir qui aurait ému l'homme le plus insensible du monde. « Cesse de te lamenter, dit Gwyzion, ce n'est pas ainsi que l'on vient à bout d'une entreprise.

survivre que réchauffé par le contact d'une jeune fille vierge, la fameuse Sulamide.

Je ferai ce qu'il conviendra pour te donner satisfaction, car je ne peux supporter que tu sois malheureux et que tu dépérisses ainsi. La première chose à faire est d'obliger Math à partir pour la guerre, et je te promets que nous y arriverons sans peine. Pour l'instant, sois joyeux et aie l'espoir que tes désirs se réalisent. »

Dès qu'ils le purent, les deux frères se rendirent auprès de Math, fils de Mathonwy. « Seigneur, dit Gwyzion, je viens t'apporter d'étranges nouvelles. J'ai appris qu'il était arrivé en Dyved des animaux comme il n'y en a jamais eu dans cette île. – Comment les appelle-t-on ? demanda Math. – On les appelle des cochons, seigneur. – Quel genre d'animaux sont ces cochons ? – Ce sont de petites bêtes, mais dont la chair est meilleure que celle des bœufs. Ils sont certes de modeste taille, mais ils ressemblent aux sangliers que nous chassons dans les forêts. D'ailleurs, ils sont en train de changer de nom maintenant, et on les appelle des porcs. – A qui donc appartiennent ces animaux dont tu me parles ? – Ils ont été envoyés à Pwyll, le prince de Dyved, par Arawn, le roi d'Announ, en témoignage d'amitié. – Voilà qui est intéressant, dit Math, et j'aimerais bien en avoir, moi aussi. Comment crois-tu qu'on puisse en obtenir ? – Je vais aller, dit Gwyzion, avec onze compagnons, tous déguisés en bardes, demander les cochons à Pwyll. Tu connais mon imagination : je me fais fort d'obtenir ces porcs et de te les ramener. – Puisque tu le dis, mon neveu, je ne vois pas pourquoi tu n'essaierais pas. Prends avec toi ceux que tu choisiras et pars pour le pays de Dyved. »

Gwyzion ne perdit pas son temps. Il s'en alla le soir même avec Girflet et dix autres compagnons jusqu'à la forteresse de Cardigan où résidait alors Pwyll, prince de Dyved. Ils entrèrent dans la cour sous l'aspect de bardes, avec leur harpe sur l'épaule. On leur fit très bon accueil et on les invita au festin qui se préparait. Gwyzion se trouva placé à côté de Pwyll. « Nous serions heureux, dit celui-ci, d'entendre un récit des jeunes gens qui sont avec toi. – Notre coutume, répondit Gwyzion, le premier soir où nous nous rendons chez un personnage important, est que le chef des bardes prenne la parole. Comme je suis leur chef, c'est à moi de raconter une histoire. » Gwyzion était le meilleur conteur de ce temps. Cette nuit-là, il amusa si bien la cour par des discours plaisants et des récits pleins de verve que tous les convives furent charmés et que Pwyll prit plaisir à converser avec lui.

Quand fut venu le moment d'aller se coucher, Gwyzion dit à Pwyll : « Seigneur, quelqu'un pourrait-il mieux remplir ma mission auprès de toi que moi-même ? – Certes non, répondit Pwyll, c'est une langue pleine de ressources que la tienne, et je dois avouer que je n'ai jamais connu de barde plus habile que toi. – Fort bien, dit Gwyzion, mais il faut que je te révèle maintenant l'objet de la mission qui m'a été confiée. Seigneur, j'ai à te demander les animaux qui t'ont été envoyés par Arawn, le roi d'Announ. – Je n'ai nulle envie de te refuser quoi que ce soit, et tu mérites assurément une récompense. Ce que tu me demandes serait la chose la plus facile du monde à accomplir. Malheureusement, il existe une convention entre le pays et moi : il a en effet été décidé que je ne pourrais pas m'en dessaisir avant que leur nombre n'ait doublé. – Je puis, seigneur, te libérer de ta parole. Voici comment : ne me donne pas les cochons ce soir, mais ne me les refuse pas non plus. Demain, je te proposerai des objets d'échange à leur place. Et crois-moi, cela vaudra la peine d'examiner la situation. »

Pendant la nuit, Gwyzion et ses compagnons se réunirent à leur logis pour se concerter. « Hommes, dit Gwyzion, nous n'obtiendrons pas les porcs en les demandant. – Assurément, dit Girflet. Même s'il le voulait, Pwyll ne pourrait pas les donner puisqu'il est lié par son serment. Il faut trouver un autre moyen. – J'y arriverai », dit Gwyzion, et ils allèrent se coucher.

Le lendemain matin, Gwyzion se leva très tôt et s'en

alla dans la cour, du côté des écuries. Il eut alors recours à ses artifices et fit apparaître douze étalons, douze chiens de chasse noirs ayant chacun le poitrail blanc, avec leurs douze colliers et leurs douze laisses que tout le monde eût pris pour de l'or. Les douze chevaux portaient chacun une selle, et partout le fer était remplacé par de l'or. Les brides étaient semblables aux selles, aussi belles et aussi brillantes. Et quand le moment fut venu, Gwyzion se rendit auprès de Pwyll avec les chevaux et les chiens.

« Bonjour à toi, seigneur, dit-il en le saluant. – Dieu te donne bien, répondit Pwyll. Sois le bienvenu. – Seigneur, je t'apporte un moyen de te libérer de la parole que tu as donnée aux gens de ton pays au sujet des porcs, à savoir que tu ne les donnerais, ni ne les vendrais, tant que leur nombre n'aurait pas doublé. Par contre, tu peux les échanger contre quelque chose qui serait de plus haute valeur. Voici donc ce que je te propose : je t'offre ces douze chevaux avec leurs selles et leurs brides, ces douze chiens de chasse avec leurs colliers et leurs laisses, ainsi que ces douze boucliers dorés. » Or, il faut savoir que ces boucliers étaient en fait des champignons que Gwyzion avait transformés pour la circonstance.

Pwyll se montra fort intéressé par les chevaux, les chiens et les boucliers qui lui parurent effectivement de plus grande valeur que les porcs dont lui avait fait cadeau Arawn, le roi d'Announ. « Cela mérite réflexion », dit-il. Il fit réunir les membres de son conseil et parlementa avec eux. Ils décidèrent finalement de donner les porcs à Gwyzion en échange des chevaux, des chiens et des boucliers. Les gens du Nord prirent alors congé et se mirent en route avec le troupeau de porcs. « Compagnons, dit Gwyzion, il nous faut marcher en toute hâte et sans nous arrêter, car le charme dont j'ai usé ne dure que la période d'un jour sur l'autre. » Ils allèrent donc toute la nuit, jusqu'à la partie la plus élevée des montagnes qui entourent Cardigan, à l'endroit qu'on appelle encore aujourd'hui, pour ce motif, Mochtref, c'est-à-dire l'habitation des porcs. Puis, ils redescendirent vers le nord en suivant les vallées, ne prenant même pas le temps de s'arrêter pour se restaurer et se reposer.

Pendant ce temps, à la cour de Pwyll, lorsque celui-ci se leva, le matin, pour aller admirer les chevaux, les chiens et les boucliers qu'il avait reçus en échange de ses porcs, il ne trouva rien d'autre que des champignons desséchés, des chaînes rouillées et des joncs tressés. Comprenant qu'il avait été joué par celui qui se prétendait chef des bardes, il entra dans une violente colère et convoqua tous ses guerriers pour engager le combat contre les gens de Gwyned qui, selon lui, avaient été les instigateurs de cette mauvaise action.

Quand Gwyzion et ses compagnons arrivèrent à Kaer Dathyl, ils se rendirent auprès de Math, fils de Mathonwy. Ils trouvèrent celui-ci debout en train de revêtir ses armes. « Que se passe-t-il ? » demanda Gwyzion. Math lui répondit : « Pwyll, le prince de Dyved, est en train de réunir les gens de ses cantons pour vous poursuivre. Vous avez mis beaucoup de temps à revenir. Où sont les animaux que tu as rapportés ? – Je les ai mis en sûreté dans tes écuries, répondit Gwyzion. – Fort bien, dit Math, mais pour l'instant, il s'agit de nous défendre contre les gens de Dyved ! » A ce moment, retentirent les trompettes qui appelaient les hommes du pays aux armes. Math prit la tête de ses troupes et se dirigea vers le sud. Quant à Gwyzion et à Girflet, après avoir fait mine de suivre l'armée, ils s'écartèrent et, par un chemin détourné, retournèrent à Kaer Dathyl.

Ils pénétrèrent dans le logis où se trouvaient Goewin et les filles de sa suite. « Vois-tu, dit Gwyzion à son frère, comme il est facile de redresser une situation. Il est grand temps maintenant que tu ailles jusqu'au bout de ton désir et que tu cesses de dépérir. Math est bien loin, et tu as loisir de faire ce que tu veux avec la jeune fille que tu aimes. » Gwyzion chassa outrageusement les suivantes et fit place nette dans le logis. Après quoi, Girflet coucha avec Goewin cette nuit-là, bien que ce fût contre son plein gré. Le lendemain, dès qu'ils virent poindre le jour, Gwyzion et Girflet quittèrent la résidence de Kaer Dathyl et rejoignirent rapidement les troupes de Math, fils de Mathonwy. Personne ne s'était aperçu de leur absence et Math leur fit bon accueil. On allait justement tenir conseil pour savoir de quel côté on attendrait Pwyll et ses hommes. Tous deux prirent part à la délibération et il fut décidé qu'on attendrait au cœur du pays de Gwyned. Et c'est là que Pwyll vint les attaquer.

C'est non loin de Caernavon qu'eut lieu la rencontre des deux armées, et le massacre fut grand des deux côtés. Les hommes du Sud furent contraints à la retraite et reculèrent jusqu'à un estuaire de l'autre côté duquel ils se retranchèrent. Mais les troupes de Gwyned traversèrent la rivière et vinrent les surprendre dans leurs positions. Alors eut lieu un carnage indescriptible. Les gens de Pwyll battirent une fois de plus en retraite jusqu'à la forteresse de Dol Permaen. Là, comme ils se voyaient encerclés, ils demandèrent la paix. Pwyll donna des otages, en particulier l'un de ses vassaux qu'il aimait beaucoup, un valeureux chevalier du nom de Gourgi Gwastra, ainsi que vingt-trois fils de chefs. Les hommes de Pwyll reprirent leur route vers le sud, en direction de Cardigan, en suivant la côte. Mais ils furent assaillis par une compagnie d'archers qui leur lancèrent des flèches et en tuèrent un grand nombre. Pwyll envoya des messagers pour protester contre cette action contraire aux accords qui avaient été convenus, et il proposa à Math de laisser vider la querelle entre lui et Gwyzion, fils de Dôn, puisque c'était celui-ci qui était, par ses ruses et par sa malhonnêteté, la cause de ce conflit aussi sanguinaire qu'absurde.

Quand Math, fils de Mathonwy eut pris connaissance du message, il dit : « Par Dieu tout-puissant, si Gwyzion, mon neveu, fils de ma sœur, trouve la proposition satisfaisante, je le permets volontiers. Je n'obligerai jamais personne à combattre pour nous alors que nous-mêmes, nous pouvons peut-être faire mieux. – En vérité, dirent les messagers, Pwyll, prince de Dyved, pense qu'il serait bien pour l'homme qui lui a fait tant de tort de s'opposer à lui corps à corps, et de laisser en dehors tous les autres membres de la famille. » On vint rapporter ces paroles à Gwyzion. « J'en atteste Dieu, dit celui-ci, je n'ai nulle intention de laisser les hommes de Gwyned se battre à ma place alors que je me sens de taille à lutter seul à seul contre Pwyll. Il est vrai que je suis responsable de cette guerre ; aussi opposerai-je mon corps au sien où il le voudra et quand il le désirera. » La réponse fut apportée à Pwyll, et il dit : « Moi non plus, je ne laisserai à personne le soin de vider cette querelle qui n'engage que moi-même et Gwyzion, fils de Dôn. » On les laissa donc seuls à l'écart, tous les deux. Ils revêtirent leurs armes et se battirent. Mais, par l'effet de la force de sa jeunesse et de son impétuosité, comme par l'action de sa magie et de ses enchantements, Gwyzion l'emporta et Pwyll, prince de Dyved, fut tué. On dressa une stèle à l'endroit où il mourut et, bien souvent, les gens de son pays vinrent en ce lieu pour lui rendre hommage.

Quant aux hommes de Dyved, ils se dirigèrent vers le sud en faisant entendre des chants funèbres. Ils avaient perdu leur seigneur, beaucoup de leurs meilleurs guerriers, des chevaux et des armes en grand nombre. Les hommes de Gwyned, eux, n'avaient nulle raison de se plaindre : les ennemis qui avaient voulu les envahir avaient été repoussés et vaincus. Ils s'en retournèrent donc pleins de joie et d'enthousiasme vers leur pays. « Seigneur, dit Gwyzion à Math, ne ferions-nous pas acte de justice en rendant aux gens du Sud le chef qu'ils nous ont laissé en otage, pour obtenir la paix ? Nous n'avons plus une seule raison de le retenir en captivité. – Qu'on lui rende la liberté ! » répondit

Math. On laissa donc Gourgi et les autres otages rejoindre les hommes de Dyved, et Math, fils de Mathonwy, revint à sa forteresse de Kaer Dathyl, tandis que Girflet, son neveu, et tous les gens de sa famille accomplissaient le tour de Gwyned, prenant grand soin de ne jamais passer à proximité de la cour.

Quand il arriva dans sa chambre, Math, comme à son habitude, fit préparer un endroit où il pût s'accouder et reposer ses pieds dans le giron de la jeune fille vierge. « Seigneur, dit Goewin, cherche une jeune fille vierge pour supporter tes pieds, maintenant, car moi, je suis devenue femme. – Que veux-tu dire ? demanda Math. – On m'a agressée, seigneur, et cela en cachette de toi, pendant que tu étais parti à la guerre. Quand on m'a assaillie, je ne suis pas restée silencieuse : il n'y a personne à la cour qui n'en ait eu connaissance, et tu peux interroger qui tu voudras à ce sujet. L'attaque est venue de deux de tes neveux, fils de ta sœur, Gwyzion et Girflet, les fils de Dôn, pour lesquels tu as pourtant tant d'affection et d'estime. Ils m'ont fait violence et ils ont apporté la honte sur toi. On a couché avec moi, et cela dans ta chambre et dans ton propre lit. » Math, rouge de colère, demanda à ses serviteurs où se trouvaient ses neveux. « Ils accomplissent le tour de Gwyned, lui répondit-on. – Fort bien, dit Math, ils ne perdront rien pour attendre. Quant à toi, Goewin, je ferai de mon mieux pour réparer l'outrage que tu as subi. D'abord, tu obtiendras des compensations de ceux qui t'ont violentée ; ensuite, je prendrai moi-même le prix de la honte qu'ils ont étendue sur moi. Enfin, pour que personne n'ait rien à dire sur ton attitude, je te prendrai comme femme et remettrai entre tes mains la propriété de mes Etats. »

Ainsi parla Math, fils de Mathonwy. Cependant, les deux fils de Dôn n'étaient pas pressés de regagner la cour. Ils continuaient à circuler à travers le pays et toutes les occasions étaient bonnes pour leur permettre de s'éloigner de Kaer Dathyl. Ils s'en tinrent à l'écart jusqu'au moment où il fut interdit de leur donner nourriture ou boisson. C'est seulement à ce moment qu'ils revinrent à Kaer Dathyl et se rendirent auprès de Math. « Seigneur, dirent-ils, bonjour à toi et que la bénédiction de Dieu s'étende sur tes domaines ! – Je prends acte de vos souhaits, répondit Math. Mais est-ce pour me donner satisfaction que vous êtes venus jusqu'à moi ? – Seigneur, dirent-ils, nous sommes prêts à obéir à tout ce que tu nous ordonneras. – S'il en avait toujours été ainsi, je n'aurais pas perdu tant d'hommes et de chevaux dans des combats inutiles. Quant à ma honte, vous ne pouvez pas la réparer, sans parler de la mort de Pwyll, contre qui je n'avais personnellement aucune animosité. Puisque vous êtes venus vous mettre à ma disposition, il est normal que j'entreprenne votre châtiment ! »

Math prit alors sa baguette enchantée et la brandit en direction de Girflet et de Gwyzion. D'un seul coup, il transforma Girflet en une biche de bonne taille, puis immédiatement après, il prévint toute fuite de la part de Gwyzion en le frappant de la même baguette et en fit un cerf avec des bois majestueux. « Comme vous êtes maintenant liés, dit Math, vous irez ensemble errer dans les forêts et vous formerez un couple. Vous aurez les instincts des animaux dont vous avez la forme. A l'époque qui conviendra, vous vous unirez, et il naîtra de cette union un petit que vous conduirez avec vous. Dans six mois, vous reviendrez auprès de moi. »

Au bout de six mois, jour pour jour, on entendit un grand bruit contre les parois de la chambre, ce qui excita aussitôt les aboiements des chiens. « Allez voir, dit Math à ses serviteurs, ce qui se passe au-dehors. » Les serviteurs sortirent de la chambre. L'un d'eux revint aussitôt : « Il y a là, dit-il, un cerf, une biche et un faon. » Math se leva d'un bond et sortit. Il aperçut en effet les trois animaux, le faon paraissant bien vigoureux pour son âge. Il leva sa baguette et dit : « Que celui d'entre vous qui, pendant une année, a été biche, soit sanglier dès ce jour, et que le cerf devienne une truie. » Et il les frappa de sa baguette. Aussitôt, ils furent changés en sanglier et en truie. Math dit encore : « Le petit, je le garde et je m'en occuperai. Je le ferai baptiser et élever. » On lui donna en effet le nom de Hyddwn, ce qui signifie « petit cerf ». « Allez, dit-il enfin. Vous serez l'un sanglier mâle et l'autre sanglier femelle. Vous aurez les mêmes instincts que les porcs qui vivent dans les bois. Mais, dans six mois, trouvez-vous sous les murs de cette maison avec le petit qui vous sera né. »

Six mois s'écoulèrent. Les aboiements des chiens se firent entendre sous les murs de la chambre qu'occupait Math, fils de Mathonwy, et tous les gens de la cour accoururent de ce côté. Math se leva et sortit. Dehors, il aperçut trois bêtes, un sanglier mâle, un sanglier femelle et un marcassin qui paraissait très fort pour son âge. « Ce marcassin, dit Math, je le garde et je le ferai baptiser. » D'un coup de sa baguette, il en fit un bel adolescent brun et fort. On l'appela Hychtwn, c'est-à-dire « petit porc ». Et Math, relevant sa baguette, dit encore : « Que celui qui a été sanglier auparavant soit louve à partir de ce jour, et que la truie devienne un loup. » En disant ces mots, il les frappa de sa baguette, et instantanément, ils devinrent loup et louve. « Vous aurez, ajouta Math, les instincts des animaux dont vous avez la forme. Soyez ici, sous ces murs, dans six mois à partir d'aujourd'hui. » Le loup et la louve s'enfuirent au milieu des cris et des huées.

Six mois plus tard, Math entendit un grand tumulte et des aboiements de chiens sous les murs de sa chambre. Il se leva aussitôt et sortit. Dehors, il aperçut un loup, une louve et, avec eux, un louveteau de grande taille. « Celui-là, dit Math, je le prends et je le ferai baptiser. Son nom est tout trouvé et il s'appellera Bleiddwn, c'est-à-dire “comme un loup”. » Et, d'un coup de sa baguette sur le loup et la louve, il les transforma de nouveau, les faisant revenir à leur aspect humain. « Hommes, dit Math, si vous m'avez fait un grand tort, vous avez maintenant assez souffert pour que votre châtiment soit levé, et vous avez eu la grande honte d'avoir des enfants l'un de l'autre. » Puis il se tourna vers les serviteurs : « Donnez à ces hommes un bain, faites-leur laver la tête et donnez-leur des habits. Quand ils seront lavés, équipés et reposés, faites-les venir auprès de moi. » Tandis que les serviteurs exécutaient ses ordres, Math rentra dans sa chambre.

Gwyzion et Girflet, une fois remis de leurs fatigues, retournèrent vers Math. « Mes neveux, dit celui-ci, la paix est maintenant faite entre nous. Nous n'avons plus à parler de ce qui s'est passé. J'ai toujours eu et ai encore de l'affection pour vous. De plus, j'ai besoin de vos conseils. Depuis dix-huit mois, je n'ai pas encore trouvé de jeune fille vierge assez sage et assez avisée pour me plaire. Donnez-moi votre avis sur ce point : quelle jeune fille vierge dois-je choisir ? – Seigneur, répondit Gwyzion, il n'y a rien de plus facile. Je sais qui est la personne qui te conviendra : elle est belle, intelligente et raffinée. – Qui est-elle donc ? demanda Math. – C'est Arianrod, notre sœur, ta nièce, fille de Dôn. Aucune autre jeune fille n'est plus agréable qu'elle et sa conversation est pleine de charme. – Faites-la venir », dit Math.

On alla la chercher. La jeune fille entra dans la chambre. « Jeune fille, demanda Math, es-tu vierge ? – Pas autre chose, seigneur, du moins à ma connaissance. » Alors Math prit sa baguette et la courba. « Passe par-dessus, dit-il, et si tu es vraiment vierge, je le saurai immédiatement. » Arianrod fit un pas par-dessus la baguette enchantée et, en même temps, elle laissa derrière elle un enfant blond et fort. Aux cris que poussa l'enfant, elle voulut s'enfuir et chercha la porte. Mais, dans sa course, elle laissa encore après elle quelque chose, comme un petit enfant. Avant que personne d'autre eût pu l'apercevoir, Gwyzion bondit, saisit l'enfant, l'enveloppa dans son manteau de soie brochée et le cacha au fond d'un coffre qui se trouvait au pied du lit. « Eh bien, dit Math, je vois qu'Arianrod n'est pas la vierge qu'elle prétendait être. Peu importe, j'en trouverai bien une autre. » Il se tourna vers l'enfant blond. « Je vais le faire baptiser et je lui donnerai le nom de Dylan. » Mais on raconte que, dès qu'il fut baptisé, il sortit de la chambre et se dirigea en courant vers la mer. Aussitôt qu'il y entra, il en prit en quelque sorte la nature et se mit à nager comme un poisson au milieu des grandes vagues qui déferlaient sur le rivage. Aussi l'appela-t-on par la suite Dylan, fils de la Vague.

C'est alors que Girflet prit congé de son oncle et de son frère. L'épreuve qu'il avait subie lui avait grandement modifié le caractère. Il dit qu'il voulait retourner à la cour du roi Arthur et servir fidèlement celui-ci. Gwyzion accompagna son frère jusqu'aux écuries où on lui donna un cheval très souple et très rapide. Et Girflet s'en alla de Kaer Dathyl avec la ferme intention de ne jamais y revenir, tant la honte qu'il avait endurée au cours des précédents dix-huit mois lui paraissait insupportable.

Gwyzion, lui, ne semblait pas avoir autant de scrupules. Il se trouvait très à l'aise au milieu des gens qui entouraient Math. Mais il n'avait pas oublié l'enfant qu'il avait dissimulé dans le coffre. Profitant d'un moment où il n'y avait personne dans la chambre, il y entra et entendit des cris, juste assez forts pour n'être entendus que de lui. Il souleva le couvercle du coffre et aperçut un petit garçon qui remuait les bras, au milieu du manteau. Sans plus s'attarder, il prit l'enfant et se rendit en ville, dans un endroit où il savait pouvoir rencontrer une femme capable de l'allaiter. L'ayant trouvée, il conclut un marché avec elle pour qu'elle consentît à nourrir l'enfant et il en fut ainsi pendant une année. Au bout de ce temps, il était d'une taille qui eût paru forte même pour un enfant de deux ans. A la fin de la seconde année, c'était un grand garçon capable d'aller seul à la cour. Quand il y fut, Gwyzion veilla sur lui avec beaucoup d'attention, prenant grande peine à l'éduquer selon les règles en usage. L'enfant se familiarisait avec Gwyzion et paraissait l'aimer comme si c'était son père[1]. Il fut ainsi élevé à la cour jusqu'à l'âge de quatre ans. Mais à cette époque, il avait déjà l'allure d'un garçon de huit ans.

Un jour, le jeune garçon alla se promener, en compagnie de Gwyzion, sur le rivage. Puis ils se rendirent à Kaer Arianrod, la forteresse où résidait la sœur de Gwyzion et qui se dressait sur un promontoire. En voyant entrer son frère, Arianrod se leva pour aller à sa rencontre, lui souhaita la bienvenue et lui demanda de ses nouvelles. « Dieu te donne bonheur et prospérité ! » dit-il. Elle regardait attentivement le garçon. « Qui est donc cet enfant qui te suit et qui m'a l'air très attaché à toi ? – Cet enfant, c'est ton fils », répondit Gwyzion. Arianrod se mit en colère et s'écria : « Homme ! quelle idée t'a pris de venir m'outrager ainsi, de poursuivre et de maintenir aussi longtemps mon déshonneur ? – Si tu n'as pas d'autre déshonneur que celui de voir nourrir et élever un enfant aussi beau que celui-ci, ce sera, en vérité, peu de chose ! – Quel est le nom de ton fils ? – Il n'en a pas encore. – Fort bien ! dit Arianrod. Je jure que telle sera sa destinée : il n'aura pas de nom avant d'en avoir reçu un de moi ! – J'en atteste Dieu, Arianrod, tu es une femme de rien ! Tu ne veux pas admettre ce qui est ! Je te promets que l'enfant aura un nom quand bien même tu le trouverais mauvais. Mais, toi, tu ne retrouveras jamais le nom que tu es si furieuse d'avoir perdu, celui de vierge. » Après avoir prononcé ces paroles, il sortit, furieux, de la forteresse et retourna à Kaer Dathyl où il passa la nuit.

Le lendemain, il se leva, prit l'enfant avec lui et alla se promener sur les bords de la mer entre l'océan et

1. En fait, le contexte mythologique dans lequel plongent Gwyzion et Arianrod prouve que cet enfant est leur fils incestueux, tout comme Dylan, Fils de la Vague.

l'Aber Menai[1]. Il fit apparaître, grâce à ses enchantements, un navire à l'aperçu des algues et du goémon : il transforma les algues et le goémon en cuir, et cela en grande quantité. Il lui donna de telles couleurs qu'il n'aurait pas été possible de voir de si beau cuir, aussi finement décoré et ouvragé. Il mit ensuite le navire à la voile et se rendit, avec l'enfant, à la porte de la forteresse d'Arianrod. Là, il descendit sur le rivage, à l'entrée du promontoire, et se mit à façonner des souliers et à les coudre. On ne tarda pas à le remarquer de l'intérieur de la forteresse. Aussitôt qu'il s'aperçut qu'on le regardait, il changea ses traits et ceux de l'enfant afin qu'on ne pût les reconnaître. Puis, sans se presser, il remonta à bord du navire. « Quels hommes se trouvent sur ce bateau ? demanda Arianrod. – Ce sont des cordonniers, lui fut-il répondu. – Allez donc voir quelle sorte de cuir ils ont et de quelle façon ils travaillent », demanda Arianrod à ses serviteurs.

Ils sortirent de la forteresse et montèrent à bord du navire. Ils trouvèrent Gwyzion en train de colorer le cuir et d'y incruster de l'or. Les messagers allèrent rapporter ce qu'ils avaient vu à Arianrod. « Fort bien, dit-elle, portez la mesure de mon pied à ce cordonnier et demandez-lui de me fabriquer des souliers. Dites-lui également que je les lui paierai un bon prix. » Aussitôt le message reçu, Gwyzion façonna les souliers, mais pas d'après la mesure qu'on lui avait donnée : il les fit plus longs. On apporta les souliers à Arianrod et celle-ci s'aperçut bien vite qu'ils étaient trop grands pour elle. « Ils ne sont pas à ma taille, dit-elle. Allez trouver ce cordonnier, assurez-le que je les lui paierai comme je l'ai promis, mais demandez-lui de m'en faire une paire, tout à fait semblable, mais beaucoup plus petite. »

1. La localisation est très précise : il s'agit du sud du détroit de Ménai, sorte de bras de mer envahi par les sables qui sépare l'île de Môn (Anglesey) du reste du Gwyned, c'est-à-dire le nord-ouest du pays de Galles.

On transmit le message à Gwyzion. Or, au lieu de se conformer à la mesure qu'on lui avait fournie, il fabriqua une paire beaucoup trop petite pour son pied et la lui envoya. « Dites-lui que ceux-ci ne me vont pas non plus. » On rapporta les paroles d'Arianrod à Gwyzion. Il se mit en colère. « Si votre maîtresse veut des souliers à sa taille, elle n'a qu'à venir elle-même. Je ne ferai pas de souliers avant d'avoir vu son pied et d'en avoir pris les mesures moi-même. – C'est bien, dit Arianrod après avoir pris connaissance du message, je vais donc aller vers lui. Mais malheur à lui s'il se trompe une nouvelle fois ! » Elle sortit de la forteresse, marcha sur le sable et monta sur le navire. Gwyzion était en train de tailler le cuir et le jeune garçon de coudre. « Princesse, dit-il, je te souhaite la bienvenue à bord de mon navire. – Dieu te donne bonheur et prospérité, répondit-elle, mais permets-moi de m'étonner que tu ne puisses arriver à fabriquer des souliers à ma mesure exacte. – C'est vrai, j'en suis surpris également. Mais, maintenant, je vais pouvoir les faire. » A ce moment, un roitelet frôla le pont du navire et s'élança vers la mâture. L'enfant lui lança un coup qui le toucha entre l'os et le nerf de la patte. Arianrod se mit à rire. « En vérité, dit-elle, c'est *d'une main bien sûre que le petit* a atteint cet oiseau ! – Eh bien, dit Gwyzion, voilà qui est parfait. A présent, cet enfant a un nom sans que nous ayons à prier Dieu de t'en récompenser. C'est toi-même qui le lui as donné, et il n'est pas mauvais. Désormais, il sera appelé *Lleu Llaw Gyffes* (« le petit à la main sûre »), et tu ne peux pas le nier puisque tu viens de le nommer ainsi. » A peine avait-il fini de parler que tout ce qu'il avait transformé par ses enchantements redevint algues et goémon, et il n'eut pas besoin de continuer plus longtemps le travail qu'il avait entrepris. Quant à ses traits et à ceux de l'enfant, ils reprirent également leur aspect naturel. Arianrod reconnut alors son frère et s'écria d'une voix pleine de colère : « En vérité, tu ne sais pas quoi faire pour te montrer méchant envers moi ! – Je n'ai pas été méchant, répondit Gwyzion, je n'ai fait que suivre tes directives : tu avais dit que cet enfant n'aurait pas de nom sauf si toi-même lui en donnais un. C'est chose faite à présent, et nous n'avons plus rien à faire ici. – Tu ne t'en tireras pas comme cela ! hurla Arianrod. Puisque c'est ainsi, je jure que cet enfant aura pour destinée de n'avoir point d'armure avant que je l'en revête moi-même ! – Par Dieu tout-puissant, dit Gwyzion, tu es une mauvaise femme qui ne veut pas reconnaître son enfant. Mais sois tranquille : tu peux être aussi perverse que tu voudras, il aura quand même des armes quand il le faudra ! »

Gwyzion et l'enfant, qui portait maintenant le nom de Lleu, se rendirent à une forteresse, près de Caernarvon. Gwyzion y éduqua l'enfant jusqu'à ce qu'il fût capable de monter n'importe quel cheval et qu'il eût atteint son complet développement de corps, de taille et de visage. Mais Lleu demeurait triste et taciturne. Gwyzion comprit qu'il était humilié de ne pas avoir de cheval ni d'armes. Il l'appela auprès de lui et lui dit : « Mon garçon, nous irons en expédition demain, toi et moi. Sois donc plus joyeux que tu ne l'es. – Je le serai », répondit le jeune homme.

Le lendemain, à l'aube, ils se levèrent et partirent en suivant la côte. Arrivés en haut d'une colline, ils s'équipèrent et, grâce aux enchantements de Gwyzion, ils changèrent les traits de leur visage. Puis, sous l'aspect de deux jeunes gens, ils se présentèrent à l'entrée de la forteresse d'Arianrod. Gwyzion avait pris un visage plus grave que celui de son compagnon. « Portier, dit-il, va annoncer qu'il y a ici des bardes de Glamorgan. » Le portier obéit et alla trouver Arianrod. « Par Dieu tout-puissant, dit-elle, qu'ils soient les bienvenus dans ma demeure. Laisse-les entrer. »

On leur fit le meilleur accueil. La salle fut préparée, et l'on se mit à table. Quand on eut fini de manger, Arianrod engagea la conversation avec Gwyzion, et celui-ci ne fut pas avare de contes et d'histoires de toutes sortes. Arianrod se réjouit fort de cette compagnie. Quand ce fut le moment de cesser de boire, on leur prépara une chambre et ils allèrent se coucher. Cependant, Gwyzion se leva de grand matin et appela à lui sa magie et son pouvoir. C'est alors qu'on entendit un grand bruit de trompettes auxquelles répondaient de nombreux cris dans la campagne, aux alentours. Et une foule de navires fit son apparition sur la mer, devant la forteresse.

Gwyzion s'était recouché et faisait semblant de dormir. Un peu plus tard, il entendit frapper à la porte de la chambre et Arianrod demanda qu'on lui ouvrît. Ce fut le jeune homme qui se leva et Arianrod entra, suivie d'une de ses servantes. « Gentilshommes, dit-elle, nous sommes dans une mauvaise situation. – En effet, répondirent-ils, nous entendons le son des trompettes et les cris dans la campagne. Que se passe-t-il donc ? – En vérité, dit Arianrod, il est impossible de voir les flots, tellement les navires sont serrés les uns contre les autres. Ils se dirigent vers la terre de toute la vitesse du vent. Je ne sais plus que faire. – Princesse, répondit Gwyzion, il n'y a pas d'autre solution que de nous enfermer dans la forteresse et de la défendre du mieux que nous pourrons. – Dieu vous le rende. Défendez-la. Vous trouverez ici des armes en abondance. »

Elle sortit pour aller chercher des armes, et revint bientôt avec deux jeunes filles qui portaient chacune une armure. « Princesse, dit Gwyzion, revêts cette armure à ce jeune homme. Pendant ce temps, je revêtirai l'autre avec le secours de ces jeunes filles. Dépêchons-nous, car j'entends le tumulte des ennemis qui arrivent. – Volontiers », répondit Arianrod. Elle revêtit avec empressement le jeune homme d'une armure complète. « As-tu fini d'armer ce jeune homme ? demanda Gwyzion. – C'est fait, répondit Arianrod. – J'en ai terminé, moi aussi. C'est bien. Retirons maintenant ces armures, nous n'en avons plus besoin. – Pourquoi cela ? demanda Arianrod avec le plus grand étonnement. Vois la flotte autour de la forteresse ! – Non, femme, dit Gwyzion en éclatant de rire, il n'y a pas le moindre navire autour de nous. » Arianrod écouta attentivement autour d'elle et n'entendit aucun bruit. Elle alla à la fenêtre et regarda au-dehors : elle ne vit rien d'autre sur la mer que les vagues qui déferlaient doucement sur le rivage. « Que signifiait toute cette levée ? » demanda-t-elle. Gwyzion avait du mal à contenir son rire. « Femme, dit-il, c'était pour rompre le sort que tu as jeté sur ce jeune homme : tu avais juré qu'il ne porterait aucune arme que tu ne l'en aies toi-même revêtu ! » Et, à ces mots, il rendit leur aspect naturel à Lleu et à lui-même. Arianrod faillit s'étrangler de colère. « Par Dieu tout-puissant, s'écria-t-elle, tu as toujours été un méchant homme, attaché à ma perte et à mon déshonneur ! Mais il se pourrait que des jeunes gens perdissent la vie à cause de la levée que tu as causée dans ce pays aujourd'hui. En tout cas, je jure que ce jeune homme aura pour destinée de n'avoir jamais une femme de la race qui peuple cette terre en ce moment ! – En vérité, dit Gwyzion, tu as toujours été une femme de rien, que personne ne devrait soutenir ni protéger. Je te jure, quant à moi, qu'il aura une femme en dépit du maléfice que tu viens de jeter sur lui ! »

Gwyzion et Lleu se rendirent auprès de Math, fils de Mathonwy, à Kaer Dathyl. Ils se plaignirent de la méchanceté d'Arianrod avec la plus grande insistance. Gwyzion expliqua à son oncle comment il avait réussi à faire nommer Lleu par Arianrod, et à le faire armer par celle-ci. Mais il avoua qu'il ne savait pas comment lever le dernier sortilège qu'Arianrod avait lancé sur son fils.

« Voilà qui est bien ennuyeux, dit Math, car les sortilèges d'Arianrod sont inéluctables. Il est maintenant impossible que ce jeune homme puisse avoir une femme de la race des hommes. Certes, nous avons toujours la ressource d'utiliser notre magie, mais tu sais que nos enchantements ne durent pas longtemps. Il nous serait aisé de faire apparaître une femme, grâce à nos charmes, mais au bout de quelques jours, elle disparaîtrait comme la brume quand le soleil se lève. Et nous ne pouvons rien contre Arianrod, même par ruse. Si tu as pu la tromper deux fois, elle ne se laissera pas impressionner une troisième fois. – Je ne peux quand même pas laisser mon fils sans femme ! s'écria Gwyzion. Ce serait trop injuste, car il n'est pour rien dans cette affaire. » Math se mit à réfléchir un long moment, puis il dit : « Ecoute le conseil que je vais te donner : Arianrod tient la plupart de ses sortilèges de Morgane, la sœur du roi Arthur. Elle seule doit connaître le moyen de passer outre au défi de ta sœur. Allez trouver Morgane tous les deux, et demandez-lui conseil. »

Gwyzion et Lleu s'équipèrent rapidement et quittèrent la forteresse de Math. Ils chevauchèrent longtemps à travers bois, cherchant leur chemin et s'égarant plusieurs fois, car il était difficile de savoir où résidait Morgane. Ils arrivèrent enfin dans une vallée, au milieu d'une forêt sombre et hostile au bout de laquelle se dressait une étrange forteresse. On leur dit que c'était le Château de Morgane, mais que personne n'osait jamais s'y présenter. Ils allèrent pourtant jusqu'à l'entrée et demandèrent à être reçus. Quand Morgane apprit que Gwyzion se trouvait là, elle vint elle-même à la porte, leur souhaita la bienvenue et les fit entrer dans sa maison. Morgane connaissait bien Gwyzion, qui avait été son disciple pendant un certain temps, et elle savait que sa magie, sans être aussi puissante que la sienne, était efficace et parfois redoutable. Aussi l'écouta-t-elle avec attention lorsqu'il lui exposa la situation dans laquelle la méchanceté d'Arianrod avait plongé Lleu à la Main Sûre.

« Je ne devrais pas me mêler à cette histoire, dit Morgane, car elle ne me concerne pas. Mais j'avoue que l'attitude d'Arianrod me révolte. Je peux faire quelque chose pour ce jeune homme, Gwyzion. Cherchons, à l'aide de notre magie et de nos charmes à tous deux, le moyen de faire surgir une femme des fleurs. » Morgane et Gwyzion laissèrent Lleu à l'intérieur de la forteresse, aux soins attentifs des servantes, et ils s'en allèrent dans la forêt jusqu'à une clairière dans laquelle le soleil pénétrait à peine. Là, ils réunirent les fleurs du chêne, celles du genêt et de la reine-des-prés, et par leurs charmes, ils en formèrent alors la jeune fille la plus belle et la plus parfaite du monde[1]. « Elle s'appellera Blodeuwez[2] », dit Morgane. Ils revinrent alors dans la forteresse où Morgane confia la jeune fille à ses suivantes pour qu'elles la revêtissent de beaux vêtements de soie brochée d'or.

Quand Blodeuwez fut ainsi parée et coiffée, on la présenta à Lleu, qui, dès qu'il la vit, fut si impressionné par sa beauté et sa fraîcheur qu'il en devint immédiatement amoureux. Morgane fit préparer un grand festin et traita somptueusement ses hôtes. Après qu'on eut fini de boire, Lleu coucha avec Blodeuwez. Le lendemain, Gwyzion, Lleu et Blodeuwez prirent congé de Morgane et regagnèrent le pays de Gwyned. Ils allèrent immédiatement trouver Math dans sa forteresse de Kaer Dathyl. Math se réjouit grandement de ce qui était arrivé. « Certes, dit Gwyzion, mais il n'est pas facile de s'entretenir sans domaine. – Eh bien, répondit Math, je

1. Cette naissance féerique est évoquée dans le célèbre et énigmatique *Cad Goddeu*, ou « Combat des Arbrisseaux », poème attribué au barde Taliesin mais qui est en fait un « patchwork » de plusieurs poèmes mythologiques gallois. On peut en effet y lire : « Quand je vins à la vie, – mon créateur me forma – par le fruit des fruits, – par le fruit du dieu primordial, – par les primeroses et les fleurs de la colline, – par les fleurs des arbres et des buissons, – par la terre et sa course terrestre, – par les fleurs de l'ortie... » (J. Markale, *les Grands Bardes gallois*, Paris, 1981, p. 78).

2. Littéralement, « Aspect de fleurs », et par extension, « née des fleurs ». Une héroïne du cycle irlandais de Cûchulainn porte le nom gaélique équivalent de *Blathnait* et a un sort analogue à celui de Blodeuwez (J. Markale, *l'Epopée celtique d'Irlande*, pp. 149-152).

donnerai à Lleu le meilleur canton qu'un jeune homme puisse avoir. – Quel canton, seigneur ? demanda Gwyzion. – Celui de Dinoding. C'est l'un des plus agréables et des plus riches de tout mon royaume. » Lleu à la Main Sûre prit donc possession du canton de Dinoding. On lui bâtit une belle forteresse à l'endroit qu'on appelle Mur du Château, dans la partie la plus escarpée du domaine. C'est là qu'il habita et qu'il s'occupa de ses affaires. Tout le monde fut content et accepta avec plaisir sa domination.

Un jour, Lleu se rendit à Kaer Dathyl pour rendre ses hommages à Math, fils de Mathonwy. Blodeuwez, restée dans sa demeure, alla se promener dans l'enceinte de la cour. Le son d'un cor se fit entendre et, bientôt, elle vit passer un cerf fatigué poursuivi par les chiens et les chasseurs. Après eux, arrivait une troupe de gens à pied. « Envoyez un valet, dit Blodeuwez, pour savoir quelle est cette troupe que nous voyons. » Un valet sortit et demanda qui ils étaient. « La troupe de Gron le Fort, seigneur de Penllynn », lui répondit-on. Le valet revint vers Blodeuwez pour lui apprendre la nouvelle. Quant à Gron, il continua à poursuivre le cerf, l'atteignit sur les bords de la rivière Kynvael et le tua. Il fut occupé à l'écorcher et à donner la curée aux chiens jusqu'à ce que la nuit le surprît.

Au moment où le jour disparaissait et où la nuit se faisait sombre, il passa devant l'entrée de la forteresse. « Il est fort sûr, dit Blodeuwez, que ce seigneur parlerait mal de nous, si nous le laissions, à pareille heure, continuer son chemin sans l'avoir convié à passer la nuit ici même. » Des messagers allèrent lui porter l'invitation. Il accepta avec plaisir et se rendit à la cour. Blodeuwez alla au-devant du chasseur afin de le saluer et de lui souhaiter la bienvenue. « Princesse, dit-il, que Dieu te récompense de ton bon accueil. » Il se fit désarmer et ils s'assirent dans la salle où l'on avait dressé les tables. Blodeuwez le regarda longuement et, à partir de ce moment, il n'y eut pas une parcelle dans tout son être qui ne fût pénétrée de son amour. Il posa les yeux sur elle et fut envahi par les mêmes sentiments. Au cours de la conversation, ils en vinrent à des confidences, et il ne put lui cacher qu'il l'aimait d'un ardent amour. Elle en fut toute réjouie et la passion qu'ils avaient conçue l'un pour l'autre devint l'unique sujet de leur entretien ce soir-là. Quand fut venue l'heure d'aller au lit, Blodeuwez et Gron couchèrent ensemble, car rien n'aurait pu les empêcher d'aller jusqu'au bout de leur désir.

Le lendemain, Gron voulut partir et demanda à prendre congé. « Non, assurément, répondit Blodeuwez, je ne te donnerai pas ton congé et tu ne t'en iras pas d'auprès de moi ce soir. » Ils passèrent une seconde nuit ensemble et se concertèrent pour savoir comment ils pourraient vivre réunis. « Il n'y a qu'un seul moyen, dit-il. Il faut que tu cherches à apprendre de ton mari comment on peut lui donner la mort, et cela sous couleur de sollicitude à son égard. » Et, le jour suivant, Gron voulut partir. « Vraiment, lui dit-elle, je ne suis pas d'avis que tu t'en ailles d'auprès de moi aujourd'hui. – Puisque tel est ton avis, je ne m'en irai donc pas, répondit-il, mais je te ferai seulement remarquer qu'il est à craindre que le seigneur de cette forteresse ne revienne à sa cour ! – Soit, demain, je te permettrai de t'en aller. » Le lendemain, il voulut partir et, cette fois, elle ne s'y opposa pas. « Rappelle-toi, dit-il, ce que je t'ai conseillé : cherche à savoir comment ton mari pourrait mourir. Presse-le de questions et cela, comme en plaisantant, par tendresse. Applique-toi à connaître le plus de détails que tu pourras. » Et Gron le Fort quitta Blodeuwez pour retourner dans sa propre forteresse.

Lleu à la Main Sûre revint chez lui ce soir-là. Ils passèrent leur temps à converser, à écouter de la musique et à se restaurer et, dans la nuit, ils allèrent se coucher. Lleu adressa la parole à Blodeuwez une fois, puis une seconde, sans obtenir de réponse. « Qu'as-tu donc ? demanda-t-il enfin. N'es-tu pas bien ? – Je réfléchis, répondit-elle, à une chose qui ne te viendrait jamais à l'esprit à mon sujet. Je suis en effet très soucieuse en pensant à ta mort pour le cas où tu t'en irais avant moi. – Que Dieu te récompense de ta sollicitude à mon égard ! Mais si Dieu lui-même ne s'en mêle, sache qu'il n'est pas chose aisée de me tuer. » Blodeuwez demeura un instant silencieuse, puis elle dit : « Voudrais-tu, pour l'amour de Dieu et de moi-même, m'indiquer de quelle façon on pourrait te tuer ? Car, pour ce qui est des précautions à prendre, j'ai bien meilleure mémoire que toi. – Je te le dirai volontiers. Il n'est pas facile de me tuer en me frappant : il faudrait passer une année à fabriquer le javelot dont on se servirait, et l'on ne pourrait y travailler que le dimanche, pendant le temps de la messe. – Est-ce bien vrai ? – Aussi vrai que je te parle. De plus, on ne peut me tuer que dans une maison, car au-dehors, rien ne pourrait m'atteindre. On ne peut me tuer si je suis à cheval. On ne peut me tuer si je suis à pied, en train de marcher. – Mais alors, comment pourrais-tu être tué ? – C'est très difficile, car l'homme qui m'a élevé a agi de telle façon que je suis protégé dans tout combat et dans toute embuscade. – J'en suis fort heureuse, dit Blodeuwez, mais encore faut-il que je sache tout à ce sujet pour pouvoir te garantir davantage. – Je suis très touché de l'intérêt que tu me portes, dit Lleu. Je vais donc te dévoiler mon secret. Tâche d'en faire bon usage. Voici : il faut me préparer un bain sur le bord d'une rivière, établir au-dessus de la cuve une claie voûtée, et ensuite la couvrir hermétiquement, amener un bouc, le placer à côté de la cuve. Il faudrait alors que je misse un pied sur le dos du bouc et l'autre sur le bord de la cuve : quiconque m'atteindrait dans ces conditions, avec le javelot préparé depuis un an, me donnerait la mort. – J'en rends grâce à Dieu, dit Blodeuwez, voilà une chose qui est facile à éviter, et ce n'est pas demain qu'on pourra t'arracher à moi. »

Cependant, le lendemain matin, elle n'eut rien de plus pressé que d'envoyer un messager raconter tout ce qu'elle avait appris à Gron le Fort. Aussitôt qu'il eut pris connaissance du message, Gron s'occupa de la fabrication du javelot qui fut prêt, jour pour jour, au bout de l'année. Il le fit savoir, le jour même, à Blodeuwez. Celle-ci dit à Lleu : « Seigneur, je me demande bien comment pourrait se réaliser ce que tu m'as dit à propos des circonstances dans lesquelles on pourrait réussir à te tuer. Plus j'y pense, plus je me persuade que c'est impossible. Il faudrait vraiment quelque acte de sorcellerie pour qu'un ennemi vînt t'attaquer dans la position dont tu m'as parlé. J'avoue que je serais bien curieuse de voir comment tu pourrais te tenir dans une maison, un pied sur le bord d'une cuve, l'autre pied sur le dos d'un bouc. Ne voudrais-tu pas me montrer comment tu ferais si je te préparais moi-même le bain ? – Je te le montrerai », dit Lleu à la Main Sûre. Aussitôt Blodeuwez envoya un messager auprès de Gron afin de l'avertir de se tenir à l'abri de la colline qu'on appelle maintenant la Colline de la Rencontre, sur les bords de la rivière Kynvael. En outre, elle fit rassembler tout ce qu'il y avait de chèvres et de boucs dans le canton et les fit conduire de l'autre côté de la rivière en face de la colline.

Le lendemain, elle dit à Lleu : « Seigneur, j'ai fait préparer la claie et le bain. – Fort bien, répondit Lleu. Allons-y voir. » Ils se rendirent près du bain. « Veux-tu te plonger dans la cuve ? demanda-t-elle. – Volontiers », répondit-il. Lleu à la Main Sûre alla dans la cuve et y prit son bain. « Seigneur, dit Blodeuwez, voici les animaux dont tu m'as parlé et que tu as dit s'appeler boucs. – Eh bien, dit Lleu, fais-en attraper un et fais-le amener ici. » On amena un bouc près de la cuve. Lleu sortit du bain, mit ses chausses, puis posa un pied sur le bord de la cuve et l'autre sur le dos du bouc. « Voilà, dit-il à Blodeuwez. Tu vois bien que ce n'est pas très difficile. » A ce moment, Gron se leva, à l'abri de la

Colline de la Rencontre, et, appuyé sur son genou, il lança le javelot qu'il avait fait préparer pendant un an. Le javelot atteignit si rudement Lleu dans le flanc que la hampe se brisa et que le fer lui resta dans le corps. Lleu s'envola sous la forme d'un oiseau, en poussant un cri affreux, strident, et on ne le revit plus.

Dès que Lleu à la Main Sûre eut disparu, Blodeuwez et Gron le Fort regagnèrent la forteresse du Mur du Château et firent préparer un grand festin. Ils couchèrent ensemble pendant la nuit et y prirent un extrême plaisir. Le lendemain, Gron fit savoir qu'il était désormais le maître des domaines de Lleu et qu'il gouvernerait le canton. Les gens murmurèrent, mais ils n'osèrent rien contre leur nouveau seigneur. C'est ainsi que Blodeuwez et Gron connurent des jours heureux dans la forteresse qui leur avait été donnée par le destin, sans aucun scrupule, sans aucun remords, sans témoigner du moindre regret de la mort de Lleu à la Main Sûre.

Mais l'histoire parvint aux oreilles de Math, fils de Mathonwy. Il en ressentit une profonde douleur et un violent chagrin, et Gwyzion en souffrit plus encore. « Seigneur, dit Gwyzion à Math, je ne prendrai jamais de repos avant d'avoir des nouvelles de celui qui a été aussi lâchement tué. – Je te comprends, dit Math. Fais donc pour le mieux, et que Dieu te soit en aide ! » Gwyzion partit et se mit à parcourir le pays. Il erra à travers Gwyned et s'en alla jusque dans les plus profondes vallées du Powys, s'informant chaque fois qu'il était reçu dans une forteresse sur le sort qui avait été réservé à Lleu. Mais personne ne pouvait rien lui apprendre : tout ce qu'on savait, c'est que Lleu, au moment où il avait été frappé par le javelot de Gron, s'était envolé sous forme d'un oiseau et qu'il avait pris son élan vers le ciel sans qu'on le revît jamais.

Un jour qu'il se trouvait en Arvon, il descendit dans la demeure d'un serf qui habitait près de Penardd. Il y fut très bien reçu et on l'invita à y passer la nuit. C'était l'heure où le maître de la maison et les gens de sa famille rentraient. Le porcher arriva le dernier, et le maître lui demanda : « Valet, ta truie est-elle revenue, ce soir ? – Oui, répondit le porcher. En ce moment, elle est allée rejoindre les porcs. » Gwyzion dit : « Que se passe-t-il à propos de cette truie ? » Le porcher répondit : « Certains soirs, elle ne rentre pas. Il semble qu'elle s'en aille dans la forêt et qu'elle s'égare sans retrouver son chemin. De plus, elle a toujours un comportement étrange et nous ne comprenons pas ce qui lui arrive. – Quel trajet fait donc cette truie ? demanda Gwyzion. – Tous les matins, aussitôt qu'on ouvre la porcherie, elle sort et on ne la voit plus ; on ne sait pas quel chemin elle prend, pas plus que si elle s'en allait sous la terre ! – Voudrais-tu, dit Gwyzion, me faire plaisir sans pour autant manquer aux devoirs de ta charge ? Demain matin, n'ouvre pas la porte de la porcherie avant que je ne sois près de toi. – Volontiers, seigneur », répondit le porcher. Et ils allèrent se coucher.

A la pointe du jour, le porcher se leva et réveilla Gwyzion. Celui-ci s'habilla sans tarder, prit ses armes et alla rejoindre le porcher qui ouvrit la porte de la porcherie. Au même instant, la truie s'élança dehors et se mit à trotter d'une allure vigoureuse. Gwyzion n'hésita pas : il prit son élan et suivit la truie. Elle remonta le cours de la rivière qu'on appelle maintenant le Ravin de Lleu, et elle s'arrêta dans un endroit qui surplombait le cours d'eau. Là, elle se mit à paître tranquillement sous un arbre. Gwyzion était très intrigué par ce comportement. Il rejoignit la truie et regarda ce qu'elle mangeait. Il vit que c'étaient de la chair pourrie et des vers. Il leva les yeux vers les branches de l'arbre et aperçut un aigle au sommet. Chaque fois que l'aigle se secouait, il laissait tomber des vers et de la chair en décomposition, et c'est ce que dévorait la truie. Gwyzion pensa que l'aigle ne pouvait être que Lleu à la Main Sûre, et il chanta cette strophe : « Chêne qui pousse entre deux pentes, l'air et la vallée sont sombres et agités ! Si je ne me trompe, ces débris décomposés sont ceux de Lleu ! » Lorsqu'il eut entendu le chant de Gwyzion, l'aigle se laissa aller jusqu'au milieu de l'arbre. Alors Gwyzion chanta cette seconde strophe : « Chêne qui pousse sur ce tertre élevé, que la pluie ne peut plus mouiller tant son feuillage est dense, et qui a supporté cent quatre-vingts tempêtes, à son sommet se trouve Lleu à la Main Sûre ! » Après avoir entendu ce chant, l'aigle se laissa aller jusqu'à la branche la plus basse de l'arbre. Gwyzion chanta une troisième strophe : « Chêne qui pousse sur la pente, si je ne me trompe pas, Lleu viendra se poser sur moi ! » Il avait à peine fini son chant que l'aigle vint se poser sur son épaule. D'un coup de sa baguette enchantée, Gwyzion lui rendit sa forme naturelle. On n'avait jamais vu quelqu'un présentant un plus triste aspect : il n'avait plus que la peau et les os[1]...

En toute hâte, Gwyzion se rendit avec Lleu à Kaer Dathyl. On fit venir, pour le soigner, tout ce qu'on put trouver de meilleurs médecins en Gwyned. Avant la fin de l'année, il fut complètement rétabli. « Seigneur, dit alors Lleu à Math, fils de Mathonwy, il est temps que j'obtienne satisfaction de l'homme dont j'ai tant souffert. – Assurément, répondit Math. Il ne peut se maintenir sans te donner des compensations pour le crime qu'il a commis envers toi. – Le plus tôt sera le mieux, dit Lleu, car mon honneur a été terni en même temps que ma vie a été perturbée. » On rassembla une grande

1. Cette étrange « renaissance » de Lleu à la Main Sûre relève de rituels chamaniques très anciens. Mais certains commentateurs ont voulu y voir la preuve de la croyance des Celtes en une certaine forme de transmigration des âmes. Il n'y a aucune trace de croyance en la réincarnation chez les anciens Celtes, pas plus que chez les Gallois ou les Irlandais de la période paléochrétienne. Par contre, les souvenirs de totémisme et de rituels chamaniques abondent dans les récits irlandais et gallois les plus archaïques, même si ceux-ci ont été mis par écrit par des moines chrétiens. Voir, à ce sujet, J. Markale, *le Druidisme*, Paris, Payot, 1989.

troupe d'hommes en armes, et ce fut Gwyzion qui en prit la tête. Quand il apprit ce qui se passait, Gron le Fort quitta le Mur du Château et se réfugia dans sa propre forteresse de Penllynn. De là, il envoya des messagers vers Lleu à la Main Sûre pour lui demander ce qu'il désirait pour compensation, en or, en argent et en domaines.

Quand ils eurent connaissance du message, Lleu et Gwyzion se concertèrent. « Il espère s'en tirer à bon compte, dit Gwyzion, mais cela ne se passera pas comme cela. Voici ce que tu vas faire : puisqu'il t'a fait subir un sort ignominieux, il est juste qu'il en subisse un identique. Réponds-lui en ce sens. » C'est ainsi que Lleu dit aux envoyés de Gron le Fort : « Je n'accepte pas les compensations en usage dans ce pays, j'en atteste Dieu. Voici le moins que je puisse recevoir de lui : il se rendra à l'endroit où je me trouvais quand il lança le javelot, tandis que moi, je serai à la même place que lui ; et il devra me laisser le frapper de la même façon qu'il m'a frappé, et dans la même position. Honte sur lui s'il refuse ce que je lui propose ! »

On informa Gron le Fort des exigences de Lleu à la Main Sûre. « Fort bien, dit-il, je suis bien forcé d'obéir. Nobles fidèles, gens de ma famille, mes frères de lait, y a-t-il quelqu'un parmi vous qui veuille recevoir le coup à ma place ? – Non pas, répondirent-ils, cela ne nous concerne pas. Si tu as mal agi, c'est à toi d'en subir les conséquences. – Vous êtes déloyaux envers moi, dit Gron, car chacun des membres d'une famille est responsable des actes de tous ceux qui constituent cette famille. Mais je ne me plaindrai pas. C'est donc moi qui supporterai la vengeance et la compensation, quoi qu'il dût m'en coûter. »

Gron et Lleu se rendirent tous les deux sur les bords de la rivière de Kynvael. Gron se tint à l'endroit où était Lleu à la Main Sûre quand il l'avait frappé, tandis que Lleu occupait sa place. Mais avant d'en arriver aux actes, Gron dit à Lleu : « Seigneur, comme c'est par les

artifices pervers d'une femme que j'ai été amené à accomplir mon crime, je te prie, au nom de Dieu, de me laisser mettre entre moi et le coup de javelot cette pierre plate que j'aperçois sur le bord de la rivière.
– Assurément, répondit Lleu, je ne te refuserai pas cela.
– Dieu te le rende ! » s'écria Gron. Il prit alors la pierre plate et la tint contre lui. Lleu darda son javelot, le lança. Il traversa la pierre de part en part, et Gron lui-même, au point qu'il lui rompit le dos. Ainsi fut tué Gron le Fort. Il y a encore, aujourd'hui, sur le bord de la rivière de Kynvael, une grande pierre percée d'un trou, et on l'appelle la Pierre de Gron. Quant à Lleu à la Main Sûre, il reprit possession de ses domaines et les gouverna le mieux qu'il put.

Mais si Lleu avait obtenu réparation, il n'en était pas de même pour Gwyzion. Quand il était arrivé aux environs du Mur du Château, à la tête des troupes qu'il avait levées, il avait appris que Blodeuwez, à la nouvelle de son approche, s'était enfuie précipitamment, en compagnie de ses suivantes, en direction d'une forteresse isolée dans la montagne. Gwyzion n'eut de cesse de la poursuivre. Blodeuwez et ses femmes étaient terrorisées à la pensée que Gwyzion allait tirer d'elles une vengeance exemplaire, et elles avaient si peur qu'elles ne pouvaient marcher qu'en tournant la tête. C'est ainsi qu'elles tombèrent dans la rivière et se noyèrent toutes à l'exception de Blodeuwez. C'est à ce moment que Gwyzion la rejoignit. Il lui dit : « Je ne te tuerai pas, car je ne peux faire disparaître ce que j'ai créé moi-même par ma magie et par celle de Morgane. Mais je ferai bien pis que si je te laissais en vie. Je te transformerai de telle sorte que tu auras toujours honte d'avoir été si cruelle à l'égard de Lleu à la Main Sûre. Tu iras donc sous la forme d'un oiseau, mais pas de n'importe quel oiseau : tu n'oseras jamais montrer ta face à la lumière du jour, dans la crainte que les autres volatiles ne viennent t'agresser. Leur instinct les poussera à te frapper s'ils te voient, à te rejeter s'ils sentent ta présence au milieu des bois, et, de toute façon, ils te traiteront avec mépris chaque fois qu'ils entendront le cri lugubre que tu pousseras la nuit, quand tu sortiras de ta tanière. Tu ne perdras pas ton nom : tu t'appelleras toujours Blodeuwez, mais tu seras devenue un hibou, objet d'effroi pour ceux qui te rencontreront. » Et Gwyzion frappa Blodeuwez de sa baguette. Aussitôt, celle-ci sentit son corps se revêtir de plumes. Elle poussa un long hululement et s'envola dans la nuit pour disparaître dans les arbres.

Un soir que Morgane était sortie hors de sa demeure et qu'elle errait dans les sentiers de la forêt, elle sentit qu'un oiseau se posait sur son épaule. De sa main libre, Morgane caressa le dos de l'oiseau. « Je sais qui tu es, Blodeuwez. Ne crains rien. Si je ne peux pas te redonner la forme dans laquelle tu as été créée, je peux au moins te protéger et faire de toi une de mes fidèles. Ne crains rien, car tu seras toujours chez toi dans mon domaine. » L'oiseau battit des ailes, frôlant très doucement la joue de Morgane. Et celle-ci, en souriant, revint lentement vers l'entrée de la forteresse, le hibou perché sur son épaule [1].

1. D'après *Math, fils de Mathonwy*, quatrième branche du *Mabinogi* gallois. Traduction intégrale dans J. Loth, *les Mabinogion*, Paris, 1913, pp. 173-210. Dans le texte original, le nom du frère de Gwyzion est *Gilvaethwy*, mais chacun s'accorde aujourd'hui à considérer que c'est le même personnage mythologique que le compagnon du roi Arthur, Girflet, « fils de Dôn », ou encore Jauffré, « fils de Doson », héros du roman occitan qui porte son nom. Les fils de Dôn, dans la mythologie galloise, sont les anciens dieux celtes, équivalents parfaits des *Tuatha Dé Danann* (peuples de la déesse Dana) de la tradition irlandaise. Nous ne connaissons rien sur la mystérieuse Dôn galloise (sinon son nom qui signifie « profonde » ou « mystérieuse »), pas plus que sur la Dana irlandaise, laquelle se retrouve cependant sous les traits de la « sainte » Anne de Bretagne armoricaine.

5

Le Chevalier au Lion

Quand Girflet, le fils de Dôn, revint à la cour du roi Arthur, chacun se réjouit de le revoir et lui fit bon accueil. Il fut ainsi grandement consolé des épreuves qu'il venait de subir à cause de son amour insensé pour Goewin. Il retrouva Kaï, le sénéchal, et aussi Lancelot du Lac en compagnie de son cousin Bohort de Gaunes, Dodinel le Sauvage et Bedwyr, avec lequel il avait déjà vécu tant d'aventures. Il y avait aussi là Gauvain, le neveu du roi, et Yvain, le fils du roi Uryen, tous deux revenant de quelque tournoi où ils s'étaient couverts de gloire. Ils devisaient tous, assis autour du roi Arthur, dans le pré devant la forteresse de Kaerlion sur Wysg, tandis que des valets venaient leur servir des boissons rafraîchissantes. C'est alors que se présenta devant eux une jeune fille montée sur un cheval brun, à la crinière frisée. Elle était vêtue d'un grand manteau de couleur jaune. La bride et la selle de son cheval étaient en or. Elle sauta de sa selle sans que personne l'aidât et, apercevant le roi, elle ôta son manteau et s'approcha de lui, le saluant avec déférence.

« Ma dame m'envoie te saluer, roi Arthur, ainsi que ton neveu Gauvain et tous les chevaliers qui sont autour de toi, tous sauf Yvain, le fils du roi Uryen, que je vois là en train de pérorer et de raconter des exploits qu'il n'a peut-être pas accomplis mais dont il se vante avec orgueil et arrogance. Je pourrais même ajouter qu'il est le plus faux et le plus déloyal de tous tes compagnons, car il ne respecte pas la parole donnée. Il n'est qu'un traître, un menteur, un moqueur qui, après avoir séduit ma dame par de belles paroles, l'a lâchement abandonnée pour courir les aventures, ne se souvenant même pas du délai que ma dame lui avait octroyé ! »

La jeune fille paraissait fort en colère, et ses paroles plongèrent ceux qui l'entendaient dans le plus profond désarroi. Quant à Yvain, il tremblait de tous ses membres, car il savait bien que ce discours avait été prononcé pour lui faire honte, à lui et à nul autre que lui. Précisément, la jeune fille s'avança face à lui et dit : « Ma dame t'avait donné répit jusqu'à la Saint-Jean. Celle-ci est bien loin maintenant, et tu n'as pu t'en souvenir tellement tu dédaignais la femme à qui tu avais pourtant engagé ta foi ! Depuis ton départ, ma dame a marqué tous les jours dans sa chambre, car celle qui aime est en grand souci et ne peut jamais dormir apaisée tant qu'elle n'est pas assurée que l'être qu'elle aime est en sûreté. Mais cela, tu ne le sais même pas ! Tu ignores ce que ressentent les vrais amants ! Aussi te dirai-je que tu nous as trahies, ma dame et moi, ainsi que toutes celles que tu as vues autour de nous et qui se sont dévouées à ton service quand tu faisais semblant d'être amoureux de ma dame ! »

En entendant ces paroles, Yvain demeurait immobile et sans réaction. Il savait bien que la jeune fille avait raison. Il s'était complu dans maintes aventures et, trop pris par son enthousiasme et son appétit de gloire, il avait oublié le délai fixé par la Dame de la Fontaine. La jeune fille reprit alors : « Sache, Yvain, que désormais ma dame n'a plus aucun souci de toi. Elle te signifie par ma bouche que tu ne te représentes jamais plus devant elle, car, en ce cas, elle te ferait jeter dehors par ses valets comme le pire des malfaiteurs. Elle te fait également savoir que tu ne dois plus garder l'anneau qu'elle t'a donné avant ton départ. Rends-le-moi, et je m'en retournerai immédiatement, en te laissant à tes plaisirs ! »

Yvain ne fit pas un geste et ne prononça pas une parole. Il ne le pouvait d'ailleurs pas, tant l'angoisse le saisissait à la gorge et l'étouffait. La jeune fille, constatant son peu de réaction, s'approcha de lui, lui prit la main et retira l'anneau qu'il portait à l'un de ses doigts. Après quoi, elle dit à l'adresse de tous ceux qui se trouvaient là : « C'est ainsi qu'on traite un trompeur, un traître sans parole ! Que la honte le dévore ! » Elle se retourna alors, sauta sur son cheval, piqua des deux et disparut aussi vite qu'elle était venue.

Un grand silence plana sur l'assemblée. Personne n'osait dire un mot, tant l'incident avait été pénible. Puis, des murmures montèrent peu à peu, comme le bruit de la marée après une période de calme. Mais Yvain demeurait hébété. Tout ce qu'il percevait dans ses oreilles l'incommodait, tout ce qu'il voyait le tourmentait. Il aurait voulu être très loin en une terre sauvage si inconnue qu'on n'eût jamais pu le retrouver. Et il savait bien que tout cela était sa faute. Il se haïssait lui-même, se demandant auprès de qui il pourrait trouver consolation. Mais, ni Gauvain ni aucun autre de ses compagnons n'aurait pu l'arracher à son désespoir. Il s'éloigna sans mot dire, craignant de prononcer de folles paroles au milieu des autres. Il valait mieux qu'il se réfugiât dans le silence et la solitude. Ainsi, pourrait-il expier le forfait dont il s'était rendu coupable.

Il fut bientôt très loin de la forteresse et des pavillons qu'on avait dressés sur le pré. Alors, le délire s'empara de lui. Il se griffa le visage, se tordit les mains, déchira ses vêtements et les mit en lambeaux, et il s'enfuit par les bois et par les champs. Quand ils ne le virent plus, ses compagnons, fort inquiets, partirent à sa recherche, mais ils eurent beau fouiller les tentes, les essarts, les haies et les fourrés, ils ne le trouvèrent point. Yvain avait couru comme un fou, délaissant son cheval et ses armes. Près d'un parc, il rencontra un garçon qui tenait un arc et des flèches et il eut juste assez de sens pour les lui arracher. Perdant le souvenir de tout ce qu'il avait pu faire jusque-là, il s'enfonça dans la forêt, guettant les bêtes qui se cachaient sous les frondaisons, les tuant, les dépouillant et en mangeant la chair crue.

Il passa la nuit au pied d'un arbre et dormit d'un sommeil lourd. Le froid du petit matin le réveilla. Il se leva, non pas pour revenir vers la cour, mais au contraire pour s'enfoncer davantage dans les bois. Il franchit des vallées, s'égara dans des montagnes désertes, revint vers des prairies fleuries, et continua ainsi pendant des jours et des nuits jusqu'à ce que le peu de vêtements qu'il lui restait fût entièrement usé. De longs poils lui poussèrent alors sur le corps. Il fit sa compagnie des animaux sauvages. Il se nourrit avec eux, si bien qu'ils lui devinrent familiers, ne lui faisant aucun mal et lui apportant même de la venaison lorsqu'il n'avait plus rien à manger. Mais, il finit par s'affaiblir au point de ne plus pouvoir les suivre dans leurs courses folles le long des pentes. Il se mit alors à rôder dans le bocage comme un homme forcené et sauvage, et c'est là qu'un jour il se retrouva tout près d'une maison très basse et recouverte de chaume où demeurait un ermite.

Quand l'ermite aperçut cet homme nu, il comprit qu'il n'avait plus son bon sens. Craignant d'être assailli sans raison par lui, il courut se réfugier dans sa maison et en ferma soigneusement la porte. Mais pris de pitié devant cette déchéance, il saisit du pain qu'il faisait cuire lui-même, ainsi qu'un bol rempli d'eau, et les plaça au-dehors, sur le rebord de la fenêtre. Le fou s'approcha et, mis en appétit, s'empara du pain et le mordit. Il n'en avait certes jamais goûté d'aussi mauvais ni d'aussi dur, mais il le dévora en entier, et le pain, qui était fait avec de l'orge et qui était très aigre, lui parut aussi tendre que de la bouillie. Quand il l'eut mangé, il prit le bol et but toute l'eau qu'il contenait. Alors, sans plus s'attarder, il regagna les bois, à la recherche des cerfs et des biches. Dans sa demeure, derrière la fenêtre, l'ermite le regarda, priant Dieu de protéger cet homme sauvage mais de faire en sorte de le tenir éloigné de ces lieux.

Mais, le souvenir du pain fit revenir le fou. Le lendemain, il était de nouveau là, attendant visiblement que l'ermite lui donnât quelque chose. Comme il avait encore du raisonnement dans sa folie, il avait apporté un chevreuil qu'il venait de tuer et qu'il déposa devant la porte de l'ermite. Celui-ci comprit que l'homme sauvage voulait faire avec lui des échanges : il mit du pain et de l'eau à la fenêtre, prit le chevreuil, le dépeça et le fit cuire ; il y avait bien longtemps que l'ermite n'avait eu pareil festin, et il en rendit grâces à Dieu.

Il ne se passa pas un jour, tant qu'il fut dans sa folie, que l'homme sauvage n'apportât à la porte de l'ermitage quelque bête qu'il venait de tuer. Il passait son temps à chasser, et l'ermite s'occupait de dépouiller et de cuire le gibier, et le pain et l'eau dans le bol étaient chaque jour sur le rebord de la fenêtre pour que le forcené pût se repaître. Il avait à manger et à boire, venaison sans sel ni épices, et de l'eau froide de la fontaine. Et l'ermite en profitait pour vendre les peaux et, avec l'argent qu'il recevait, il achetait du pain de meilleure qualité que celui qu'il faisait lui-même.

Un jour, cependant, alors que le fou poursuivait une biche, il sortit de la forêt et se trouva dans un très beau parc, bien aménagé, et avec de frais ombrages au bord des sources. Comme il faisait très chaud, l'homme sauvage eut envie de se reposer et s'endormit au pied d'un arbre. Or, la dame à qui appartenait le parc était allée se promener, en compagnie de deux de ses suivantes, le long de l'étang. Elles voulurent monter plus haut en direction d'une colline et c'est là qu'elles aperçurent une forme et une figure d'homme, sur le sol, à l'ombre d'un bosquet. Elles commencèrent par craindre que ce ne fût un être dangereux, mais l'une des suivantes, surmontant sa peur, s'approcha prudemment pour en savoir davantage. Elle comprit que c'était un homme nu, recouvert de longs poils. Elle vit que sa peau était pleine de teignes et qu'elle s'était desséchée au soleil. Elle regarda longtemps avant de reconnaître sur lui quelque signe qui lui permit de l'identifier et, à force de l'examiner, découvrit une cicatrice sur son visage : elle reconnut alors Yvain, le fils du roi Uryen. Il n'y avait pas à en douter, et grand fut son étonnement de constater dans quel triste état il se trouvait. Elle se signa par trois fois, mais elle prit garde de ne point l'éveiller, préférant revenir tout de suite vers ses compagnes.

« Dame, dit-elle en pleurant, je viens de trouver Yvain, le fils du roi Uryen, l'incomparable chevalier. J'ignore à la suite de quelles circonstances il en est réduit à cette déchéance. Sans doute est-ce quelque chagrin qui lui fait mener cette vie étrange, car on peut devenir fou lorsqu'on est en proie à une grande douleur. Yvain n'est pas dans son bon sens. Jamais il ne serait aussi misérable s'il n'avait perdu l'esprit ! Plaise au Ciel qu'il puisse rapidement recouvrer la raison ! Et si cela se pouvait, ce serait un bonheur pour nous, dame, car il pourrait alors nous protéger contre les entreprises du comte Allier qui menace tes domaines en ta personne. Il nous faut sauver Yvain ; je suis sûre qu'il nous récompensera en nous sauvant à son tour !
– Certes, répondit la dame, nous aurions bien besoin d'un chevalier comme Yvain pour faire valoir nos droits sur ce misérable comte Allier. Mais efforçons-nous d'abord de le guérir. Je crois qu'avec l'aide de Dieu, nous lui ôterons de la tête ce délire et cette démence. Ne perdons pas de temps. Morgane, la sœur du roi Arthur, si savante en magie et en remèdes de toutes sortes, m'a donné un onguent merveilleux auquel,

m'a-t-elle dit, aucune rage de tête ne résiste et qui rend sa force à celui qui l'a perdue ! »

Sans plus attendre, la dame retourna vers son château qui se trouvait non loin de là, à l'autre extrémité de l'étang. Elle monta dans sa chambre et prit une fiole qui était remplie d'un onguent très précieux. Elle la mit dans la main de la suivante qui avait reconnu Yvain et lui dit : « Va, emmène ce cheval-là, et emporte des vêtements que tu mettras à la portée de l'homme. Frotte-le avec cet onguent dans la région du cœur. S'il y a encore de la vie en lui, cet onguent le fera lever. Mais n'utilise pas tout : il n'en faudra que de très petites quantités pour réchauffer son cœur et lui redonner sa vigueur. Après, prends soin d'étaler les vêtements non loin de lui et de laisser le cheval bien en vue. Alors, tu iras te cacher derrière un arbre et tu observeras attentivement ses réactions. – Assurément, dame, répondit la jeune fille, je ferai ce que tu me dis. » Et elle s'en alla vers l'homme sauvage.

Yvain était toujours endormi et n'avait pas bougé. La jeune fille se pencha sur lui, ouvrit la fiole, prit de l'onguent sur ses doigts et se mit à frotter la poitrine de l'homme. Elle souhaitait tant qu'il se réveillât de sa folie qu'elle utilisa tout le contenu du flacon au lieu de le répandre avec parcimonie. Elle lui frotta même les tempes et le front afin de faire sortir de son cerveau cette rage et cette mélancolie qui devaient tant lui peser. Quand elle eut terminé, elle étala les vêtements, mit le cheval bien en vue et se cacha derrière le tronc d'un gros chêne d'où elle pouvait tout observer sans qu'il pût s'apercevoir de sa présence.

Quelques instants plus tard, elle le vit remuer faiblement, puis se gratter le bras, et enfin se redresser. Il paraissait tout ébahi et regardait son corps couvert de poils sans comprendre ce qui était arrivé. Il avait grande honte de se trouver nu et, ayant remarqué les vêtements, il se dirigea rapidement vers eux et se mit en devoir de les enfiler. Il semblait faible, sa démarche était mal assurée, et c'est avec peine qu'il put monter sur le dos du cheval. C'est alors que la jeune fille sortit de sa cachette et vint le saluer : « Seigneur Yvain, dit-elle, n'aie aucune crainte : nous t'avons découvert endormi et malade, et nous avons fait en sorte de te frotter avec un onguent merveilleux qui a été donné à ma dame par la sage Morgane. C'est cela qui a réveillé ton esprit. Mais tu es encore très faible, et je vais te conduire jusqu'à la demeure de ma maîtresse pour que tu puisses t'y reposer. » Quand il entendit ces paroles, Yvain fut tout joyeux et il sourit à la jeune fille en disant : « Jeune fille, je ne sais qui tu es, mais sois bénie par Dieu de m'avoir tiré de l'étrange état dans lequel je me trouvais. Je ne me souviens de rien, sinon d'avoir eu des rêves effrayants qui m'ont laissé tout meurtri. »

La jeune fille guida le cheval d'Yvain jusqu'à la maison. « Qui est donc ta maîtresse ? demanda-t-il. – On l'appelle la Dame de Noiroson. Elle possède ce château, le parc où nous t'avons trouvé et bien d'autres domaines encore. Son époux, en mourant, lui a laissé deux comtés entiers mais aujourd'hui elle n'a plus guère que ce château et ce qui l'entoure, car le reste lui a été enlevé par son voisin, un jeune comte du nom d'Allier, parce qu'elle a refusé de devenir son épouse. – Voilà qui est bien triste », dit Yvain. La jeune fille et lui entrèrent dans la cour du château.

La jeune fille aida Yvain à descendre de cheval, le mena immédiatement dans une chambre confortable, alluma un feu et le laissa. Puis, elle se rendit auprès de la dame, lui raconta ce qui s'était passé et lui rendit la fiole. « Jeune fille, dit la dame, où est le reste de l'onguent ? – Il est tout entier perdu, répondit la jeune fille, car j'avais peur que le chevalier fût trop malade, et je n'ai pas hésité à tout utiliser. – Il m'est difficile de te faire des reproches à ce sujet. Cependant, je pense qu'il était inutile de dépenser tout cet onguent précieux pour un seul homme. Il eût pu servir encore de nombreuses fois. – Mais, dit la jeune fille, n'oublie pas qu'il s'agit d'Yvain, et que tu as besoin d'un chevalier tel que lui pour défendre ton domaine ! – C'est juste, répondit la dame, mais à condition qu'il veuille bien prendre ma défense. Fais en sorte de le servir le mieux possible. Qu'il ne manque de rien et qu'on lui permette de se remettre de ses fatigues sans l'accabler de questions. S'il était dans cet état, c'est qu'il devait avoir des raisons, et ces raisons ne sont qu'à lui-même. Sois discrète avec lui. »

La jeune fille prit congé de la dame et s'en alla retrouver Yvain, en compagnie de quelques servantes habiles et dévouées. Elle ordonna qu'on pourvût le chevalier de nourriture et de boisson en abondance, qu'on entretienne un feu en permanence dans sa chambre et qu'il pût se baigner souvent, et cela jusqu'à son rétablissement complet. Yvain mangea et but, se baigna abondamment et dormit paisiblement. Les poils qui recouvraient son corps s'en allèrent par touffes épaisses. Cela dura une quinzaine de jours, et sa peau devint plus blanche qu'elle ne l'avait jamais été. Alors, on le rasa et on le peigna soigneusement. Il avait enfin retrouvé toute son allure et sa prestance.

Un jour, Yvain entendit un grand tumulte dans le château, et un grand bruit d'armes à l'extérieur. Il demanda à la jeune fille ce qui se passait. « C'est le comte dont je t'ai déjà parlé, répondit-elle. Le voici qui, pour intimider ma dame, lance une attaque contre le château, à la tête d'une puissante troupe d'hommes en armes. Il espère que ma maîtresse va se rendre, qu'il l'épousera de force et qu'il possédera ainsi l'ensemble de ses domaines. » Yvain demanda si la Dame de Noiroson avait des armes et des chevaux. « Oui, dit-elle, les meilleures armes qui soient et les chevaux les plus rapides qu'on ait jamais vus. – Irais-tu lui demander de me prêter un cheval et des armes afin que je puisse aller voir de près ce qu'il en est de cette attaque ? – Volontiers, seigneur, dit-elle, j'y vais immédiatement. » La Dame de Noiroson fut tout heureuse en apprenant les intentions d'Yvain. « Fournis-lui tout ce qu'il demande, dit-elle à sa suivante. Nous avons bien besoin de son aide si nous voulons résister à ce maudit comte Allier. Et dis-lui bien que ces armes et ce cheval, je ne les lui prête pas. Je les lui donne. Il n'en a sans doute jamais eu de pareils en sa possession. J'aime mieux qu'il les prenne plutôt que de les voir la proie de mes ennemis. De toute façon, au point où nous en sommes, je n'ai plus rien à perdre ! »

On amena à Yvain un magnifique cheval gascon noir, parfait, portant une selle de hêtre, ainsi qu'une armure complète pour cheval et cavalier. Yvain revêtit son armure, monta en selle et sortit avec deux écuyers. En arrivant devant la troupe du comte Allier, ils virent des hommes en grand nombre, au milieu desquels il était difficile de distinguer qui que ce fût. Yvain demanda aux écuyers où se trouvait le comte. « Là-bas, à l'endroit où tu vois quatre étendards jaunes. Il en a deux devant lui et deux derrière lui. – Très bien, dit Yvain. Maintenant, retournez sur vos pas et attendez-moi près de l'entrée du château. » Les écuyers s'en retournèrent et Yvain poussa en avant jusqu'à ce qu'il rencontrât le comte. Sans plus attendre, il le provoqua, fonça sur lui, l'enleva de sa selle, le plaça entre lui et son arçon de devant, et tourna bride vers le château. En dépit de toutes les difficultés, malgré les hommes d'armes qui voulaient l'empêcher de passer, il arriva au portail avec le comte, auprès des écuyers. Ils entrèrent et l'on referma les portes après eux. La Dame de Noiroson se trouvait dans la cour auprès du montoir. C'est vers elle que se dirigea Yvain et, aussitôt, il lâcha le comte Allier qui s'affala sur le sol devant celle qu'il avait voulu combattre. « Dame ! s'écria Yvain, voici l'équivalent de l'onguent avec lequel tu m'as guéri de ma folie ! »

Les hommes du comte tendirent leurs pavillons

autour du château, mais ils savaient que leur maître était prisonnier, et ils ne tentèrent aucune attaque, préférant attendre la suite des événements. Yvain avait relevé le comte, et celui-ci s'était incliné devant la Dame de Noiroson, lui demandant son pardon pour l'avoir importunée de si longs mois et pour s'être emparé de ses terres. Il assura la dame, par un serment solennel, qu'il accomplirait sa volonté et toutes ses exigences. Il jura de maintenir la paix, de réparer tous les dégâts qu'il avait causés et de rendre les deux comtés qui lui appartenaient. De plus, comme il était prisonnier, il dut, pour se libérer, donner à la Dame de Noiroson la moitié de ses domaines, ainsi que son or, son argent, ses joyaux, et des otages pris parmi ses vassaux. Moyennant quoi, le comte Allier put s'en aller. Mais il était fort honteux d'avoir été ainsi vaincu alors qu'il s'attendait à une victoire facile.

Quand tout fut rétabli, ainsi que l'avait voulu la dame, Yvain lui demanda la permission de partir. Elle ne lui eût pas donné congé s'il avait bien voulu la prendre pour épouse ou amie. Les chevaliers de Noiroson supplièrent Yvain de rester parmi eux, mais toutes leurs prières furent vaines. Il refusa même de se laisser conduire et se mit en route immédiatement sur le cheval noir que la dame lui avait donné. Il la laissait bien chagrine, elle qui s'était tant réjouie de la victoire et du traité passé avec le comte. Elle aurait voulu honorer Yvain et le faire, avec son consentement, le seigneur de tout ce qu'elle possédait. Mais rien n'aurait pu retenir Yvain, fils du roi Uryen. Il reprit son chemin vers les extrémités du monde et la solitude, celle-ci étant la seule compagne qu'il tolérait en son esprit embué de tristesse et de mélancolie.

Un jour, pendant qu'il chevauchait, pensif, parmi la forêt profonde, il entendit un cri de douleur, puis un second, puis un troisième, qui semblaient surgir d'un bosquet. Il se dirigea de ce côté et aperçut une butte rocailleuse au milieu du bois, et un rocher grisâtre sur le versant du tertre. Dans une fente du rocher se tenait un serpent et, à côté du rocher, il y avait un lion tout noir. Le serpent avait saisi le lion par la queue et le mordait cruellement. Yvain ne resta pas longtemps sans réaction devant cet étrange spectacle. Il commença par se demander lequel des deux animaux il allait aider, mais il se décida vite pour le lion, car on ne doit faire de mal qu'aux êtres venimeux et pleins de félonie. Il tuerait donc le serpent, et si, par la suite, le lion l'attaquait, il trouverait bien le moyen de se défendre.

Il tira donc son épée, mit son bouclier devant lui pour se garantir du feu que le serpent vomissait par la gueule, et attaqua la bête. Du premier coup, il lui trancha la tête, mais il frappa et refrappa tant et si bien qu'il en fit mille morceaux. Cependant, pour libérer le lion, il n'eut d'autre ressource que de lui couper un morceau de la queue. Il crut alors que le lion allait se jeter sur lui, et il se mit en garde. Mais le lion, tout heureux d'être délivré de l'emprise du serpent, ne semblait nullement agressif, bien au contraire : il s'avança vers Yvain, tenant ses pattes étendues et jointes et sa tête inclinée vers la terre, comme pour témoigner sa reconnaissance à celui qui l'avait sauvé. Yvain comprit très vite les sentiments éprouvés par le lion. De sa main gauche, il caressa la crinière de l'animal puis, ayant essuyé sur l'herbe son épée, il la remit au fourreau. Il remonta en selle et reprit son chemin. Mais, le lion le suivit et vint trotter à ses côtés. Visiblement, il ne voulait plus se séparer de son sauveur.

Il alla devant, tant qu'il sentit sous le vent des bêtes sauvages en pâture. L'instinct et la faim l'invitaient à bondir pour chasser une proie. Il se mit dans leurs traces pour bien montrer à son maître qu'il avait flairé quelque gibier, puis il s'arrêta et regarda Yvain comme s'il attendait son bon plaisir. Yvain comprit qu'il n'accomplirait rien sans son ordre : si son maître continuait son chemin, il demeurerait près de lui, mais s'il faisait mine de le suivre, il se précipiterait sur la venaison qu'il avait flairée. Yvain l'excita alors comme il l'eût fait d'un brachet. Le lion remit aussitôt le nez au vent : il ne s'était pas trompé, car à moins d'une portée d'arc, il y avait un chevreuil qui pâturait tout seul dans la vallée. Il eut vite fait de le prendre et de le saigner. Puis il le jeta sur son dos et l'apporta tout chaud à son maître.

Il faisait presque nuit. Yvain résolut d'établir son camp dans les bois et de goûter un peu du chevreuil. Il se mit à l'écorcher, lui fendit le cuir sous les côtes, lui enleva un lardé de la longe puis, ayant amassé des brindilles et des branches, il fit un feu clair et joyeux. Le lardé, mis à la broche, fut vite rôti. Mais ce dîner ne plut guère à Yvain, car il n'avait ni pain, ni sel, ni épices et ni couteau, et pas de vin non plus pour étancher sa soif. Le lion était couché à ses pieds, sans bouger. Il regarda Yvain se restaurer à sa convenance, et acheva le surplus jusqu'aux os. Yvain dormit toute la nuit, la tête appuyée sur son bouclier, et le lion eut tant de sens qu'il veilla et garda le cheval qui paissait l'herbe maigre du bois.

Ils partirent ensemble, au petit matin, et, pendant quinze jours, menèrent cette paisible vie. Le hasard les conduisit à la fontaine, sous le grand pin. Il s'en fallut de peu qu'Yvain ne redevînt fou de douleur lorsqu'il vit la clairière et s'approcha du perron. Il était tellement malheureux et accablé de regrets qu'il défaillit. Dans sa chute, son épée glissa hors du fourreau : la pointe s'enfonça légèrement dans son menton et du sang clair jaillit sur sa joue. Le lion crut son maître mort et en eut une douleur indicible. Pour peu, il se serait jeté sur la lame de l'épée pour qu'elle le transperçât. Il se hâta de dégager Yvain avec ses dents et appuya l'épée contre le tronc d'un arbre. Il sauva ainsi son maître qui courait à la mort, comme un sanglier affolé qui se jette en avant sans rien voir.

Mais, quand Yvain revint de pâmoison, la tristesse et l'angoisse le tenaillèrent à nouveau. Il se mit à gémir de plus belle d'avoir ainsi laissé passer le délai et encouru le mépris et la haine de celle qu'il aimait toujours. « Hélas ! s'écria-t-il. Pourquoi reste-t-il en vie, le misérable qui s'est ôté lui-même la joie ? Pourquoi n'ai-je pas le courage de mettre fin à mes jours ? Comment puis-je demeurer ici et voir tout ce qui me rappelle ma dame ? Que fait mon âme dans un corps qui souffre le martyre ? Mon devoir est de me mépriser et de me haïr à mort. Pourquoi m'épargnerais-je ? N'ai-je pas vu mon lion, qui était si désespéré à cause de moi, vouloir se transpercer de mon épée ? Redouterais-je la mort, moi qui ai changé le bonheur en malheur, la joie en chagrin ? C'était pourtant le bonheur le plus merveilleux, c'était la joie la plus pure et la plus belle ! Il faut bien dire qu'elle n'a pas duré longtemps, et cela par ma faute. Qui a perdu un tel bien par sa propre faute n'a plus droit au bonheur ! »

Il se lamentait ainsi quand il entendit un grand gémissement, puis un second, puis un troisième, tout près de lui. Il demanda s'il y avait là une créature humaine. « Oui, assurément, lui répondit une voix de femme, et la plus malheureuse qui ait jamais été ! » Yvain se leva et regarda autour de lui. A peu de distance de la fontaine, il vit une petite chapelle en pierre, sans autre ouverture qu'une lucarne, mais belle et très solide. Il s'approcha, mais la lucarne était si étroite qu'il ne pouvait rien distinguer à l'intérieur. « Qui es-tu ? » demanda-t-il. La voix lui répondit : « Je suis la plus infortunée de toutes les femmes. – Pourquoi es-tu là ? – On me retient prisonnière. La porte est si lourde que personne ne pourrait la briser. Ils savaient bien ce qu'ils faisaient ceux qui m'ont enfouie dans cette prison ! Ah, quel malheur est le mien ! – Tais-toi, folle, dit Yvain, ta douleur est plaisir, ton mal est un bien, au prix de ce que j'endure ! – Quel malheur est donc le tien ? – Il serait trop long d'en parler. Sache que je suis moi-même le plus malheureux de tous les hommes. – Peut-être, répondit la voix, mais au moins, tu as la possibilité d'aller et venir comme tu veux, tandis que moi, je suis emprisonnée. Et voici le sort qui m'est réservé : après-demain, on viendra me tirer d'ici et je serai livrée au supplice. – Ah ! par Dieu tout-puissant, dit Yvain, mais pour quel forfait ? – Seigneur, je suis accusée de trahison, et si je ne trouve pas quelqu'un pour prendre ma défense, je serai pendue ou brûlée. – Alors, je peux dire que mon chagrin surpasse le tien, car tu as encore l'espoir d'être délivrée. – Oui, mais je ne sais pas par qui. Ils ne sont que deux au monde qui peuvent oser me défendre, car pour cela il faut entreprendre un combat contre trois hommes ! – Comment, ils sont trois, ceux qui t'accusent ? – Oui, seigneur, ils sont trois et prêts à tout pourvu que je meure ! – Mais qui sont les deux hommes qui pourraient les combattre et ainsi te délivrer ? – Je vais te le dire : l'un est Gauvain, le neveu du roi Arthur, l'autre est Yvain, fils du roi Uryen. C'est d'ailleurs à cause de ce dernier que je suis condamnée à mourir. – A cause de qui, dis-tu ? – A cause du fils du roi Uryen, seigneur, aussi vrai que je prie Dieu de me secourir.

– Mais qui es-tu donc ? demanda Yvain. – Je suis Luned, la suivante de la Dame de la Fontaine. – Et moi, je suis Yvain, fils du roi Uryen, et je te garantis que tu ne mourras pas. J'ai trop d'obligations envers toi et, de toute façon, je ne laisserais jamais une jeune fille en danger sans la secourir. Mais pourquoi te trouves-tu prisonnière ici et quels sont ceux qui t'accusent ? – Je ne te le cacherai pas, seigneur. Il est vrai que je n'ai pas épargné mes peines quand tu étais dans le besoin et en grand danger d'être tué. J'ai fait aussi l'impossible pour te réconcilier avec ma dame. C'est sur ma prière qu'elle a consenti à te prendre pour époux. Mais quand il arriva que tu dépassas le délai qu'elle t'avait fixé, ma dame ressentit beaucoup de colère à mon égard, car elle me rendait responsable de ta forfaiture. Elle a cru de bonne foi que je l'avais trompée. De plus, le sénéchal, un larron déloyal, rongé de jalousie et d'envie parce que ma dame m'accordait sa confiance en maintes occasions, en profita pour mettre la brouille entre nous. En pleine cour, il m'accusa de l'avoir trahie pour ton compte, Yvain. Je n'avais d'autre soutien que moi seule, et je savais bien que je n'étais pas coupable d'un tel crime. Alors, comme j'étais effrayée, et sans prendre conseil de personne, je répondis que je me ferais défendre par un chevalier contre trois. Et le félon se garda bien de repousser une telle épreuve. Quant à moi, je ne pouvais plus me dérober et retirer mon offre. Je dus alors m'engager à trouver, dans un délai de quarante jours, un chevalier qui soutiendrait ma cause. – Et tu n'en as pas trouvé ? demanda Yvain. – Je suis allée à la cour du roi Arthur, mais Gauvain était engagé dans une lointaine expédition. Et personne n'avait de nouvelles de toi, Yvain, depuis que tu t'étais enfui le jour où tu reçus le message de la Dame de la Fontaine. Et, après-demain, par ta faute, je mourrai de mort honteuse et serai brûlée sans recours.

– Certes, non ! s'écria Yvain. A Dieu ne plaise qu'on te fasse du mal à cause de moi ! Tant que je vivrai, je te protégerai. Après-demain, tu me verras ici, en ce même endroit, au moment où l'on viendra te tirer de cette chapelle, et je serai prêt à combattre pour toi. Mais je te demande une chose, Luned : ne révèle à personne qui je suis. De quelque manière que tourne la bataille, fais en sorte qu'on ne me reconnaisse pas ! – Je mourrais plutôt que de révéler ton nom, seigneur. Mais je te supplie de ne pas revenir pour moi. Je ne veux pas que tu entreprennes une bataille si cruelle. C'est ma faute, puisque je me suis vantée de pouvoir être défendue par un seul chevalier contre trois. Je te remercie de ta promesse et de ton engagement, mais je t'en tiens quitte. Il vaut mieux que je meure seule plutôt que de les voir se réjouir de ta mort et de la mienne ! Car si tu étais tué dans ce combat, je ne serais pas sauvée pour autant. Mieux vaut donc que tu restes vivant. – Je ne reviendrai pas sur ma parole, répondit Yvain. Je combattrai tes accusateurs et je serai vainqueur. »

Cette nuit-là, Yvain ne voulut pas laisser Luned seule, abandonnée à son angoisse. Il fit cuire de la venaison sur un feu qu'il avait allumé près de la chapelle, et quand les tranches furent suffisamment rôties, il en passa quelques-unes par la lucarne afin que Luned pût se restaurer elle aussi. Ils mangèrent et s'entretinrent pendant de longues heures, tandis que le lion s'était couché non loin de là et semblait monter la garde afin de prévenir son maître de tout danger qui pourrait survenir. Mais, le lendemain, Yvain se sentit un peu las. Il demanda à Luned si elle connaissait, aux environs, un lieu où il pourrait trouver une nourriture abondante et un bon accueil pour la nuit précédant le combat.

« Oui, seigneur, répondit-elle. Tu n'as qu'à suivre la vallée, le long de la rivière. Au bout de peu de temps, tu verras une très belle forteresse, surmontée de hautes tours. Le comte à qui appartient cette demeure est l'un des meilleurs hommes du monde, du moins lorsqu'il reçoit des voyageurs à sa table. Il te fera bon accueil et tu pourras te reposer tant que tu voudras. « Yvain prit congé de Luned et partit, toujours accompagné de son lion. Il eut tôt fait de découvrir la forteresse avec ses hautes tours. Mais, si l'ensemble des bâtiments qui la composaient paraissait solide et imprenable, tout le terrain, au-dessous, était ravagé, et l'on y voyait des ruines de maisons à profusion.

Yvain se présenta à la porte de la forteresse. Aussitôt, six ou sept valets descendirent le pont et allèrent à sa rencontre. Mais ils furent fort effrayés quand ils virent le lion et prièrent le chevalier de laisser l'animal à la porte. « Il n'en est pas question ! s'écria Yvain. Je n'entrerai pas sans lui. Nous logerons ici tous les deux, ou je resterai dehors moi-même, car ce lion est mon ami. D'ailleurs, vous n'avez rien à craindre de lui. Je le garderai bien, soyez tranquilles. » On les fit entrer et l'on s'occupa du cheval, mettant de la nourriture en abondance devant lui.

Yvain fut accueilli par le comte, qui était un bel homme aux cheveux blancs. Il ordonna aux valets et aux écuyers de désarmer le chevalier et de l'emmener dans la grande salle après lui avoir permis de se laver. « Sois le bienvenu, seigneur, dirent-ils. Que Dieu te donne de demeurer ici et d'en repartir joyeux et comblé d'honneurs. »

Du plus noble jusqu'au plus humble, tous s'empressèrent autour de lui et lui firent fête. Nulle part assurément, Yvain n'avait remarqué un service aussi courtois et aussi bien fait. Mais il se rendit compte que ceux qui l'entouraient pouvaient à peine dissimuler la grande tristesse qui les étreignait. Pourtant, ils s'efforçaient de faire bon visage à leur hôte. Ils se mirent à table. Le comte s'assit auprès d'Yvain, et sa fille unique, qui était d'une grande beauté, de l'autre côté. Jamais Yvain n'avait vu une personne aussi accomplie que cette jeune fille. Le lion alla s'installer sous la table, entre les jambes d'Yvain qui lui donna de tous les mets qu'on lui servait. Le seul défaut qu'Yvain trouvait dans ce château, c'était la tristesse de ses habitants. Alors, au milieu du repas, il dit à son hôte : « Il est temps pour toi d'être joyeux !

– Dieu m'est témoin, répondit le comte, que ce n'est pas à cause de toi, ni contre toi, que nous éprouvons tant de tristesse ! Je vois qu'il faut que je t'explique notre situation. Mes deux fils sont allés hier chasser dans la montagne. Mais il y a là un monstre qui mange de la chair humaine et qui porte le nom de Harpin de la Montagne. Jusqu'à présent, il s'était contenté de ravager mes terres et de brûler les maisons qui se trouvaient en dehors de la forteresse. Hier, il s'est emparé de mes deux fils, et m'a fait savoir qu'il les tuera devant moi si je ne lui donne pas ma fille unique. Ce n'est pas qu'il veuille l'épouser, mais il veut m'humilier : il raconte à qui veut l'entendre qu'il la livrera, pour leur plaisir, aux garçons les plus vils et les plus dégoûtants qu'il puisse trouver. Or, c'est demain le jour fixé par lui : je dois lui livrer ma fille, sinon il tuera mes fils devant moi. C'est un monstre qui a une figure humaine, mais la taille d'un géant. – Voilà qui est affreux, dit Yvain, et quel parti vas-tu prendre ? – Tu vas comprendre la raison de notre détresse : j'ai décidé de ne pas lui livrer ma fille, car il y va de son honneur et de notre honneur à tous. J'aime encore mieux sacrifier mes fils que de voir cette innocente aux mains de ce monstre et de ses abominables serviteurs. Je crois que si je commettais pareille action, j'en mourrais de honte et dans le déshonneur le plus complet. – Tu as sans doute raison, dit Yvain mais, en fait, cet Harpin de la Montagne, comme tu l'appelles, ne mérite pas de vivre. » Et ils s'entretinrent d'autres sujets, sans pour autant lever de l'atmosphère la tristesse qui régnait sur l'assemblée. Et, lorsqu'il fut l'heure d'aller se coucher, Yvain gagna la chambre qu'on lui avait attribuée et y dormit profondément en compagnie de son lion.

Le lendemain, peu après le lever du jour, on entendit un bruit effroyable : c'était le géant qui venait avec les deux jeunes gens et qui réclamait la fille du comte. Yvain se leva rapidement, mais il était plongé dans de sombres pensées. C'était en effet le jour où il devait affronter les trois chevaliers qui accusaient Luned de trahison et, pour rien au monde, il n'aurait oublié sa promesse de venir la défendre et prouver son bon droit. Mais, d'autre part, pouvait-il laisser s'accomplir l'horrible forfait que projetait Harpin de la Montagne ? Il se sentait en proie au plus noir désespoir. « Ah ! se disait-il, il faut que je sois maudit pour me trouver en une telle situation. Si j'abandonne mon hôte, je suis un lâche, et si je ne cours pas à l'aide de Luned, je suis également lâche et renégat. Plût au Ciel que je n'eusse point manqué le délai que m'avait fixé ma dame, car Luned ne serait pas en grand danger d'être pendue ou brûlée ! Je ne suis qu'un misérable et je ne mérite même pas la compassion ! »

Tout en soliloquant, il s'était armé, et il alla rejoindre le comte qui se trouvait sur une tour. Le spectacle était surprenant : le géant venait d'arriver, amenant avec lui les deux fils du comte, attachés sur leurs chevaux, les pieds et les mains chargés de chaînes en fer, les vêtements en lambeaux ; leurs montures n'étaient que des roncins échinés, maigres et boiteux. Un nain enflé comme une outre chevauchait à leurs côtés en les frappant sans cesse d'un fouet comportant des nœuds, si bien qu'ils étaient tous deux ensanglantés. Quant au géant, il portait sur l'épaule un pieu très gros, carré et pointu avec lequel il les poussait rudement. En voyant l'état déplorable des jeunes gens, Yvain fut pris d'une grande pitié.

Le géant s'arrêta dans la plaine, devant la porte de l'enceinte, et il défia le comte, menaçant de tuer ses fils, à l'instant même, s'il ne lui livrait sa fille. Il se complut à décrire le sort qu'il réservait à celle-ci : il la livrerait à la valetaille pour forniquer, car lui-même ne la prisait pas suffisamment pour daigner s'avilir en la prenant ; elle serait donc au service de tous les garçons pouilleux qui la désireraient, et de tous les lépreux ou loqueteux qui s'aventureraient dans les parages. La détresse du comte était grande en entendant ces paroles infâmes, et il savait bien que le géant était capable d'aller jusqu'au bout de son ignominie. C'est alors qu'Yvain s'écria : « Seigneur, ce géant est féroce et sans scrupules, mais il est grand temps qu'il paye ses excès de jactance ! Ce serait malheur si une fille d'une telle beauté et d'une telle dignité que la tienne était jetée entre les pattes de ces monstres qu'il nous présente ! Amenez mon cheval et baissez le pont ! Je vais aller combattre Harpin de la Montagne, je lui ferai mordre la poussière et reconnaître sa défaite, de telle sorte que tes fils soient libérés ! Ensuite, je te dirai adieu et je m'en irai à mes affaires ! »

On se hâta d'obéir. Yvain sauta sur son cheval noir et se précipita au-dehors, suivi de son lion. Il s'arrêta devant Harpin, mais celui-ci lui dit d'un ton hargneux et farouche : « Vraiment, celui qui t'envoie ici ne t'aime guère ! Et si tu lui as fait du mal, il a trouvé le meilleur moyen de te châtier ! Sa vengeance sera éclatante, en vérité, et tu n'échapperas pas au sort qu'il t'a réservé !
– Trêve de bavardages, répondit Yvain. Je suis pressé. Fais de ton mieux et je ferai de même. »

Yvain s'élança aussitôt contre le géant et le visa à la poitrine qui était recouverte par une peau d'ours. Le géant voulut se protéger en levant son énorme pieu devant lui, mais l'élan de son adversaire était tel qu'il n'en eut pas le temps. La lance d'Yvain pénétra dans le corps du géant, et le sang gicla tout autour. Hurlant de douleur, Harpin répliqua en le frappant de son pieu, mais Yvain avait tiré son épée. Le géant, qui se fiait en sa seule force, était mal armé pour la joute et, surtout, manquait de souplesse ; brusquement, le chevalier fondit sur lui et le frappa non du plat, mais du tranchant, lui arrachant une partie de la joue. Le géant poussa un cri terrible et riposta de telle sorte qu'il le fit broncher sur le cou du destrier.

Quand il vit son maître à moitié assommé, le lion se hérissa : d'un bond furieux, il s'agrippa à la peau velue du géant qu'il déchira comme une écorce. Il lui enleva un morceau de hanche et lui trancha les muscles des fesses. Le géant se sentit gravement blessé, mais il se dégagea en beuglant comme un taureau. Levant son pieu à deux mains, il voulut en finir avec le lion et le frapper, mais il manqua son coup, le lion ayant fait un bond en arrière qui le mit hors de portée. Pendant ce temps, Yvain, qui avait récupéré, brandit de nouveau son épée et, sans que l'autre y prît garde, en deux coups, lui détacha l'épaule du tronc. Le géant tomba en poussant un hurlement, avec le fracas d'un chêne qu'on abat dans la forêt. Après quoi, Yvain, calmement, coupa la tête de Harpin de la Montagne.

Des acclamations saluèrent la victoire d'Yvain sur le monstre. On délia les deux jeunes gens qui se précipitèrent aux genoux de leur sauveur. Le comte pleurait et ne savait comment remercier son hôte. Sa fille bénissait Dieu de leur avoir envoyé ce chevalier inconnu qui les avait sauvés d'un terrible péril. Enfin, le comte demanda à Yvain : « Qui es-tu donc, chevalier ? Dis-le-moi afin que je puisse répandre ton nom à travers le monde. » Yvain s'essuya le visage avec un linge qu'un valet lui tendait, et répondit : « Si on t'interroge sur celui qui a vaincu Harpin de la Montagne et a délivré tes deux fils, tu répondras que c'était *le Chevalier au Lion*. Tel est le nom que je désire porter. Maintenant, je dois prendre congé car, avant midi, j'aurai encore rude besogne à accomplir ! »

Le comte et les siens le pressèrent de rester encore un moment avec eux. « Si je le voulais, je ne le pourrais pas, car j'ai donné ma parole de défendre une jeune fille que l'on accuse injustement. Mais je n'oublierai jamais votre accueil alors que vous étiez dans la peine et l'affliction. » Le comte voulut le faire accompagner par des hommes à lui, Yvain refusa tout net. Il remonta en selle et, après avoir salué comme il convenait ses hôtes, il s'éloigna au grand galop avec la seule compagnie de son lion.

Il ne fut pas long à retrouver la clairière où se trouvaient la fontaine, le pin et la petite chapelle. Il vit qu'on avait allumé un grand feu. Deux valets bruns, aux cheveux frisés, amenaient la jeune fille qu'on avait sortie de sa prison, et ils la conduisaient vers le bûcher, les mains liées et toute nue en sa chemise. Yvain arriva au moment où ils allaient la jeter dans les flammes. « Arrêtez ! » cria-t-il. Chacun s'immobilisa. Il descendit de cheval et s'avança vers un groupe d'hommes, leur demandant ce qui se passait et pourquoi on allait brûler la jeune fille. Ils racontèrent leur différend comme l'avait raconté Luned, la nuit précédente. Et ils ajoutèrent : « Yvain, le fils d'Uryen, lui a fait défaut, et c'est pourquoi nous allons la brûler. – En vérité, Yvain était un bon chevalier, et je serais bien étonné, s'il savait cette jeune fille dans cet embarras, qu'il ne vînt pas la défendre. – Peut-être, dirent-ils, mais en tout cas, il ne s'est pas présenté. – Nul ne sait où il se trouve, dit encore Yvain. Alors, si vous me le permettez, je prendrai sa place et j'irai me battre contre vous. – Par Celui qui nous a créés, nous acceptons, mais sache que tu devras te battre contre trois. – C'est entendu », répondit Yvain. Il remonta en selle et se prépara au combat. Le lion suivit son maître, comme s'il avait l'intention de le protéger. « Chevalier, dirent les trois accusateurs, il est convenu que nous nous battons contre toi, mais il n'a jamais été question de ce lion ! – C'est juste », répondit Yvain. Et il ordonna au lion de reculer et de se tenir tranquille. Le lion obéit, mais il était visible qu'il guettait tous les mouvements de son maître.

Les trois chevaliers attaquèrent les premiers. Yvain s'avança au pas, car il ne voulait pas lâcher la bride. Il leva son bouclier et les laissa briser leurs lances tandis que la sienne demeurait intacte. Alors, il recula de la distance d'un arpent et, brusquement, avec la rapidité de la foudre, se précipita sur ses adversaires. Il atteignit le sénéchal de sa lance et le fit basculer à terre. Le coup avait été si violent que le sénéchal resta allongé sur le sol un long moment, sans pouvoir riposter de quelque manière que ce fût. Les deux autres accoururent alors en brandissant leurs épées. Yvain réussit à parer leurs coups, et lui-même les blessa rudement. Cependant, le sénéchal parvint à se relever et vint à la rescousse : les trois accusateurs se précipitèrent alors ensemble sur Yvain, et celui-ci reçut quelques blessures qui le mirent mal en point.

C'est alors que le lion qui, jusque-là, avait regardé le combat en demeurant immobile, comprit que son maître était en danger. Il poussa un rugissement de colère et bondit, assaillant avec une telle rage le sénéchal que, du premier coup, il lui déchira son haubert et lui déchiqueta l'épaule. Le sénéchal tomba pour ne plus se relever. Les deux autres se ruèrent sur Yvain, bien décidés à lui faire payer cher la mort de leur compagnon. Mais, là encore, le lion bondit sur les deux félons. Ils reculèrent et attaquèrent l'animal, tandis qu'Yvain se précipitait à son tour afin de les pourfendre de son épée. Comprenant que tout était perdu, ils eurent la sagesse de demander leur grâce, ce qu'Yvain leur octroya volontiers. Peu lui importait le sort de ces deux hommes, puisqu'il avait réussi, malgré les blessures qu'il avait reçues, à justifier Luned. On libéra celle-ci et on chanta les louanges du courageux chevalier qui avait pris sa défense. Mais quand on le chercha pour l'inviter, de la part de la Dame de la Fontaine, à venir se reposer dans la forteresse de Landuc, on ne le trouva point. Il avait profité du tumulte qui avait suivi sa victoire pour disparaître dans la forêt avec son lion.

Mais Yvain souffrait de ses blessures, et le lion avait été lui aussi atteint en plusieurs endroits. Tous deux eurent grande peine à poursuivre leur route. Au moment où la nuit allait tomber, ils arrivèrent devant une forteresse dont la porte était déjà fermée. Yvain appela. Le portier lui ouvrit et prit son cheval par les rênes : « Seigneur, dit-il, tu parais mal en point. Sois assuré que nous te procurerons l'hospitalité dont tu as besoin. – Volontiers, bel ami, répondit Yvain, car je ne pourrai pas continuer longtemps à cheminer ainsi. » On les fit entrer, lui et son lion. On mit son cheval à l'écurie, on le désarma, et on avertit le seigneur de la maison qui vint aussitôt à sa rencontre, accompagné de son épouse et de ses filles. Ils l'accueillirent avec empressement, le menèrent dans une chambre tranquille et, par bienséance, logèrent le lion avec lui. Deux des filles du seigneur, qui étaient expertes en médecine et en chirurgie, s'employèrent à les soigner de leur mieux. Yvain et son lion séjournèrent là autant de jours qu'il fallut pour qu'ils fussent rétablis de leurs blessures.

Mais si son corps était guéri, l'esprit d'Yvain était

loin d'avoir retrouvé la paix. Il ne cessait de penser à la Dame de la Fontaine. Son amour était sans remède puisque c'était sa dame elle-même qui l'avait chassé de sa vue. Pourtant, au fond de lui-même, renaissait un vague espoir. Il décida de retourner à la fontaine et d'y soulever de telles tourmentes que, par force et par nécessité, Laudine de Landuc serait contrainte de conclure la paix avec lui. Il prit donc congé de ceux qui l'avaient si courtoisement hébergé et se dirigea vers la forêt où se trouvaient la clairière, la fontaine, le pin et la petite chapelle.

Mais il se trompa de chemin et s'égara sur une grande lande dont il ne voyait pas l'issue. Il parvint ainsi jusqu'à un grand ravin impossible à franchir tant les pentes en étaient rudes et tant la végétation qu'il y avait au fond était dense et ténébreuse. Il décida de suivre le ravin jusqu'à ce qu'il pût trouver le moyen de le franchir. Au bout d'un certain temps, il aperçut la masse imposante d'une forteresse qui jaillissait des broussailles. Comme le soir tombait, il se dit qu'il pourrait être hébergé en cet endroit, et il alla dans cette direction. Mais, plus il marchait, plus la forteresse lui semblait lointaine. Il atteignit alors un petit bois où il rencontra un bûcheron qui, ayant fini de couper des arbres, se préparait à rentrer chez lui. Il lui demanda quelle était la forteresse qu'on voyait à l'horizon et quel était le plus court chemin pour y accéder. « Ce n'est pas difficile, seigneur, répondit le bûcheron ; il suffit de traverser le ravin par le sentier que tu aperçois sur la gauche, à la sortie du bois. Mais je te déconseille d'y aller, car il y a bien longtemps que cette forteresse est possédée par les démons. Tous ceux qui ont le malheur de s'y arrêter subissent de grandes moqueries et beaucoup n'en reviennent pas. C'est pourquci on l'appelle le Château de Pesme Aventure [1]. – Je te remercie de tes

1. En latin, *pessima* signifie « pire ». Cette forteresse est donc le « Château de la Pire Aventure ».

conseils, répondit Yvain, mais j'irai tout de même, car je ne désire pas passer la nuit dehors. » Il quitta le bûcheron et, toujours suivi de son lion, s'engagea dans le sentier qui était étroit et tortueux, bordé de ronces et de plantes épineuses qui labouraient les flancs de son cheval. Enfin, il sortit du ravin et se trouva en face d'une immense forteresse dont les murailles, de couleur grise, étaient hérissées de grandes tours munies de créneaux et de poivrières. A vrai dire, l'aspect de cette forteresse n'avait rien d'engageant. Dans la lande qui s'étendait sous la forteresse, des gens allaient et venaient. Et certains interpellèrent Yvain : « Mal venu ! Tu es le mal venu, seigneur ! Cet hôtel t'a été indiqué pour ta honte et pour ton malheur ! – Mauvaises gens, répondit Yvain, pourquoi donc m'accueillez-vous ainsi ? – Pourquoi ? Tu le sauras bien assez tôt si tu as le courage d'avancer. Mais tu n'en sauras rien tant que tu ne seras pas monté là-haut dans la forteresse ! »

Yvain se dirigea vers l'entrée mais, autour de lui, les gens disaient : « Malheureux ! Où vas-tu ? Si jamais quelqu'un t'accabla de honte et d'outrages, là où tu vas, tu en recevras comme jamais tu n'en as reçu ! – Gens sans honneur et sans courage ! s'écria Yvain avec colère, misérables insolents, pourquoi me traitez-vous ainsi ? Que vous ai-je fait pour que vous vous moquiez ainsi de moi ? » A ce moment, une dame d'un certain âge et qui paraissait fort courtoise lui dit : « Ami, tu te fâches sans raison. Ils ne disent rien pour te déplaire, mais ils t'avertissent, si tu le comprends bien, de ne pas aller t'héberger là-haut. Ils n'osent pas t'en dire la raison, mais ils te provoquent parce qu'ils veulent t'effrayer. Ils ont l'habitude de faire la même chose avec tous ceux qui passent par ici, pour leur éviter d'aller plus avant. La coutume est telle que nous n'osons loger en nos maisons aucun voyageur qui vienne du dehors. Mais rien ne t'empêche de t'y rendre et personne ne te barre le chemin. Tu peux aller là-haut si tel est ton désir, mais si tu veux mon avis, tu ferais bien de t'en retourner ! – Je te remercie de tes conseils, dame, dit Yvain, mais je n'ai jamais reculé devant une menace. »

Il s'avança vers la porte en compagnie de son lion. « Viens vite ! cria le portier dès qu'il le vit. Viens vite et sois le mal venu ! Tu seras dans un lieu où l'on te tiendra bien ! » Yvain ne répondit rien, comme si l'insolence des propos ne le touchait d'aucune façon. Il passa le seuil, devant le portier. Il continua et vit une immense salle et, au fond, une sorte de préau clos de gros pieux aigus. Entre les pieux, il aperçut au moins trois cents jeunes filles qui tissaient divers ouvrages de fil d'or et de soie. Leur pauvreté était grande ; elles n'avaient pas de ceintures, leurs cottes étaient déchirées sur les seins et sur les flancs, et leurs chemises étaient sales. Elles avaient le cou grêle et le visage tout blêmi de faim et de maladie. Quand elles virent Yvain, elles baissèrent la tête et se mirent à pleurer ; elles demeurèrent un assez long temps ainsi, n'ayant plus le courage de rien faire, tant elles étaient abattues et lasses. Quand Yvain les eut regardées, il retourna vers la porte, mais le portier s'élança vers lui en criant : « C'est trop tard ! Tu es entré, et tu ne t'en iras pas maintenant. Tu voudrais bien être dehors, n'est-ce pas ? Mais, par mon chef, cela ne sera pas. Et tu seras si mortifié que tu ne pourrais l'être davantage. Tu as été bien fou d'entrer ici, car il n'y a rien à faire pour en sortir. – Je n'en ai nulle envie, frère, répondit Yvain. Mais dis-moi, par l'âme de ton père, qui sont ces jeunes filles que j'ai vues dans le préau, qui tissent des draps d'or et de soie. Les ouvrages me plaisent beaucoup, mais il me déplaît que ces jeunes filles soient misérables, maigres de corps et pâles de visage. Elles seraient très belles, il me semble, si elles avaient tout le nécessaire ! – Je ne te répondrai pas, dit le portier. Cherche quelqu'un qui puisse te renseigner là-dessus ! – Soit, dit Yvain, c'est bien ce que je vais faire. »

Il chercha la porte du préau. Une fois qu'il fut à l'intérieur, il se trouva au milieu des jeunes filles en pleurs. « Dieu veuille, dit-il, que ce chagrin qui est le vôtre, et dont j'ignore la cause, se change bientôt en joie et liesse ! – Seigneur, que Dieu que tu as invoqué veuille bien t'entendre, dit l'une des jeunes filles. Si tu le désires, je peux te raconter pourquoi nous sommes là, ce que nous y faisons et quelle est notre condition. – Parle, jeune fille, et ne me cache rien des ennuis qui sont les tiens et ceux de tes compagnes.

– Seigneur, lui dit la jeune fille, il y a longtemps, le roi de l'Ile-aux-Pucelles entreprit de voyager, afin d'apprendre des choses nouvelles, à travers les pays du monde. Il alla tant, comme un fou naïf, qu'il se jeta dans ce péril. Il vint en ce lieu pour notre malheur, car c'est nous, les captives, qui sommes ici, qui en supportons la honte et les souffrances, bien que nous ne les ayons certes pas méritées. Sache que toi-même, tu peux t'attendre à un affront mortel si l'on n'accepte pas ta rançon. Je disais donc que notre roi vint en ce château, où habitent deux fils de démon : ce n'est pas une fable, je peux jurer qu'ils sont nés d'une femme et d'un lutin diabolique[1].

« Ces deux diables, continua la jeune fille, combattirent le roi de l'Ile-aux-Pucelles, et ce fut pour lui une terrible épreuve car, à l'époque, il avait à peine dix-huit ans : ils pouvaient le pourfendre aussi facilement qu'un agneau. Le roi eut grande peur, et il se tira de l'épreuve le mieux qu'il put, en jurant d'envoyer chaque année, dans cette forteresse, trente des jeunes filles de son royaume. Il fut tenu quitte pour cette rente. Il fut

1. Le terme médiéval utilisé par Chrétien de Troyes, dont je suis ici soigneusement le texte, est *netun*, probablement issu du latin *neptunus* (Neptune), désignant au Moyen Age un être maléfique hérité du paganisme. L'épisode de Pesme Aventure semble être le pendant *noir* de la naissance de Merlin : cette fois, c'est l'esprit du Mal qui l'emporte sur l'esprit du Bien.

convenu par serment que ce tribut durerait jusqu'à la mort des deux démons et que, le jour seulement où ils seraient vaincus en bataille, le roi serait déchargé de cet impôt : nous serions alors libérées, nous qui sommes abandonnées à la honte, à la souffrance, à la misère, au désespoir, et qui sommes privées de toute joie et de tout plaisir. Mais je dis cela en pure perte, car je sais très bien que nous ne sortirons jamais d'ici.

« Toujours nous travaillerons la soie, et jamais nous ne serons mieux vêtues. Nous serons toujours pauvres et nues et nous aurons toujours faim et soif. Jamais nous ne saurons gagner assez pour améliorer notre vie quotidienne. On nous donne du pain avec parcimonie, peu le matin et encore moins le soir. Pour vivre, chacune de nous n'a que ses mains et le travail qu'elles peuvent accomplir et, pour cela, on nous paie quatre deniers. Cela ne suffit pas pour assurer la nourriture et le vêtement, car qui gagne ici vingt sous la semaine n'est pas pour autant tiré d'affaire et sache bien qu'aucune de nous ne gagne vingt sous ou plus ! Avec une telle somme, un duc serait riche, mais ici, nous sommes pauvres, et c'est celui pour qui nous travaillons qui s'enrichit de notre peine[1]. Nous veillons une grande

1. Cet étrange discours, emprunté tel quel au récit de Chrétien de Troyes, a fait l'objet de nombreux commentaires. A la fin du XIIe siècle, la Champagne était l'une des régions les plus prospères d'Europe grâce au commerce et aux industries textiles. La ville de Troyes contenait de nombreux ateliers qui employaient une multitude d'ouvriers et surtout d'ouvrières mal payées et dont le travail harassant profitait aux propriétaires, de véritables dictateurs exploitant la misère du peuple. Il est étonnant de constater que Chrétien de Troyes, habitué de la très riche cour de Marie de Champagne, n'a pas laissé passer l'occasion d'exposer les revendications ouvrières de son époque. Il en savait sûrement quelque chose, et cette longue description de la misère des ouvrières du textile, camouflée sous l'apparence d'un récit fantastique et mythologique, a toutes les chances d'être authentique. C'est en tout cas un précieux témoignage sur la société précapitaliste du XIIe siècle, à l'époque de l'émancipation des villes et de la montée de la bourgeoisie.

partie de la nuit et nous travaillons toute la journée et, lorsque nous nous arrêtons, on menace de nous mettre à la torture ou de nous tuer. Aussi, nous n'osons même pas prendre de repos. Que te dirai-je de plus ? Nous sommes si malheureuses que je ne saurais te raconter le quart de nos souffrances. Mais, ce qui nous rend folles de douleur, c'est que très souvent, nous voyons des hommes valeureux et pleins de courage venir combattre les démons qui nous gardent. Ils payent très cher l'hospitalité qu'on leur accorde. C'est d'ailleurs ce qui t'arrivera demain, car il te faudra, bon gré, mal gré, combattre tout seul contre les deux diables incarnés. Et je t'assure que tu y perdras ton nom !

– Je l'ai déjà perdu, mon nom, dit Yvain avec une certaine amertume. Mais je répète mon vœu : que Dieu nous rende joie et honneur, et je jure bien que si je peux vous tirer de votre peine, je le ferai volontiers. Maintenant, je veux aller voir quelle mine me feront les gens qui habitent ce château. – Va donc, seigneur, répondit la jeune fille, et que te protège Celui qui donne et disperse tous les biens de ce monde. »

Il arriva dans la grande salle et n'y trouva ni bonnes ni mauvaises gens qui lui fussent de quelque secours. Il poursuivit son chemin et se retrouva dans un verger. Il aperçut alors, appuyé sur le coude, un homme d'un certain âge qui gisait sur un drap de soie. Une jeune fille se tenait devant lui et lui racontait une histoire du temps jadis. Pour écouter la conteuse, une dame était venue également s'accouder. D'après la ressemblance, ce devait être la mère de la jeune fille, et l'homme d'un certain âge ne pouvait être que son père. Elle ne paraissait pas avoir plus de dix-sept ans, et elle était si belle et si douce que le dieu amour eût mis tous ses soins à la servir s'il l'avait connue, et il ne l'eût fait aimer par un autre que lui-même ; pour obtenir ses bonnes grâces, il eût plutôt renoncé à sa divinité et se fût changé en homme.

Quand ils s'aperçurent qu'Yvain était entré dans le verger, tous ceux qui s'y trouvaient se levèrent et l'entourèrent : « Sois béni, seigneur, dirent-ils, sois béni en toutes tes entreprises, et que Dieu aide tous ceux que tu aimes. » Ils étaient tous en grande joie et lui firent très bonne figure, comme s'ils avaient plaisir à l'héberger. La fille du seigneur le servit et l'honora, comme on le doit à un hôte de marque. Elle lui ôta son armure et, de ses belles mains, lui découvrit le visage. Puis elle tira d'un coffre une chemise ridée et des braies blanches et, prenant du fil et une aiguille, elle lui cousit les manches. Elle mit ensuite autour de son cou un manteau de vair et d'écarlate. Yvain était confus de tant d'attentions et ne savait pas ce qu'il fallait en penser : cela contrastait tellement avec l'hostilité qu'on lui avait manifestée jusqu'alors.

Quand il fut habillé et paré, Yvain se promena à travers le verger, et son lion le suivit tranquillement comme s'il avait été un chien fidèle. Yvain admira les arbres et les fleurs et s'engagea ensuite dans une courtine d'où il pouvait voir tout le paysage alentour. Il aperçut un vol d'oiseaux noirs dans le ciel qui semblaient tourbillonner autour de lui. Intrigué, il les regarda attentivement. L'un des oiseaux plongea et disparut derrière une échauguette. Quelques instants plus tard, il vit surgir une femme vêtue d'un grand manteau noir et dont la chevelure brune flottait au vent. La femme s'approcha de lui et Yvain la reconnut. « Morgane ! s'écria-t-il. Que fais-tu ici ? – Ne parle pas si fort, répondit-elle. Il est inutile qu'on sache ma présence ici. Je suis venue t'avertir que tu devras demain affronter le plus terrible péril auquel tu te sois exposé. – Ne t'inquiète pas pour moi, Morgane, je me suis tiré de plus mauvais pas et je savais, en venant ici, que je m'exposais à de grands dangers. Mais peu m'importe, puisque la femme que j'aime m'a rejeté. Je préfère mourir dignement que de mener une vie de regret et de remords. » Morgane se mit à rire. « Ce n'est pas encore le moment ! dit-elle. Tu as mieux à faire que de te morfondre en songeant à la Dame de la Fontaine ! – Tu connais bien des choses, Morgane, tu as beaucoup de pouvoirs, mais tu ne peux rien pour moi. – Qu'en sais-tu ? demanda-t-elle. – Je n'ai pas confiance en toi », répondit Yvain. Morgane le regarda avec ses yeux intensément lumineux. « Tu as bien tort. Luned est une de mes fidèles servantes, et c'est sur mon ordre qu'elle est venue à ton secours quand tu te trouvais dans un péril mortel. C'est encore sur mon ordre qu'elle a fait en sorte de te réconcilier avec Laudine de Landuc, puis te permettre de l'épouser. Il est vrai que tu t'es acquitté de ta dette envers elle, puisque à ton tour, tu lui as sauvé la vie. Ecoute-moi bien, Yvain, fils du roi Uryen : il y a des choses qui te dépassent, parce que tu n'es pas capable de les comprendre. Sache que, demain, il te faudra combattre deux adversaires que personne n'a jamais pu vaincre parce qu'ils sont protégés par des pouvoirs magiques. – Ce n'est pas la première fois que j'affronterai de tels pouvoirs. Jusqu'à présent, j'en ai toujours eu raison, au nom de Dieu tout-puissant. – Peut-être, mais tu n'as jamais eu à combattre deux fils de diable. Je sais ce qu'il en est, et j'ai reçu les enseignements de Merlin à ce sujet. » Elle se tut, fouilla dans son manteau et tendit à Yvain un cordon au bout duquel pendait une médaille en métal blanc. « Prends ce talisman et promets-moi de le porter sur toi lorsque tu iras combattre ces maudits démons. Il m'a été remis par Merlin, et c'est le seul moyen de te protéger. Jure-moi de le porter. – Je te le jure, dit Yvain, mais puis-je te demander, Morgane, pourquoi tu t'intéresses tant à moi ? Jusqu'à présent, tu paraissais plutôt hostile à mon égard ! » Morgane sourit. Elle regarda le ciel où tournoyaient les oiseaux. « Il faut que je parte, dit-elle. Prends bien soin de toi. Fais-le au moins pour l'amour de ton père, le roi Uryen. » Elle disparut de l'autre côté du mur. Peu après, Yvain vit un oiseau noir s'envoler de l'échauguette et rejoindre ceux qui tournoyaient.

Bientôt, les oiseaux prirent la direction du couchant et disparurent dans les brouillards du soir.

Yvain retourna au verger où l'on semblait ne pas s'être aperçu de son absence. Comme le moment du repas était proche, on l'emmena dans la salle où les tables avaient été préparées. On le fit asseoir entre le maître du château et sa fille et on lui servit les mets les plus délicats qu'il eût jamais mangés. Et quand la nuit fut venue, on le mena dans une chambre, en grande cérémonie. Lorsqu'il fut au lit, bien à l'aise, ils se retirèrent. Et Yvain s'endormit, le lion gisant à ses pieds comme il en avait l'habitude.

Le lendemain, il demanda naturellement son congé à son hôte. « C'est impossible, répondit celui-ci. Ami, il faut que tu saches qu'il y a dans ce château une très mauvaise coutume de diablerie. Cette coutume est établie depuis fort longtemps et je suis obligé de l'observer. Je ferai venir ici deux hommes d'armes très puissants et très rusés : il te faudra combattre contre eux, de gré ou de force. Si tu peux te défendre victorieusement et les tuer tous les deux, tu auras ma fille en mariage et tu posséderas ce château avec toutes ses dépendances. – Seigneur, répondit Yvain, je n'ai point le désir de me marier. – Tais-toi, bel hôte, tu cherches de vaines excuses, car tu ne peux échapper à la nécessité. Celui qui pourra vaincre les deux maudits qui vont t'assaillir, devra avoir ma fille pour épouse, mon château et toute sa terre. Le combat ne peut manquer d'avoir lieu. Est-ce la couardise qui te fait parler ainsi ? Tu pensais peut-être éviter la bataille ? Mais sache que tout chevalier qui couche dans ce château ne peut échapper à son destin. Et ma fille ne sera mariée que lorsque les deux maudits seront morts. – Fort bien, dit Yvain. Puisqu'il en est ainsi, je me battrai. Mais quant au reste, nous en reparlerons plus tard. »

Les deux fils du lutin diabolique s'avancèrent. Ils étaient hideux et noirs. Ils portaient tous deux un bâton cornu de cornouiller, garni de cuivre, d'aspect redoutable. Ils étaient recouverts d'une épaisse armure, des épaules jusqu'au bas des genoux, mais ils avaient la tête nue. Ils tenaient, au-dessus d'eux, des boucliers ronds avec lesquels ils faisaient des moulinets. Le lion, quand il les aperçut, commença à frémir, près de se jeter sur eux. Mais ils le virent et dirent à Yvain : « Vassal, écarte ton lion qui nous menace ! Proclame-toi tout de suite vaincu, ou mets cet animal en lieu sûr afin qu'il ne puisse ni t'aider ni nous faire du mal ! – C'est juste, dit Yvain, où voulez-vous que je l'enferme ? » Ils lui montrèrent une chambre dont la fenêtre était fermée d'un lourd grillage. « Enferme-le là-dedans ! » Il fallut bien accepter et Yvain emmena son lion dans la chambre puis revêtit ses armes.

Quand ils virent le lion enfermé, les deux champions s'élancèrent, brandissant leurs bâtons. Du premier coup, ils enfoncèrent le bouclier et le heaume d'Yvain, et celui-ci dut reculer tant le choc avait été rude. Il se reprit cependant et, avec sa bonne épée, il commença à frapper hardiment ses adversaires qui durent reculer à leur tour. Mais les coups pesants que leur portait Yvain ne faisaient qu'accroître leur fureur, et Yvain se sentait faiblir.

Dans la chambre, le lion ne restait pas inactif. Il avait bien compris que son maître était en danger et bouillait d'impatience d'aller le rejoindre pour le protéger et mettre à mal ses ennemis. Comme il ne pouvait rien contre la fenêtre munie d'épais barreaux, ni contre la porte, qui était en fer, il se mit à gratter le sol de ses griffes, le plus profondément possible. Et il creusa tant et si bien qu'il y eut bientôt un grand vide sous la porte. Alors, le lion s'aplatit le plus qu'il put et se retrouva dehors. Là, sans perdre un instant, il se jeta sur l'un des maudits et le renversa, le roulant sur le sol comme une pelote. Il en avait à peine fini avec celui-là qu'il se rua sur l'autre. Pour l'éviter, le maudit bondit sur le côté, mais Yvain, qui le guettait, leva son épée et lui trancha la tête d'un seul coup. Il revint alors vers celui qui gisait sur le sol. Le maudit était fort mal en point, avec une épaule arrachée et du sang qui coulait en abondance de toutes ses plaies. « Avoue-toi vaincu ! s'écria Yvain en le menaçant de son épée. – Je le reconnais, répondit l'autre, je suis vaincu malgré moi ! – Alors, tu n'as plus rien à craindre de moi, ni de mon lion. » Et Yvain, l'abandonnant à son sort, retourna vers le château. Il y fut accueilli avec une joie indescriptible. Le seigneur et sa femme s'empressèrent auprès de lui et lui dirent en lui donnant l'accolade : « Seigneur, tu seras notre fils à présent, puisque tu auras notre fille pour épouse ! – Je ne la prendrai pas, répondit Yvain. Je ne refuse pas par dédain, car c'est la plus jolie fille de tout le pays. Mais je ne peux ni ne dois la prendre. Mais, en revanche, s'il te plaît, fais en sorte que les captives soient toutes libérées. Les conditions sont remplies pour qu'elles puissent sortir d'ici. – En effet, dit le maître de Pesme Aventure, je te les dois, et elles seront libres dès aujourd'hui. Je m'y engage solennellement. Mais daigne prendre ma fille avec tout ce qu'elle possède. Elle est belle, douce et sage. Que te faut-il de plus ? – Seigneur, répondit Yvain, tu ne comprendrais pas. Tu ignores tout de mes affaires, et tu ne sais même pas mon nom. On me connaît comme étant *le Chevalier au Lion*, c'est bien suffisant ainsi. Mais sache que si je refuse ta fille, c'est qu'il ne peut en être autrement. Maintenant, il faut que je parte. » Et en disant cela, Yvain ôtait ce qui lui restait de son armure. « Tu ne partiras que si je l'ordonne, s'écria tout à coup le maître du château. Si tu refuses ma fille, jamais la porte de la forteresse ne s'ouvrira pour toi et tu resteras en ma prison. Tu me fais injure mortelle en dédaignant ma fille que je t'offre. – Loin de moi la pensée de t'offenser, répliqua Yvain. Je te répète que je ne peux prendre femme ni demeurer ici. – Alors, tu devras mourir ! »

cria le père. Il sortit un poignard qu'il brandit vers la poitrine d'Yvain qui ne broncha pas. L'autre appuya le poignard, mais la lame heurta le talisman que Morgane avait remis à Yvain. Subitement, le maître du château se figea dans une totale immobilité. Et, regardant autour de lui, Yvain s'aperçut que tous ceux qui l'entouraient se trouvaient dans la même attitude. Seuls, lui, son lion et son cheval semblaient encore vivants. Yvain ne prit pas le temps de réfléchir plus longuement. Il sauta sur son cheval noir et, suivi joyeusement par le lion, se mit à galoper sur la lande en direction de la forêt. Il ne se retourna point pour regarder une dernière fois les murailles et les tours de l'étrange forteresse de Pesme Aventure.

Il se retrouva bientôt dans la clairière, près de la fontaine. Son cheval paissait paisiblement l'herbe grasse, et le lion, couché comme un chien, dormait au pied d'un arbre. La mélancolie s'empara une nouvelle fois d'Yvain. Certes, puisqu'il avait été renié par la femme qu'il aimait, il aurait pu accepter la jeune fille qu'on lui avait proposée. Mais il savait qu'il n'aurait jamais été heureux, qu'il n'aurait jamais retrouvé la paix dans son âme. Il savait qu'il n'aimait qu'une seule femme, Laudine de Landuc, et que rien ne pourrait affaiblir l'amour qu'il lui portait. Il mit la main à sa poitrine pour mesurer les battements de son cœur, et, ce faisant, il toucha le talisman de Morgane. « Certes, pensa-t-il, je ne croyais pas Morgane, mais c'est bien cela qui m'a sauvé la vie lorsque le père de la jeune fille a voulu me tuer. Ce n'est pas les deux maudits démons que je devais craindre le plus, mais un père outragé, et cela, Morgane le savait. Désormais, je serai son fidèle chevalier et je la servirai de mon mieux si elle a besoin de moi. » Et, tout à coup, il pensa à ce que Morgane lui avait dit : Luned était une de ses disciples, et c'est sur son ordre à elle que Luned avait agi, pour le sauver d'abord quand on le pourchassait dans la forteresse de Landuc, pour lui faire épouser Laudine ensuite. Yvain se sentit brusquement rempli d'espoir : puisque Morgane avait voulu cela, ne voulait-elle pas aussi qu'Yvain se réconciliât avec la Dame de la Fontaine ? « Je connais le moyen de la fléchir », se dit-il. Et, sans plus attendre, il prit le bassin, le remplit d'eau dans la fontaine et versa le tout sur le perron.

La tempête fut terrifiante. Il semblait que toute la forêt allait s'engloutir dans un abîme insondable. Dans la forteresse de Landuc, la dame craignit que son château ne s'effondrât tout d'un coup. Les murs se lézardèrent en plusieurs endroits, la tour trembla, et il s'en fallut de peu qu'elle ne se renversât. Les gens avaient tellement peur qu'ils maudissaient leurs ancêtres. « Honni soit le premier homme qui éleva une maison dans ce pays, honnis soient ceux qui construisirent ce château ! Car, sous le ciel, ils n'auraient pas trouvé un endroit aussi détestable, puisqu'un seul homme peut nous envahir et nous persécuter ! » La tempête se calma cependant. Mais, le lendemain, Yvain versa de nouveau de l'eau sur le perron, et le surlendemain également. Il subissait lui-même les effets de l'orage et de la pluie, mais peu lui importait : il savait bien que Laudine allait réagir d'une façon ou d'une autre. Et quand la tempête cessait, il se réjouissait d'écouter le chant des oiseaux sur le pin.

Le troisième jour, Luned alla trouver Laudine. « Dame, lui dit-elle, cela ne peut plus durer ainsi. Il nous faut trouver de toute urgence un défenseur pour la fontaine. Or, aucun de ceux qui sont avec nous dans cette forteresse n'est assez courageux pour affronter le péril. Nous devons aller chercher ailleurs. – Oui, répondit Laudine, mais où aller le chercher ? As-tu un avis, toi qui donnes parfois de si bons conseils ? – Je n'en ai pas, répondit sèchement Luned. Et puisque nécessité fait loi, prends un de tes vassaux et ordonne-lui de surveiller la fontaine. Je ne garantis pas le résultat, mais il faut faire avec ce que l'on a. – Tu n'y penses pas !

s'écria la dame. Ils sont tous plus couards les uns que les autres, et le seul bruit de la tempête les fait se terrer dans des caves ! – Je n'ai plus rien d'autre à proposer », dit Luned. Et elle sortit de la chambre.

Elle était à peine dans le corridor qu'elle entendit la porte se rouvrir. « Attends, disait la dame, il faut que nous parlions encore. » Luned rentra dans la chambre et s'assit en face de Laudine. Celle-ci lui demanda : « Connais-tu bien celui qu'on appelle *le Chevalier au Lion* ? – Certes, puisque c'est lui qui m'a sauvée du bûcher où voulaient me jeter des menteurs et des félons. Et je sais qu'il a accompli bien d'autres exploits. – C'est lui qu'il nous faut ! s'écria la dame. – Comment ? s'écria Luned. Mais tu n'y penses pas ! Il m'a dit lui-même qu'il n'entreprendrait plus rien tant qu'il sentirait la rancune et le mauvais vouloir d'une femme qu'il aime tendrement, car il en meurt d'ennui et de désespoir. – Et si nous l'aidions à se réconcilier avec sa dame ? – Ma foi, dit Luned, ce serait une bonne chose, mais c'est impossible. – Pourquoi donc ? – Il n'a jamais voulu dire à quiconque qui était cette femme et quelle était la raison de leur brouille. – Eh bien, tâchons de l'apprendre. Nous ferons ainsi une bonne action vis-à-vis de lui, et il nous le rendra en gardant la fontaine. Voyons, Luned, tu as connu *le Chevalier au Lion*. Je suis sûre que tu sais le moyen de l'approcher. Va donc le trouver et fais-lui part de ma proposition : je le réconcilie avec sa dame et il défend ma fontaine. – Je veux bien essayer, dit Luned, mais je pense que ce sera difficile de le convaincre. » En prononçant ces paroles, Luned riait sous cape. Elle prit congé de la dame, se fit préparer un cheval et s'en vint immédiatement à l'endroit où elle pouvait trouver *le Chevalier au Lion*, c'est-à-dire près de la fontaine.

Yvain était assis contre le tronc d'un arbre, et le lion dormait, blotti à ses pieds. Quand il vit Luned approcher, Yvain se leva. « Quelles nouvelles m'apportes-tu ?

demanda-t-il. – Fort bonnes, à mon avis », répondit-elle. Et elle lui expliqua ce que proposait Laudine. Yvain fut tout à coup envahi par une joie intense. Il ne put s'empêcher d'embrasser Luned : « Ah ! s'écria-t-il, douce amie, comment te récompenserai-je de ce service ? Jamais je ne pourrai, je le crains, t'honorer comme tu le mérites ! – Je n'en demande pas tant, répondit Luned, mais, pour l'instant, il convient de nous mettre d'accord sur la façon dont se déroulera l'entrevue. » Ils parlèrent encore un long moment, puis ils se mirent en route pour la forteresse de Landuc. Le lion les suivit. Ils arrivèrent tous trois au château et ne dirent aucune parole à ceux qu'ils rencontrèrent. Laudine se réjouit grandement d'apprendre que sa suivante avait ramené *le Chevalier au Lion*. Elle le fit entrer dans sa chambre. Yvain tomba à genoux devant elle, la tête baissée, et elle ne put le reconnaître. « Console cet homme et jure-lui que tu le réconcilieras avec la femme qu'il aime, dit Luned à Laudine. – Oui, s'écria Laudine, par Dieu tout-puissant, je jure d'établir la paix entre cet homme et sa dame ! – Eh bien, dit encore Luned, il n'y a rien de plus facile, puisque cet homme, c'est Yvain, ton époux, et que sa dame, c'est toi-même, celle qu'il aime le plus au monde ! »

La dame se mit à trembler et Yvain releva la tête. Elle le reconnut bien. « Dieu me sauve, dit Laudine à Luned, tu m'as bien prise au piège ! Tu me feras aimer malgré moi celui qui ne m'aime pas ! J'aimerais mieux endurer toute ma vie les vents et les orages plutôt que de lui pardonner ! – Pourtant, dit Luned, tu viens de jurer. Oserais-tu renier ton serment ? » Laudine se mit à rougir et balbutia des mots sans suite. Yvain comprit que son affaire tournait bien et qu'elle allait se rendre. Après un long moment, Laudine alla vers Yvain, le prit par les épaules et le releva. « Soit, je ne puis me parjurer ; autant faire la paix entre nous tout de suite. – Grand merci, dit Yvain, je te sais gré de me pardonner. C'est la folie qui me fit oublier le délai que tu m'avais fixé. Je le regrette amèrement, et s'il faut faire un nouveau serment, je peux jurer que jamais plus je n'aurai de semblable attitude. Je veux me consacrer à toi et je défendrai la fontaine chaque fois qu'il sera nécessaire de le faire. » Laudine et Yvain se jetèrent dans les bras l'un de l'autre, et Luned sortit de la chambre, les yeux humides.

C'est ainsi qu'Yvain, le fils du roi Uryen, devenu pour un temps *le Chevalier au Lion*, retrouva la paix de son cœur. Tant qu'il vécut, il n'eut pas d'autre femme et ne la quitta jamais plus. Quant au lion, il suivit dès lors son maître dans toutes ses expéditions[1].

1. Synthèse entre *le Chevalier au Lion* de Chrétien de Troyes, texte du XIIe siècle, et *Owein ou la Dame de la Fontaine*, récit gallois également du XIIe siècle.

6

La Princesse lointaine

Quand Yvain se rendit en Rheged, à la cour du roi Uryen, son père, en compagnie de son épouse Laudine de Landuc, il fut bien surpris d'y retrouver Morgane. Uryen, en effet, qui était veuf depuis plusieurs années, avait pris la sœur d'Arthur comme femme, bien qu'il fût bien plus âgé qu'elle et sans se soucier de ce que ses vassaux pouvaient penser de cette union. Yvain comprit alors pourquoi Morgane était venue à son aide lors de son séjour mouvementé au château de Pesme Aventure. Il y eut de nombreuses réjouissances pour le retour d'Yvain, qui raconta à son père, avec force détails, ce qui lui était arrivé dans la forêt de Brocéliande.

A ce moment-là, il y avait à la cour de Rheged un jeune chevalier pour lequel Uryen éprouvait beaucoup de sympathie. Il se nommait Guigemer, et il était le fils d'un petit seigneur de la Bretagne armorique. Son père l'avait envoyé auprès du roi Uryen pour que celui-ci en fît un noble et preux chevalier. Uryen avait tellement apprécié la bravoure, les manières et l'habileté de Guigemer, qu'il en avait fait l'un de ses proches et qu'il le consultait chaque fois qu'une décision était à prendre. Car le jeune homme était aussi sage que brave, et tout le monde le tenait en grande affection. Les femmes de la cour l'auraient volontiers pris comme ami, et plusieurs d'entre elles l'avaient requis d'amour, mais Guigemer paraissait ne pas s'en apercevoir. Seul comptait pour lui l'art de chevalerie.

Un soir, il décida de partir à la chasse le lendemain et s'y prépara en conséquence. En pleine nuit, il fit éveiller ses écuyers, ses veneurs et ses rabatteurs. Au petit matin, il quitta son logis et pénétra dans la forêt. Il fut bientôt sur la piste d'un grand cerf roux. On découpla les chiens et les veneurs coururent par-devant. Guigemer les suivait à distance, un valet lui portant son arc, son couteau de chasse et son carquois. Tout en chevauchant, il cherchait un gibier sur lequel il aurait pu lancer ses flèches. Mais le bruit que faisait tout ce monde éloignait les animaux, et Guigemer se sépara de ses compagnons pour mieux débusquer une proie. Il alla tant qu'il sortit de la forêt et se trouva sur une grande lande fleurie qu'il traversa rapidement. De l'autre côté, sur le flanc d'une montagne, une autre forêt, très ombragée, s'offrit à ses regards. « Voici qui me convient, se dit-il. Ici, je pourrai chasser tout à loisir. »

Il s'engagea dans le bois. Dans l'épaisseur d'un grand buisson, il vit une biche et son faon qui s'enfuyaient silencieusement à son approche. C'était une bête toute blanche, qui avait sur la tête les bois d'un cerf. Sans hésiter, Guigemer tendit son arc et tira. La flèche atteignit la biche au sabot de devant. La bête s'abattit aussitôt, mais, chose merveilleuse et incroyable, la flèche revint en arrière, vola à travers les airs et vint frapper Guigemer à travers la cuisse, lui causant une intolérable souffrance et l'obligeant à descendre de son cheval. Il s'écroula sur l'herbe verte, perdant son sang en abondance. Quant à la biche, elle était si cruellement blessée qu'elle geignait. Et voici qu'elle se mit à parler d'une voix humaine : « Tu m'as tuée, homme maudit, tu m'as causé une blessure qui me sera fatale ! Mais toi, vassal, qui m'as ainsi blessée, tu n'auras jamais remède à ta blessure, ni par herbe, ni par art de médecine, ni par incantation. Tu souffriras sans que personne puisse venir à ton aide, jusqu'à ce que tu découvres celle qui te guérira, celle qui souffrira pour toi les pires tourments de l'amour que jamais aucune femme ne connut. Et toi-même, tu souffriras encore plus de ton amour que de ta blessure, à tel point que tu feras l'émerveillement de tous ceux qui ont aimé, qui aiment et qui aimeront. Va-t'en d'ici, maudit chasseur ! Laisse-moi en paix ! »

Guigemer se redressa péniblement et eut bien du mal à se remettre en selle. Il s'éloigna en pensant à ce qu'il venait d'entendre et qui l'effrayait tant. Jamais il n'avait rencontré une femme dont il eût souhaité obtenir l'amour. Si les paroles qu'avait prononcées la biche étaient vraies, il ne lui restait plus qu'à mourir, car jamais il ne trouverait une femme qui pût souffrir d'amour pour lui plus que toutes les autres femmes du monde. Et pourtant, il n'avait aucune envie de mourir. Il appela son valet : « Ami, éperonne ton cheval ! Dis à mes compagnons de revenir au plus tôt ! » Le valet partit à grande allure et Guigemer demeura seul. Sa plaie était profonde. En gémissant, il prit un morceau de sa chemise et banda sa cuisse en serrant bien fort pour éviter que son sang ne coulât. Puis il attendit. Ses compagnons revinrent avec le valet et s'étonnèrent de ce qui lui était arrivé. On fit une civière et on le transporta jusqu'à son logis.

Là, on fit venir des médecins, mais ils eurent beau répandre des onguents sur la blessure, celle-ci ne se fermait pas et la souffrance qu'endurait Guigemer ne s'atténuait pas. Quelques jours plus tard, voyant que rien n'y faisait, Guigemer demanda à l'un des écuyers d'aller trouver la reine Morgane. Il savait qu'elle était savante en l'art de magie et en toutes sortes de médecines. Peut-être trouverait-elle le moyen de le guérir.

Quand elle fut prévenue, Morgane vint à son chevet. Elle examina la blessure et se fit expliquer par Guigemer comment une telle chose avait pu se produire. Il lui raconta tout par le détail, lui répétant les paroles prononcées par la biche blessée. « Certes, dit Morgane, te voici sous le coup d'un sortilège. Ce n'est pas une biche que tu as ainsi blessée, tu t'en doutes bien. Et c'est pour cela que sa vengeance est inéluctable[1]. Mais la malédiction est trop précise pour que j'y puisse quelque chose. Seule, une femme qui t'aimera et qui souffrira de son amour plus qu'aucune autre femme au monde peut guérir ta blessure. Il ne te reste plus qu'à la trouver. Voici ce que tu vas faire : sans rien dire à personne, et sans te faire accompagner, tu t'en iras, demain matin, jusqu'au rivage de la mer, à l'endroit où s'ouvre l'estuaire. Il y a là un promontoire qui s'avance au milieu des eaux. Tu y trouveras une barque, tu y monteras et tu te laisseras aller où le destin te mènera. C'est tout ce que je peux faire pour toi, seigneur, et je te recommande à la grâce de Dieu. » Ayant ainsi parlé, Morgane quitta Guigemer, le laissant à ses pensées tumultueuses et contradictoires. « Suis-je en pleine diablerie ? » se dit-il. Cependant, il sentait que l'espoir renaissait en lui.

Le lendemain matin, avant l'aube, il se leva avec beaucoup de difficultés et, sans se faire remarquer de quiconque, il s'en alla aux écuries, choisit un cheval rapide, monta en selle et s'éloigna vers le rivage. Il arriva ainsi sur le bord d'une falaise et vit le promontoire et l'estuaire dont lui avait parlé Morgane. C'est vers le promontoire qu'il se dirigea. En gémissant, car sa plaie le faisait terriblement souffrir, il descendit de son cheval et s'engagea sur un étroit sentier. Il y avait là une crique très abritée, que l'on ne voyait même pas

1. Il s'agit d'un thème mythologique très répandu dans la tradition celtique. Dans l'épopée irlandaise du cycle de Finn, la mère d'Oisin (Ossian) est sous le coup d'un sortilège qui l'oblige à vivre une moitié de l'année sous la forme d'une biche (voir J. Markale, *la Femme celte*, Paris, Payot, 1992, pp. 134-143). Le mythe des femmes-oiseaux se rapporte au même thème, probablement hérité de notions chamaniques très anciennes.

du haut de la falaise, et dans cette crique il aperçut un petit bateau dont la voile battait au vent.

Guigemer s'étonna fort de la présence de cette barque mais, sans plus attendre, il se hissa à bord. Il pensait y trouver des hommes chargés de sa garde, mais il n'y avait personne. La barque était en très bon état, si parfaitement enduite de poix au-dedans et au-dehors qu'on n'aurait pu y trouver la moindre jointure. Les chevilles et les crampons étaient en ébène, et la voile était en soie très solide. Au milieu de la barque était dressé un lit dont les pieds et les côtés étaient incrustés d'or, de cyprès et d'ivoire très blanc. La couverture était en zibeline, voilée de pourpre d'Alexandrie. La couette qui la recouvrait était en drap de soie broché d'or. Quant à l'oreiller, il était si doux qu'il semblait un nuage. A la proue de la barque, il y avait deux chandeliers et, dans chacun, un cierge était allumé.

Guigemer s'émerveillait de ce qu'il voyait. Mais, comme la douleur de sa blessure le rappelait cruellement à la réalité, il s'étendit sur le lit afin de s'y reposer, car l'effort qu'il avait accompli avait été rude. Puis il se souleva, espérant voir quelqu'un venir pour s'occuper du bateau. Il s'aperçut alors que la barque était en haute mer. Elle l'emportait, fendait les flots à grande allure. Il la sentait à peine se balancer sur les vagues. Le vent était doux et gonflait la voile, et de grands oiseaux blancs tourbillonnaient dans son sillage.

Guigemer ne savait que penser. Qu'allait-il devenir dans cette barque qui s'en allait ainsi au gré des flots sans personne pour la diriger ? Il souffrait toujours autant. Alors, il pria Dieu de le protéger, de le mener à bon port par sa puissance et de le défendre de tout péril. Puis, il se recoucha et tomba bientôt dans un profond sommeil.

Or, dans une île, au grand large, il y avait une antique cité dont le seigneur était un très vieil homme. Il avait pour femme une dame de haut lignage, franche, courtoise et très belle. Mais, il était jaloux d'une façon démesurée. Car c'est une loi de la nature que les hommes âgés redoutent d'être trompés. Il faisait donc surveiller sa femme avec beaucoup de rigueur. Sous le donjon, un verger clos de toutes parts descendait vers la mer. L'enceinte était en marbre vert, haute et très épaisse, avec une seule entrée où, nuit et jour, des gardes armés veillaient. A l'autre bout, s'étendait la mer, et personne ne pouvait arriver de ce côté, sauf en bateau.

C'est dans ce verger que le seigneur, pour mettre sa femme en lieu sûr, avait fait construire une demeure. Sous le ciel, il n'en était certes pas de plus belle : à l'entrée, une chapelle. Pour accéder à la chambre, il y avait un couloir sur les murs duquel on avait peint des histoires du temps passé. C'est dans cette chambre que la dame était contrainte de résider. Le seigneur lui avait donné pour compagne une jeune fille noble et parfaitement élevée, sa nièce, la fille de sa sœur, et une grande amitié s'était établie entre les deux femmes. Elles se promenaient ensemble dans le verger, devisant à loisir, et partageaient le même repas. Tant qu'elles n'étaient pas rentrées dans la demeure, personne, homme ou femme, ne pouvait pénétrer dans le verger. Un vieux prêtre aux cheveux blancs gardait la clef de la porte. Il célébrait le service divin devant la dame et il la servait à sa table. Le seigneur avait entièrement confiance en lui, car il y avait longtemps qu'il avait perdu l'usage de certains membres. Autrement, il n'aurait jamais autorisé sa présence auprès de sa femme.

Un jour, avant le repas du soir, la dame alla dans le verger en compagnie de sa suivante. Elle avait dormi une partie de la journée et elle éprouvait le besoin de s'ébattre quelque peu. Tout en devisant, les deux femmes regardaient la mer. Or, au moment où le soleil devenait rouge à l'horizon, elles virent venir sur l'eau qui montait, une barque, dont la voile était gonflée par le vent et qui cinglait droit vers le rivage. Elles furent bien étonnées de n'apercevoir aucun homme à bord.

La première réaction de la dame fut de s'enfuir tant

la chose était extraordinaire. Elle était toute pâle et décolorée. Mais la jeune fille, qui était plus hardie, la réconforta en lui disant que puisqu'il n'y avait personne dans la barque, aucun danger n'était à redouter. « Voilà une grande merveille, dit-elle encore, et je ne vois pas pourquoi nous aurions peur d'en savoir davantage. » Elle courut vers l'endroit où la barque accostait, ôta son manteau et, sans hésiter, monta à bord. Il n'y avait effectivement personne, mais en regardant plus attentivement, la jeune fille aperçut le chevalier qui dormait sur le lit. Elle s'arrêta, l'examina attentivement, et le voyant si pâle, elle crut qu'il était mort

Elle s'en revint hâtivement vers la dame et lui raconta ce qu'elle avait vu, ajoutant qu'elle éprouvait beaucoup de pitié pour le bel inconnu qui gisait ainsi sur le lit. La dame lui répondit : « Je veux le voir. S'il est vraiment mort, nous l'ensevelirons avec l'aide du prêtre et nous ferons dire une messe pour le repos de son âme. Mais s'il est vivant, il nous parlera et nous dira la raison de sa présence sur ce bateau. » Elles allèrent donc vers la barque sans tarder davantage. La dame marchait devant et la jeune fille suivait.

La dame monta à bord et, tout de suite, elle s'approcha du lit. Elle s'arrêta, regarda le chevalier, déplorant de le voir en cet état, lui qui avait un si beau corps, un si beau visage et qui paraissait si jeune. Elle lui mit la main sur la poitrine et sentit qu'elle était toute chaude et que le cœur battait sous les côtes. « Il est vivant ! » s'écria-t-elle. La jeune fille vint la rejoindre. A ce moment, le chevalier ouvrit les yeux et regarda les deux femmes. Il comprit qu'il avait touché terre. Se soulevant légèrement, il les salua joyeusement. La dame lui rendit son salut et lui demanda qui il était, dans quel pays il était né et dans quelles circonstances il se trouvait seul dans cette barque que personne ne dirigeait.

« Dame, répondit le chevalier, mon histoire est incroyable, mais je vais quand même te la raconter sans rien cacher ni omettre. Tu me croiras si tu le veux, mais je jure que c'est la vérité. Il y a quelques jours, je chassais dans les bois. Je lançai une flèche sur une biche blanche, mais la flèche, par l'effet de quelque enchantement, revint vers moi et me blessa si rudement à la cuisse que je pense ne plus jamais recouvrer ma santé. Et, chose plus extraordinaire encore, la biche m'a parlé, se plaignant avec une voix humaine. Elle m'a maudit, me jetant un sort. Je ne pourrai recevoir guérison que d'une femme que j'aimerai et qui souffrira d'amour pour moi. Mais je ne sais où la chercher. Je racontai mon aventure à Morgane, la sœur du roi Arthur, qui est experte en charmes, et elle m'a conseillé de me rendre au rivage, précisant que j'y trouverais une barque et que je devrais y monter. C'est ce que j'ai fait. Mais c'était une folie, car dès que je fus à bord, la barque se mit à dériver toute seule et je me retrouvai en pleine mer. Je ne sais pas où je suis, ni où je dois aller, et je ne peux gouverner la barque puisque je suis blessé. Belle dame, par Dieu tout-puissant, je t'en prie, donne-moi un conseil. »

La dame lui répondit : « Seigneur, n'aie aucune crainte. Cette cité appartient à mon époux, ainsi que la contrée d'alentour. C'est un homme riche, de haut lignage, mais il est très âgé, et par la foi que je dois à Dieu, il est dévoré par la jalousie. Il me tient recluse dans cet enclos. C'est ici que je vis nuit et jour, c'est ici que j'ai ma chambre et ma chapelle, en compagnie de la jeune fille que tu vois. Il n'y a qu'une seule entrée et c'est un vieux prêtre qui en détient la clef. Fasse le Ciel que le feu d'enfer le brûle ! Je ne peux sortir d'ici qu'avec sa permission ou sur l'ordre de mon seigneur. Mais, malgré cela, s'il te plaît de demeurer ici jusqu'à ce que tu puisses marcher, nous te cacherons sans peine et nous te servirons volontiers. »

Guigemer était fort ému de ce que venait de dire la dame. Il la remercia vivement, tout joyeux de séjourner avec ces deux femmes qui venaient de le tirer de son lourd sommeil, agité de cauchemars. Il se souleva sur son lit et se mit debout. Puis, appuyé sur elles, il les suivit jusqu'à la chambre. C'est sur le lit de la jeune fille, derrière un rideau qu'elles appareillèrent en guise de courtine, qu'elles couchèrent le jeune homme. Elles apportèrent de l'eau dans un bassin d'or et lavèrent la plaie de sa cuisse. Elles enlevèrent le sang tout autour avec un beau morceau de toile, puis elles lui firent un bon pansement. Elles prirent grand soin de lui, lui demandant, chaque fois qu'elles le touchaient, si elles ne lui faisaient point de mal. Guigemer se laissait aller à rêver et pensait beaucoup moins à sa souffrance.

Le soir, quand le vieux prêtre eut servi le repas et se fut retiré, la jeune fille en préleva ce qu'il fallait pour nourrir et réconforter le chevalier. Il put ainsi manger à sa faim et boire à sa soif. Mais il ne pouvait s'empêcher de contempler le visage de la dame, sentant en lui les atteintes d'un sentiment qu'il n'avait jamais éprouvé. Il ne pensait plus à sa plaie, mais un autre combat se livrait dans son cœur et le faisait souffrir d'une autre façon. Il soupira longuement et demanda qu'on le laissât dormir. La dame et la suivante le quittèrent.

Mais, Guigemer ne pouvait trouver le sommeil. Pensif et angoissé, il ne comprenait pas très bien ce qui lui arrivait, mais il était sûr d'une chose : il mourrait si la dame ne guérissait pas sa nouvelle blessure. « Hélas ! se disait-il en lui-même, que dois-je faire ? Aller la trouver et lui demander d'avoir pitié d'un malheureux que le destin a durement frappé ? Si elle repousse ma prière et si elle se montre orgueilleuse et fière, je n'aurai plus qu'à mourir de douleur ou à languir tous les jours qui me restent à vivre ! » Il pleura silencieusement toute la nuit, ne pouvant calmer l'agitation qui s'était emparée de lui. En soupirant, il passait et repassait dans sa mémoire toutes les images qui l'avaient frappé : les paroles de la dame, sa façon de bouger, le mouvement de ses lèvres, la couleur de ses beaux cheveux, son teint clair et ses mains blanches et fines. « Dieu tout-puissant ! se dit-il encore, ne serait-ce pas celle qui doit me guérir de ma blessure, celle qui doit souffrir d'amour pour moi plus qu'aucune autre femme au monde ? »

Mais, il n'était pas le seul à être tourmenté. Au petit matin, la dame se leva avant le jour, se plaignant de n'avoir pas dormi. La jeune fille qui couchait auprès d'elle devina bien à son visage qu'elle souffrait du mal d'amour et que son attention était tout entière dirigée vers le chevalier qu'elles avaient hébergé dans leur chambre. Cependant, comme elle ne savait pas si lui, de son côté, avait de l'inclination pour elle, elle se garda bien de tout commentaire. La dame s'en alla prier dans sa chapelle, et, pendant ce temps, la suivante vint trouver le chevalier. Elle s'assit sur une chaise en face du lit. « Amie, demanda-t-il, où donc est allée ma dame ? Pourquoi s'est-elle levée si tôt ? »

Elle ne répondit rien, et il se mit à soupirer. « Chevalier, dit enfin la jeune fille, j'ai bien compris que tu es dévoré par le mal d'amour. Ne t'en cache pas. Ma dame est fort belle, et toi, tu es beau, et ce serait une bonne chose que de vous accorder. Mais qui veut être aimé de ma dame doit promettre d'être discret et de ne rien faire qui puisse compromettre son honneur.
– Jeune fille, répondit Guigemer, je suis épris d'un tel amour que ce mal ne peut qu'empirer si l'on ne vient pas à mon aide. Conseille-moi : comment faire pour lui avouer ce que je ressens ? – Laisse parler ton cœur », répondit-elle en souriant.

Après avoir entendu la messe dans la chapelle, la dame revint dans la chambre. Elle avait hâte de connaître l'état du chevalier, s'il dormait ou s'il s'était réveillé. La suivante, sans un mot, la conduisit près du lit où reposait le chevalier et les laissa tous deux. « As-tu passé une bonne nuit, demanda la dame, et ta blessure te fait-elle encore souffrir ? » Il n'osait rien répondre. Etant de terre étrangère, il avait peur, s'il avouait son amour, qu'elle le repoussât, qu'elle le prît en haine et ne l'obligeât à s'éloigner. Mais ce qu'il endurait était tel qu'il ne pouvait plus se taire. « Dame, dit-il, la blessure que tu as vue et que tu as si habilement pansée n'est rien à côté de celle que tu m'as infligée ! – Comment cela ? fit la dame en feignant l'étonnement. – Dame, reprit Guigemer, je ne peux plus rien te cacher. Je meurs à cause de toi. Je requiers ton amour et te prie de ne pas m'éconduire. »

Elle l'écoutait avec ravissement. « Ami, dit-elle en riant, je n'ai pas coutume d'accorder une pareille demande aussi vite ! – Ah ! s'écria Guigemer, écoute sans te fâcher ce que je vais te dire : une femme coquette se fait longtemps prier afin de se mettre à plus haut prix, et pour que celui qui la courtise la croie tout ingénue dans ce jeu. Mais la dame franche et noble qui trouve un homme qui lui convient ne fait jamais la fière avec lui. Elle l'aime, elle en prend sa joie, et avant que nul ne s'en doute, tous deux trouveront le bonheur. Dame, finissons ce plaidoyer, car je ne peux plus attendre ! »

La dame savait bien qu'il avait raison. Elle se pencha vers lui, remplie d'émotion, et lui octroya sur-le-champ son baiser et son amour. Guigemer en fut tout bouleversé. Ils parlèrent et devisèrent ensemble un long moment, puis ils en vinrent aux baisers et aux caresses, et à beaucoup d'autres choses que les amoureux connaissent bien. Ils vécurent ainsi dans la joie de nombreuses semaines, et la blessure de Guigemer ne fut bientôt qu'un mauvais souvenir.

Cependant, un matin d'été, alors que la dame reposait à côté de son ami, elle lui baisa la bouche et le visage, puis lui dit : « Quelque chose m'inquiète, bel ami, car, cette nuit, j'ai eu un rêve que je ne peux oublier. Mon cœur m'avertit que je vais te perdre. Oui, nous allons être surpris et découverts. Si tu meurs, je mourrai aussi, mais si tu en réchappes, tu aimeras une autre femme, et moi, je resterai seule avec ma douleur. – Dame, répondit Guigemer, ne dis pas de telles folies ! Dieu fasse que je n'aie plus ni joie ni paix si je me consolais avec une autre femme ! N'aie aucune crainte à ce sujet. » La dame réfléchit un instant, puis elle reprit : « Ami, je veux un gage. Donne-moi ta chemise. Je vais faire un nœud avec le pan de dessus. Je te donne la permission d'aimer la femme qui pourra dénouer l'étoffe sans utiliser la force. » Il lui donna sa chemise et elle en noua un pan d'une telle façon que nul au monde n'aurait pu le défaire sans le trancher avec un couteau. Puis, elle la lui rendit, lui conseillant de la mettre soigneusement en sûreté. Mais, à son tour, Guigemer lui mit autour des reins une ceinture qu'il ferma de telle sorte que personne n'aurait pu ouvrir la boucle sans rompre ou déchirer la ceinture. « Dame, dit-il, je te donne permission d'aimer l'homme qui pourra ôter cette ceinture sans utiliser la force. » Alors, ils échangèrent un long baiser pour sceller leur accord.

Le jour même, ils furent surpris par un valet que le seigneur avait envoyé porter des vêtements pour la dame. Ne pouvant entrer dans la chambre, il avait regardé par la fenêtre et avait vu les deux amants sur le lit. Il retourna en hâte vers le seigneur et lui fit son rapport. Le seigneur entra dans une violente colère. Il envoya chercher trois de ses fidèles, et avec eux, il s'en alla droit vers la chambre. Comme la porte était fermée, il la fit enfoncer. Ils y trouvèrent bien entendu le chevalier en compagnie de la dame. Et la fureur du vieux seigneur était telle qu'il ordonna qu'on le tuât immédiatement.

Guigemer s'était levé, sans hâte et sans s'effrayer aucunement. Il avait pris une grosse perche de sapin sur laquelle on faisait sécher le linge. Il les attendait, les menaçant de son arme improvisée. Les autres reculèrent, car ils savaient bien que le chevalier était décidé à les frapper durement. A le voir ainsi plein de courage et de vigueur, le seigneur, qui prisait fort la bravoure, se radoucit quelque peu et lui demanda qui il était, d'où il venait et comment il était entré là. Guigemer raconta comment il était venu, parla de la biche blessée et de la malédiction qu'elle avait jetée sur lui, de sa plaie et du bateau qui l'avait conduit au pied de cette cité.

« Je ne crois pas à ton histoire, dit le seigneur. Ce sont là des choses impossibles. Dis-moi la vérité. – C'est la vérité, répondit Guigemer. – Alors, donne-moi des preuves. Je veux que tu retrouves le bateau sur lequel tu prétends être venu jusqu'ici. Nous verrons bien ce qui arrivera. Je jure, par Dieu tout-puissant, que si une barque arrive dans le port, je te laisserai partir sain et sauf. Libre à toi, ensuite, de te noyer dans la mer. Mais si tu as menti et si aucune barque ne vient te chercher, tu n'échapperas pas à la mort ! » Guigemer fit une ardente prière et accepta la proposition du seigneur.

Ils quittèrent la chambre et descendirent vers la mer. Quelle ne fut pas leur surprise de voir une barque, au pied de la muraille. Guigemer, émerveillé, la reconnut bien : c'était celle qui l'avait amené. Quant au seigneur, prisonnier de son serment, il le laissa aller. Et dès que Guigemer fut dans la barque, celle-ci quitta mystérieusement le rivage, sa voile gonflée par le vent, et se retrouva bientôt en haute mer. Mais s'il avait échappé à la mort, le chevalier était en proie à la grande douleur d'avoir perdu celle qu'il aimait plus que sa vie. De plus, il se sentait plein d'angoisse pour elle, car il ne savait pas comment son vieil époux allait la traiter pour se venger.

Tandis que Guigemer se lamentait ainsi, la barque entra dans le havre où jadis il l'avait trouvée, au bas du promontoire. Il mit pied à terre et grimpa le long du sentier jusqu'au sommet de la falaise. Un valet passait par là à cheval, tenant à la main un destrier qu'il conduisait. Guigemer l'appela et le valet reconnut son seigneur. Il sauta de sa selle et le salua avec empressement, puis il lui offrit le meilleur des deux chevaux. C'est ainsi que Guigemer regagna son logis où tous ses vassaux et serviteurs se réjouirent de le voir guéri de sa blessure. Le roi Uryen lui fit fête et, quand il fut en présence de Morgane, celle-ci lui sourit d'un air complice, mais elle ne dit rien et ne lui demanda rien.

La renommée de Guigemer était grande dans tout le pays, mais il demeurait toujours triste et pensif. On le pressait de prendre femme, mais il refusait obstinément. A la fin, pour couper court à toutes les tentatives, il fit savoir que jamais il ne voudrait d'une femme, quelles que fussent sa beauté et ses richesses, qui ne pourrait défaire, sans utiliser la force, le nœud qui se trouvait à un pan de sa chemise. Quand la nouvelle se fut répandue, nombreuses furent les jeunes filles et les dames qui voulurent tenter l'épreuve. Mais, à la grande déception de tous, aucune d'elles ne réussit à défaire le nœud.

Pendant ce temps, le vieux seigneur avait réuni ses vassaux et prenait leur conseil pour savoir quel sort il fallait réserver à la dame. On fut d'avis de l'enfermer dans une tour de marbre gris, sans aucune compagnie. Elle y resterait tant que sa vie durerait et on lui passerait nourriture et boisson par un simple guichet. Tel serait son châtiment pour avoir trahi son seigneur. Mais ce qui causait le plus de souffrance à la dame, c'était d'être privée de la présence de son ami. Son enfermement n'était rien en comparaison de l'angoisse qui l'étreignait nuit et jour. Elle gémissait sans cesse et se tordait les mains de désespoir. Si elle avait pu se jeter de la tour dans la mer, elle l'aurait fait, tant la vie n'avait plus aucune importance pour elle. Mais la tour ne comportait qu'une porte et une fenêtre avec de solides barreaux de fer : il était impossible de passer au travers. Et la dame ne pouvait que pleurer en regardant le ciel et en priant Dieu de mettre un terme à tant de souffrances.

Or, un jour qu'elle était à cette fenêtre, elle aperçut un groupe d'oiseaux noirs qui tourbillonnaient au-dessus de la tour. Elle les remarqua bien parce qu'ils semblaient vouloir l'encercler. Elle n'avait jamais remarqué de tels oiseaux dans le pays. Et l'un d'eux se posa même sur le rebord de la fenêtre, à l'extérieur, et lança un cri rauque qui semblait un appel. La dame essaya de tendre la main vers lui, mais il s'envola et rejoignit les autres. Enfin, le tourbillon cessa et les oiseaux disparurent en direction de la mer. La dame se demandait ce que tout cela signifiait, et comme elle passait près de la porte, elle fut bien étonnée en constatant que celle-ci était ouverte. Sans chercher à comprendre, elle la franchit, s'élança dehors sur la falaise avec la ferme intention de se jeter dans la mer afin de s'y noyer. Mais, quand elle arriva au rocher d'où elle voulait se précipiter, elle aperçut la barque qui avait mené le chevalier et qui l'avait ensuite emporté loin de là.

Oubliant son projet de se donner la mort, elle monta dans la barque en se disant : « C'est donc de cela que l'oiseau voulait m'avertir ! Dieu fasse que cette barque me conduise vers le pays où se trouve mon ami ! » Mais il lui vint aussi la pensée que le chevalier avait pu périr en mer et que c'était pour cette raison que le bateau était revenu là. Cependant, elle vit que la barque était maintenant en haute mer et qu'elle allait à grande allure au gré du vent qui était fort. Elle se trouva même prise dans un tourbillon. Les vents tournèrent et elle erra longtemps sur les flots agités. Enfin, tout se calma et la barque arriva dans un petit port, sous une grande et puissante forteresse.

Le seigneur de cette forteresse s'appelait Mériaduc. En ce temps-là, il guerroyait sans cesse avec un de ses voisins. Il s'était levé de grand matin pour aller, avec ses gens, ravager les terres de son ennemi. Or, du haut des remparts, il vit arriver la barque et s'étonna de n'y voir qu'une femme. Il descendit rapidement, appela son sénéchal, et tous deux se hâtèrent vers le bateau. Ils montèrent à bord et virent la dame, très belle malgré ses pleurs et sa fatigue. Mériaduc la souleva et l'enroula dans son manteau, puis il l'emmena dans sa demeure. Il était tout heureux de l'aventure, car il trouvait la dame parfaite et ne se souciait guère de savoir comment et pourquoi elle avait été mise dans cette barque. Il devinait qu'elle était de très haut lignage et se sentait épris d'elle comme il ne l'avait jamais été d'aucune autre femme.

Il avait une sœur qui n'était pas mariée et qui vivait dans sa maison. Il conduisit la dame dans la chambre de la jeune fille et la lui confia. Elle l'entoura de tous ses soins, lui donna de beaux vêtements et la para avec un grand respect. Mais, tout en remerciant ses hôtes de leurs attentions, la dame demeurait triste et pensive, sans que personne parvînt à tirer d'elle autre chose que des politesses d'usage.

Mériaduc venait souvent la visiter. Il lui parlait d'un ton aimable et la priait d'accepter son amour. Mais elle répondait froidement à ses avances, en disant que son cœur n'était pas libre. A la fin, elle lui montra sa ceinture et lui dit : « Seigneur, si tu peux m'ôter cette ceinture sans employer la force, je t'accorderai ce que tu demandes. Mais sache que je n'aimerai jamais un homme sans qu'il puisse m'enlever cette ceinture sans la déchirer. » Mériaduc n'hésita pas et il entreprit d'ouvrir la boucle, ne doutant pas un seul instant de sa réussite. Mais il n'y parvint pas en dépit des efforts qu'il fit. Plus il s'acharnait, plus il devenait furieux, et il fut bientôt sur le point de saisir un couteau et de trancher la ceinture. La dame lui dit : « Cela ne te servira à rien. Je préférerais mourir plutôt que de me donner à un traître qui ne respecte pas une convention ! »

Mériaduc n'insista pas, mais sa colère était vive. « Il y a aussi dans le pays, s'écria-t-il, un chevalier de renommée qui se défend de prendre femme ! Mais lui, c'est à cause d'une chemise dont un pan est noué ! Et il ne peut être délié si l'on y met la force et le couteau. C'est toi, je le pense, qui as fait ce nœud ! » Quand elle entendit ces paroles, elle se mit à soupirer et faillit s'évanouir. Mériaduc la reçut dans ses bras. Il voulut en profiter pour essayer encore d'ouvrir la boucle de la ceinture, mais il dut bientôt y renoncer. Alors, sur son ordre, tous ses vassaux vinrent les uns après les autres pour tenter l'épreuve. Mais aucun ne put y réussir.

Mériaduc voulut en savoir davantage. Il eut l'idée d'un grand tournoi auquel il convia ses vassaux et tous ceux du roi Uryen. Il avait appris que le chevalier Guigemer était un des familiers d'Uryen et il ne manquerait donc pas de venir avec ses compagnons. On verrait bien alors ce qui arriverait lorsque la dame et Guigemer se rencontreraient. Mais, quand on annonça la nouvelle à Guigemer et qu'on lui demanda d'aller au tournoi, il répondit qu'il n'avait aucune envie de jouter et qu'il préférait demeurer seul. Morgane, qui se trouvait présente au moment de son refus, le prit à part et lui dit : « Guigemer, je pense que mes conseils ont été profitables pour toi. – Certes, dame, répondit Guigemer, je n'ai qu'à m'en féliciter. – Alors, reprit Morgane, si je te demande d'aller à ce tournoi, refuseras-tu encore ? » Guigemer se mit à réfléchir. « Fort bien, dit-il enfin, je suivrai ton conseil. » Et c'est ainsi que Guigemer accompagna les chevaliers d'Uryen à la cour de Mériaduc.

Celui-ci les hébergea dans la grande tour de sa forteresse et leur fit très bon accueil. Il se montra particulièrement bienveillant envers Guigemer qu'il invita dans son logis pour le souper. Puis, il ordonna à sa sœur de s'apprêter et de venir les rejoindre avec la dame. Elles obéirent et vinrent, richement vêtues toutes deux, et la main dans la main. La dame était toujours pensive et pâle, mais dès qu'elle aperçut Guigemer, elle eut une faiblesse, et si la jeune fille ne l'avait retenue, elle serait tombée sur le sol.

En les voyant pénétrer dans la salle, Guigemer s'était levé pour les saluer. Mais dès qu'il vit la dame, il la reconnut immédiatement et recula de quelques pas. « Comment ? se dit-il. N'est-ce pas là celle que je ne puis oublier et à qui j'ai donné mon amour sans espoir de le reprendre un jour ? Comment se fait-il qu'elle soit ici, dans la maison de Mériaduc ? Qui l'a amenée ? Mais non, ce n'est pas elle, cela ne se peut pas. Les femmes se ressemblent toutes entre elles, et c'est parce que je ne cesse de penser à ma douce amie que je crois la reconnaître en celle-ci. Pourtant, il faut que je lui parle ! »

Il s'approcha donc de la dame, la salua et s'assit auprès d'elle. Mériaduc les regardait, et ce comportement lui déplaisait fort. Il dit en riant à Guigemer : « Seigneur, si tu le voulais, cette dame pourrait essayer de dénouer le pan de ta chemise. Qui sait si elle n'y parviendrait pas ? – Par Dieu tout-puissant, répondit Guigemer, je le veux bien. » Il appela un de ses valets qui avait la garde de sa chemise, car il ne s'en séparait jamais, même lorsqu'il ne se trouvait point en son logis. Le valet revint bientôt avec la chemise et on la présenta à la dame. Cependant, elle n'y toucha pas. Son émoi était tel qu'elle n'osait pas accomplir le geste qui la libérerait de son chagrin et de sa grande tristesse. « Dame, dit Mériaduc, il te faut essayer de défaire ce nœud ! »

Et elle se décida. Elle prit le pan de la chemise et le dénoua d'une main légère, sans aucun effort. Tous ceux qui se trouvaient là en furent émerveillés. Quant à Guigemer, il ne pouvait y croire. « Dame, douce dame, dit-il, est-ce vraiment toi ? Dis-moi la vérité ! Et laisse-moi toucher sur ton corps la ceinture dont je t'ai entouré la taille. – Oui, certes », répondit-elle. Il glissa ses mains le long de ses flancs et sentit la ceinture. Alors, il défit la boucle et la ceinture tomba sur le sol, à la grande stupéfaction de tous.

Guigemer se leva : « Seigneurs, dit-il, écoutez-moi ! J'ai retrouvé ici mon amie, que je croyais perdue à jamais. Je prie donc Mériaduc de me la rendre, au nom de Dieu. Je deviendrai son homme lige et je le servirai deux ou trois ans avec cent chevaliers, ou plus ! – Guigemer, dit Mériaduc, je ne suis pas dans la gêne et je n'ai nul besoin de ton offre. J'ai trouvé cette femme et je la garderai. Et je défendrai mon droit contre tous ceux qui contesteront ma décision !

– Mériaduc ! s'écria Guigemer, je prends à témoin tous les chevaliers qui sont ici de ta forfaiture. Je vais me retirer avec les miens et j'entreprendrai ce qu'il convient de faire contre toi. Mais j'ai bien peur que cette guerre ne coûte la vie à des gens qui ne sont pour rien dans cette affaire. Si le cœur ne te manque pas, nous pouvons prouver, ici même, seul à seul, toi contre moi, à qui appartient le droit ! – J'accepte ton défi ! » répondit Mériaduc.

Ils sortirent tous deux leurs épées, mais le combat ne dura pas longtemps. D'un seul coup, Guigemer trancha la tête de Mériaduc et, prenant ensuite sa dame par la main, il s'en alla, suivi de tous ses gens [1].

1. D'après *Guigemer*, lai du XIIe siècle, de Marie de France.

7

Les vaines Aventures

Il y avait déjà longtemps que Bohort de Gaunes avait quitté la cour d'Arthur. Il s'était toujours demandé si sa place n'était pas ailleurs, bien qu'il eût été admis parmi les compagnons de la Table Ronde. Il souffrait en effet d'un sentiment d'infériorité par rapport à son frère aîné Lionel et surtout à l'égard de son cousin Lancelot. Il les aimait pourtant l'un et l'autre et se serait fait tuer pour les sauver de n'importe quel danger. Tous trois avaient été élevés par la Dame du Lac, et rien n'aurait pu les désunir. Mais Bohort savait que son rôle, à lui, était d'être solitaire, et qu'il devait errer par le monde pour être digne de ses ancêtres et particulièrement de son père, le roi Bohort, qui avait si bien défendu son royaume contre les entreprises pernicieuses de Claudas de la Terre Déserte. Bohort se souvenait du temps de son enfance, du temps où son frère Lionel et lui avaient été les prisonniers de l'ignoble Claudas et où ils avaient souffert d'être orphelins et privés d'affection. Il se souvenait aussi de leur délivrance, quand Saraïde les avait amenés dans le palais merveilleux de la Dame du Lac. Bohort pensait que, pour être digne de ses ancêtres et de la confiance que la Dame du Lac avait placée en lui, il lui fallait accomplir des actions que nul autre n'eût pu accomplir.

Il errait depuis des semaines, dans la seule compagnie de son écuyer. Il avait réussi à délivrer une jeune fille prisonnière d'un père abusif. Il avait défendu un bon nombre de chevaliers en grand danger d'être vaincus. Il avait déjoué les enchantements qu'un magicien cruel avait suscités devant lui. Il avait brillé dans de nombreux tournois, provoquant l'admiration de tous pour son courage et son habileté. Mais, chaque fois qu'il avait été reçu dans une cour ou en quelque forteresse isolée, il avait entendu vanter les prouesses de son frère et de Lancelot du Lac. Lancelot était-il le meilleur chevalier du monde ? Sans aucun doute, et Bohort en était persuadé, mais il ne pouvait se défendre d'une certaine amertume.

Un jour, Bohort et son écuyer chevauchaient, traversant des forêts et des vallées, et ils parvinrent dans une grande prairie devant le château de la Marche, où le roi Brangore d'Estrangore donnait un tournoi pour célébrer l'anniversaire de son couronnement. Il y avait là une centaine de chevaliers qui joutaient et, dans l'assistance, un grand nombre de dames et de jeunes filles de tout le pays.

Il faisait aussi chaud qu'au début de l'été, au moment de la Saint-Jean. Bohort avait enlevé son heaume et l'avait confié à son écuyer. Or, Bohort, malgré sa valeur et sa bravoure, n'était encore qu'un tout jeune homme, et sa beauté rayonnait comme le soleil dans les brumes du matin. Il descendit de son cheval afin de remettre de l'ordre dans sa tenue. Puis, il remonta en selle et regarda attentivement les joutes, prenant plaisir à voir l'habileté des uns et critiquant sévèrement la maladresse des autres.

La fille du roi Brangore d'Estrangore se trouvait sur une galerie qui avait été aménagée pour la circonstance, sous la muraille du château, entourée de ses suivantes. Elle prenait grand plaisir à regarder les chevaliers rompre des lances et se mesurer à l'épée. Les unes et les autres faisaient des commentaires, parfois très impertinents, sur ceux dont l'attitude leur déplaisait. Tout à coup, la fille du roi remarqua Bohort, qui se tenait à l'écart, à la limite du champ clos. « Vois donc ce chevalier, dit-elle à l'une de ses suivantes, comme il est beau et a belle allure ! Il se tient aussi droit sur son cheval que s'il y était planté ! Par Notre-Seigneur, sa beauté ne fait aucun doute, et les fées ont dû se pencher sur son berceau pour qu'il ait bénéficié de tant de finesse et de fierté ! S'il a autant de valeur qu'il a de beauté, il mérite qu'on puisse le remarquer. Va donc le trouver et invite-le à participer aux joutes. »

La jeune fille quitta la galerie et se dirigea vers Bohort. « Seigneur chevalier, lui dit-elle, donne-moi ton bouclier. – Et pourquoi donc ? » demanda Bohort, très étonné par cette demande. La jeune fille se mit à rire et répondit : « Parce qu'il me servirait certainement mieux qu'à toi : je l'attacherais à la queue de mon cheval pour l'amour des bons chevaliers qui regardent les tournois sans rien entreprendre qui puisse plaire aux dames qui les regardent ! » Bohort rougit et demeura d'abord interdit. Puis, sans dire un mot, il remit son heaume, baissa la tête, et piquant des éperons, se précipita dans le champ, la lance en avant. En le voyant ainsi approcher, plusieurs chevaliers vinrent à sa rencontre, mais il renversa le premier homme qui s'opposa à lui, fit voler le second à terre par-dessus la croupe de son cheval, brisa sa lance en abattant un troisième, tira son épée et plongea dans la mêlée où il manifesta tant d'adresse qu'au bout d'un moment, aucun adversaire, quelle que fût sa fierté, n'osa plus se mesurer à lui.

La fille du roi Brangore dit aux femmes qui l'entouraient : « Que vous semble de ce chevalier inconnu ? – Il peut bien dire que Dieu lui a donné autant de prouesse que de beauté ! » répondirent-elles. La fille du roi reprit : « Ecoutez-moi bien : nous devons élire un chevalier pour qu'il vienne s'asseoir en grand honneur dans la chaire d'or, à la table des douze pairs, au milieu de cette prairie. Auprès de lui doivent prendre place les douze meilleurs chevaliers du tournoi. C'est notre coutume. Choisissons donc ceux à qui nous accorderons cet honneur, car c'est pour cette raison que nous sommes ici. »

Elles furent unanimes à répondre que ce chevalier inconnu était l'incontestable vainqueur de la rencontre. Puis elles se mirent d'accord pour désigner les douze champions qui avaient le mieux combattu après lui. Alors, le roi Brangore arrêta le tournoi et appela Bohort auprès de lui en lui manifestant tant de joie et de sympathie que le jeune homme en eut presque honte. Les jeunes filles l'emmenèrent pour le désarmer et pour lui laver le corps et le visage. Enfin, la fille du roi le revêtit, presque de force tant il s'en défendait, d'une riche robe de soie vermeille fourrée d'hermine.

Pendant ce temps, le roi faisait tendre un pavillon, car la chaleur était grande, et l'on apporta la chaire d'or et la table des douze pairs. Mais quand Bohort fut assis dans cette chaire, il devint tout rouge de confusion, ce qui le rendit encore plus beau à tous ceux qui le regardaient. Les douze chevaliers élus lui servirent le premier mets à genoux, puis ils se mirent tous à table. Le second mets lui fut présenté par les dames, le troisième par le roi et ses barons, et tous les autres qui suivirent par les jeunes filles. Mais ce fut la fille du roi qui apporta le dernier, qui était fait des épices les plus fines et les plus rares. Ensuite, les musiciens se mirent à jouer, tandis que les rondes commençaient dans la prairie. Les dames et les jeunes filles, qui étaient plus d'une centaine, allèrent y danser en chantant.

Toutes étaient avenantes et richement habillées, mais ceux qui regardaient la fille du roi Brangore pensaient que jamais plus belle créature n'était née depuis la Vierge Marie. Et non seulement elle était une fleur de beauté, mais elle avait reçu une éducation des plus soignées : elle s'entendait merveilleusement à broder des draps de soie et d'or, elle savait lire, écrire, connaissait le latin, savait jouer de la harpe, chanter les chansons de tous les pays ainsi que les lais bretons. Sa science et son élégance étaient telles que plus d'un chevalier aurait bien voulu la prendre pour épouse.

« Seigneur, dit le roi à Bohort, ta valeur t'a fait élire comme le meilleur chevalier de ce tournoi. Non seulement tu as obtenu l'honneur de siéger dans cette chaire, mais tu as également gagné le droit de pouvoir prendre la plus belle et la plus charmante de ces jeunes filles de ton choix, avec tout ce que cela comporte d'honneurs et de richesses. Et il te faut, en plus, donner à ces douze champions les douze jeunes filles que tu voudras. – Roi, demanda Bohort, s'il arrivait que le chevalier à qui revient cet honneur, et que tu dis le meilleur, ne voulût point prendre femme, qu'en serait-il ? – Par ma foi, il serait libre de faire à sa guise. Néanmoins, il doit s'acquitter de son devoir envers les douze autres. – Et s'il ne marie pas les douze jeunes filles, chacune selon son rang, la honte sera pour lui et le dommage pour celles qui ont eu confiance en lui ? – Tu as fort bien compris ce qu'il en est. Mais rassure-toi, seigneur. Tu peux prendre conseil des plus sages parmi ceux de ma cour. Personne ne t'en tiendra rigueur. Cela dit, choisis toi-même celle qui te semble la plus belle et la plus digne de toi. – Roi, répondit Bohort, j'ai entrepris la tâche de parcourir le monde et d'y acquérir honneur et gloire. Je ne peux me marier avant de l'avoir achevée. – Celle que tu choisiras attendra volontiers que ton entreprise soit terminée. » Bohort paraissait fort ennuyé. « Roi, dit-il enfin, ne crois pas que ce soit par dédain, mais je ne puis prendre femme, et je te prie de ne point t'en chagriner. »

Là-dessus, Bohort demanda à prendre conseil des sages du royaume. Ils se présentèrent à lui et il leur posa de nombreuses questions. Alors, selon leur avis, il attribua une jeune fille à chacun des douze champions, disant pourtant qu'il n'attribuerait à personne celle qui lui avait donné sa robe. Quand la fille du roi vit qu'elle n'avait pas celui qu'elle espérait, elle en fut toute triste. Et bien qu'elle fît semblant de paraître indifférente, toutes les autres jeunes filles s'en aperçurent, si bien qu'elles surnommèrent Bohort le « Beau Timide ». Elles se disaient entre elles que c'était pitié qu'il n'eût point voulu pour lui la plus belle créature. « Maudite soit l'heure où naquit, si beau et si preux, un homme aussi timoré ! »

Cependant, la fille du roi s'approcha de la table des douze champions. « Seigneurs, dit-elle, je vous ai servi le dernier mets. Quelle récompense dois-je en attendre de vous tous ? – Jeune fille, répondit le premier chevalier qui avait pour nom Callas le Petit, pour toi je ferai tant que, pendant un an, je jouterai, ma jambe droite posée sur le cou de mon cheval, et je t'enverrai les armes de tous ceux que j'aurai ainsi conquis. – Moi, dit Talibur aux Dures Mains, je ferai tendre mon pavillon à l'orée de la première forêt que je verrai, et j'y demeurerai jusqu'à ce que j'aie renversé dix chevaliers dont je t'enverrai les chevaux. » Le troisième, qui se nommait Alfasar, fit le serment de ne point entrer dans une forteresse avant d'avoir vaincu dix champions. Sarduc le Blanc dit qu'il ne dormirait jamais auprès d'une femme avant d'avoir vaincu quatre chevaliers ou de l'avoir été lui-même. Le cinquième promit que, durant un an, il combattrait tous les chevaliers qu'ils rencontrerait conduisant des jeunes filles, et que, s'il les vainquait, il enverrait leurs amies servir la fille du roi. Il avait nom Mélior de l'Epine et il était le fils d'un grand roi du Nord.

« Quant à moi, dit Angloire, qu'on avait surnommé le Félon, je trancherai la tête à tous ceux que je combattrai cette année et, si je ne suis pas tué, je te ferai parvenir leur tête ! – Par Dieu tout-puissant ! s'écria la fille du roi, voilà une chose qui ne me plaît guère. Je te dispense de ton serment ! » Ce fut au tour de Patride au Cercle d'Or : « Je prendrai de force un baiser de toutes les jeunes filles que je rencontrerai et qui seront en compagnie d'un chevalier, et tant pis si je me fais battre. – Voilà également un engagement qui ne me convient guère, dit la fille du roi. Tu ne respectes guère les femmes, à ce que je vois, et je te dispense de l'accomplir. » Meldon l'Enjoué parla ensuite : « Je chevaucherai, durant un mois, en chemise, le heaume en tête, le bouclier pendu à mon cou, la lance au poing, l'épée au côté et, en tel appareil, je jouterai contre tous ceux qui me provoqueront. – Et moi, promit Garaingant le Fort, j'irai au Gué du Bois, je m'y installerai, et nul chevalier ne pourra y abreuver son cheval s'il ne me combat auparavant. Et je t'enverrai les boucliers de tous ceux que je vaincrai. »

La fille du roi s'adressa aux autres. Malguin le Gallois jura qu'il ne cesserait d'errer jusqu'à ce qu'il eût découvert la plus belle fille du monde, qu'il s'emparerait d'elle, où qu'elle fût, et qu'il l'enverrait servir la fille du roi Brangore. Mais Agricol le Beau Parleur s'exprima plus courtoisement : « Je n'aurai d'autre robe que la chemise de ma dame et je porterai son voile autour de ma tête et, sans plus d'armes que ma lance et mon bouclier, j'abattrai dix chevaliers, à moins que je ne sois blessé ! » Le dernier des champions était connu sous le nom du Laid Hardi, mais personne ne savait en réalité qui il était. « Pendant un an, dit-il, je chevaucherai sans frein ni bride, et ma monture ira entièrement à sa guise. Et je combattrai à outrance ceux que je rencontrerai afin de t'envoyer les ceintures des vaincus. – Seigneurs, je vous remercie », dit la fille du roi. Puis, se tournant vers Bohort, elle ajouta : « Et toi, quelle récompense me proposes-tu ? – Jeune fille, répondit-il, en quelque lieu que je sois, mais libre de tout serment, tu pourras me prendre pour ton chevalier et je te servirai fidèlement. – Voilà une promesse dont je me souviendrai », dit-elle. Puis elle retourna auprès des dames et des autres jeunes filles, et les danses se prolongèrent jusqu'au soir.

Lorsque la nuit devint profonde et que tout le monde fut couché, la fille du roi Brangore, qui n'arrivait pas à dormir, se leva, passa un manteau sur sa chemise et, dans le plus grand silence, sortit de sa chambre. Elle rôda un long moment dans les couloirs du château, monta jusqu'aux étages supérieurs et frappa discrètement à une porte. Une voix lui répondit d'entrer. Elle poussa la porte, entra et fit en sorte d'allumer la chandelle. Sur le lit, se reposait une vieille femme, à l'air tendre et doux. Elle sourit à la fille du roi. « Que veux-tu, mon enfant ? Tu devrais être en train de dormir à l'heure qu'il est ! – Ma bonne nourrice, dit la fille du roi, il ne me reste plus qu'à mourir ! » Et elle se mit à pleurer. La vieille femme se souleva et la prit dans ses bras comme si elle allait la bercer.

« Mourir ! s'écria la vieille. A Dieu ne plaise que tu meures tant que je serai en vie ! Je t'ai nourrie de mon lait et tu sais bien que je te considère comme ma propre fille ! Dis-moi ce qui te tourmente ainsi et je te promets d'y apporter remède, selon ce que je pourrai faire. – Hélas ! ma bonne nourrice, il n'est point de remède à ce mal que j'endure ! Ce mal, j'en souffre horriblement, et pourtant il me plaît : c'est qu'il vient de moi, et de moi seule, de ma propre volonté. Je n'ose te dire ce qu'il en est. – Mon enfant, tu m'as toujours trouvée dévouée à satisfaire tes désirs. Parle-moi franchement : si c'est une peine d'amour, je suis capable de t'aider plus qu'une autre femme. – Oui, dit la fille du roi, il s'agit bien de cela. J'aime d'amour et crois bien que jamais fille des hommes n'aima d'amour aussi fort que moi. Je le prouverai bientôt, car si celui que j'aime me repousse encore, je jure de me tuer de mes mains. Celui que j'aime, c'est le plus beau chevalier du monde, le plus preux et le plus digne d'estime. C'est celui qui a remporté aujourd'hui le prix du tournoi. Il est mon corps et mon cœur, ma joie et ma douleur, ma richesse et ma pauvreté, ma vie et ma mort. Si j'étais sur une tour haute de cent toises, je sauterais vers lui, s'il se trouvait en bas, car je sais bien que l'amour me protégerait et que je n'aurais aucun mal. Mais il ne veut pas être au pied de la tour. Prends pitié de moi, bonne nourrice, ou il ne me reste plus qu'à périr ! »

La vieille femme se leva et se recouvrit d'un manteau. Elle prit un chandelier et s'accroupit près d'un coffre dont elle souleva le couvercle. Après avoir fouillé, elle en sortit un petit écrin. Elle l'ouvrit et prit un anneau d'or qu'elle montra à la fille du roi. « Mon enfant, dit-elle, va te recoucher. Voici le remède à tes maux. Cet anneau m'a été donné par Morgane, la sœur du roi Arthur, et tu sais qu'elle est experte en charmes et incantations. Aie confiance : je te demande seulement de te recoucher et, si tu ne peux trouver le sommeil, fais au moins semblant de dormir. Quant à ce que tu m'as dit, sois assurée que je n'en parlerai pas. Jamais personne ne tirera une parole de moi à ce sujet. » Quelque peu rassurée, la fille du roi repartit aussi silencieusement qu'elle était venue et alla se recoucher. Et, comme le sommeil ne venait pas, elle fit semblant de dormir.

Quant à la vieille femme, elle se glissa par les couloirs et parvint jusqu'à la chambre où se reposait Bohort. Elle y pénétra sans frapper. Quatre cierges y brûlaient, si bien qu'on y voyait très clair. Bohort, qui ne dormait pas encore, s'était soulevé sur sa couche, sans comprendre ce qui se passait. « Bohort ! lui dit la vieille femme, c'est la fille du roi qui m'envoie vers toi. Elle n'a pas voulu venir elle-même parce qu'il eût été inconvenant pour une jeune fille d'entrer au milieu de la nuit dans la chambre d'un jeune homme. C'est pourquoi elle m'a donné mission de parler à sa place. Sache qu'elle a à se plaindre de toi, et de deux façons. D'abord, parce qu'il était convenu que le vainqueur du tournoi la prendrait pour femme : or, tu ne l'as pas voulu, et, ce faisant, tu lui as causé tort et honte. Ensuite, parce qu'elle est bonne à marier : si tu avais eu la moindre attention pour elle, tu ne l'aurais pas oubliée quand tu as désigné leurs époux aux autres jeunes filles. Aussi m'a-t-elle chargée de te remettre cet anneau. Tu devras le porter en pénitence de ton méfait. »

Comment Bohort ne se serait-il pas senti coupable ? Il prit l'anneau et le passa à son doigt. Aussitôt, son esprit se brouilla. Jusque-là, il avait été chaste et froid, n'ayant aucune inclination envers les femmes. Et, brusquement, l'image de la fille du roi Brangore lui revint en mémoire. Un désir fou d'aller la retrouver et de serrer son beau corps contre lui le saisit. Car telle était la puissance de l'anneau qu'il rendait amoureux celui qui le portait. « Par Dieu tout-puissant, dit Bohort, qu'elle prenne de moi toute vengeance qu'elle voudra ! Il n'est rien que je ne fasse pour qu'elle me pardonne ! – Fort bien, dit la vieille femme, le mieux est que tu ailles toi-même lui demander ta grâce ! » Sans hésiter, Bohort se leva d'un bond, passa un manteau sur sa chemise et sur ses braies, et demanda à la vieille femme de le guider. Elle le conduisit sans tarder près du lit de la fille du roi. Celle-ci, en le voyant, sursauta, se souleva et l'accueillit avec un grand sourire. Alors, la nourrice s'en alla et ferma soigneusement la porte derrière elle. Ainsi, furent unis un fils et une fille de roi, cette nuit-là, à cause du sortilège contenu dans l'anneau de Morgane.

Au même moment, en plein cœur de la forêt de Brocéliande, la Dame du Lac se réveilla en sursaut dans la tour d'air invisible en laquelle elle rejoignait Merlin presque toutes les nuits. Au mouvement brusque qu'elle fit, Merlin, qui dormait d'un profond sommeil, s'éveilla lui aussi. « Qu'as-tu donc, Viviane ? demanda-t-il. – Merlin ! Merlin ! Sais-tu ce que je viens de voir ? – Oui, dit tranquillement Merlin. Comme toi, j'ai vu la fille du roi Brangore d'Estrangore et Bohort de Gaunes. Tu es chagrinée parce que tu souhaitais que Bohort restât chaste durant toute sa vie. Mais ne t'inquiète pas : il n'en sera pas moins admis aux mystères du Saint-Graal, et il en sera même le témoin privilégié qui aura mission d'en divulguer quelques secrets. Quant à ce qui se passe maintenant, c'est Dieu qui le veut car, de cette union, naîtra un héros des temps futurs. Il s'appellera Hélain le Blanc et sera empereur de Constantinople. – Peut-être, dit Viviane, mais je suis quand même inquiète : il se passe actuellement des choses que je ne comprends pas. – Alors, ne cherche pas à les comprendre, dit Merlin, car les destins s'accomplissent sans que nous puissions y changer quoi que ce soit. »

Le matin, quand il fut revenu dans sa chambre, Bohort se recoucha et se frotta les mains de contentement. Mais il fit tant que l'anneau, qui était trop grand, lui glissa du doigt et tomba. Aussitôt, le sortilège s'évanouit et il reprit tous ses esprits. Il eut honte et horreur de ce qu'il avait fait. Il se releva, s'habilla et alla entendre la messe. Comme il sortait de l'église, la fille du roi vint près de lui et lui dit : « Seigneur, tu sais ce qu'il en a été de nous deux. En mémoire de cette nuit, je désire que tu prennes ce fermoir. Je te le donne et te prie de le porter pour l'amour de moi. Je te prie aussi de revenir dans une demi-année, car s'il arrivait, par la volonté de Dieu, que je fusse enceinte, je voudrais que mon père apprît de toi-même ce qui est advenu, et que tu témoignes bien que l'enfant est le tien. » Bohort mit le fermoir à son cou et promit qu'il s'en reviendrait au terme fixé, s'il n'en était pas empêché par quelque circonstance malencontreuse. Puis, laissant la fille à sa tristesse, il alla prendre congé du roi et s'en alla, le cœur plein d'amertume et de remords[1].

Le chemin qu'il suivit le mena dans un étrange pays. A perte de vue, on ne voyait aucun arbre, et le sol lui-même paraissait stérile : aucune herbe, aucune fleur, aucun arbuste n'y poussait. Et partout se dressaient des monticules de pierres entassées les unes sur les autres. Il semblait que toute vie fût absente de ce désert, et seul le vent soufflait, balayant la poussière et la rassemblant en tourbillons si épais qu'ils obscurcissaient

1. D'après la version dite de Gautier Map.

la lumière du soleil. Bohort hésita un instant, mais comme il voyait que le chemin continuait au milieu de ce désert, il se décida à s'y engager. Il n'avait pas fait plus d'une lieue qu'il aperçut trois cavaliers, ou plutôt trois cavalières, qui venaient face à lui. Au moment où il allait les croiser, celles-ci s'arrêtèrent. L'une d'elles portait un grand manteau noir et montait un magnifique étalon blanc. Elle souleva le voile qui protégeait son visage de la poussière et du soleil, et Bohort la reconnut aisément : c'était Morgane, la sœur du roi Arthur. Il la salua aimablement et elle lui dit : « Que fais-tu dans cette région désolée, Bohort de Gaunes ? Il y a bien longtemps qu'on ne t'a vu à la cour du roi, mon frère. Sans doute cours-tu les aventures pour te couvrir de gloire afin de rivaliser avec ton cousin Lancelot ! » Agacé par le ton sarcastique de Morgane, Bohort allait lui répliquer avec insolence. Il se méfiait d'elle, et il savait qu'elle poursuivait Lancelot de ses assiduités. Pourtant, il préféra se calmer. N'était-elle pas la sœur de son roi et ne disposait-elle pas de redoutables pouvoirs hérités de Merlin ? « Ce serait trop long à t'expliquer, répondit-il, d'une voix qu'il voulait chaleureuse. Mais dis-moi, Morgane : quel est cet étrange pays dans lequel nous sommes ?

– C'est également une longue histoire, dit Morgane, mais je peux t'en dire l'essentiel. Autrefois, ce pays était fertile et verdoyant, et on pouvait y voir beaucoup d'arbres qui donnaient d'excellents fruits. Et, dans chacun des tertres que tu vois, vivaient des jeunes filles qui offraient aux voyageurs une nourriture raffinée dans des linges blancs et des écuelles en or et en argent, ainsi que des boissons réconfortantes. Chacun avait à satiété tout ce qu'il désirait, et personne ne s'en plaignait. De plus, elles indiquaient le chemin qu'il fallait prendre pour aller au château mystérieux où l'on disait qu'on gardait le Saint-Graal. Mais, un jour, le roi Amangon, qui passait par là, a arraché la coupe d'or d'une de ces jeunes filles et l'a violentée, et tous ceux qui l'accompagnaient en ont fait de même, avec brutalité et sans scrupules. C'est alors que les jeunes filles ont quitté ce pays en le maudissant. Les arbres ont perdu leurs feuilles et n'ont plus produit de fruits, les prairies se sont desséchées, l'herbe et les fleurs ont disparu, et les eaux des nombreuses fontaines qu'on y voyait ne coulent plus. Voilà pourquoi tu ne vois plus ici que des pierres et de la poussière.

– Mais, demanda Bohort, qu'y a-t-il au bout de ce désert ? – Le monde tel qu'il est, répondit Morgane. Mais les chemins y sont nombreux et l'on risque de s'égarer maintenant qu'il n'y a plus personne pour indiquer aux voyageurs la direction qui convient pour découvrir ce qu'ils cherchent. Au fait, Bohort, que cherches-tu donc dans ces pays de fin de monde ? – Je n'en sais rien. – Alors, tu trouveras. On prétend qu'il y a, au-delà de l'horizon, une vallée perdue. C'est là que réside un grand magicien qu'on appelle parfois le Roi Pêcheur. Mais ceux qui peuvent le reconnaître sont peu nombreux, car ce roi est expert en l'art de changer son aspect. Il peut revêtir de multiples formes selon qu'il accepte ou non ceux qui viennent le voir dans sa forteresse. Je te souhaite de trouver ce que tu ne cherches pas, Bohort. » Après avoir prononcé ces paroles, Morgane fit prendre son élan à son cheval blanc et reprit sa route, suivie par les deux femmes qui l'accompagnaient [1].

Bohort chevaucha pendant de longues heures dans cette étendue stérile où seules les pierres amoncelées donnaient l'impression d'une vie intense, encore qu'elle ne fût qu'invisible. Avec son écuyer, il se retrouva soudain à la lisière d'une forêt très dense. Il avait tant souffert de la chaleur, alors que le soleil était ardent,

1. D'après *l'Elucidation*, texte français du début du XIIIe siècle, d'auteur anonyme, et qui se prétend une préface au grand cycle du *Conte du Graal* de Chrétien de Troyes et de ses continuateurs immédiats.

vers l'heure de midi, qu'il chercha un endroit pour se reposer et se rafraîchir. Il vit devant lui une source à l'eau claire et limpide et dont le gravier brillait à la lumière. Elle surgissait de terre dans un vallon, sous quatre pins qui répandaient un large ombrage sur l'herbe verdoyante. Quel contraste avec la grande étendue désertique qu'il venait de traverser ! Il admira la source et trouva l'endroit si beau et si agréable qu'il descendit de cheval, ôta la selle et le frein, puis enleva son heaume et se dépouilla de son haubert, afin de mieux humer l'air et de sentir l'air frais lui frôler la peau. Il avait grande envie de s'asseoir, éprouvé par la chaleur torride. Mais tandis qu'il s'était allongé et s'apprêtait à dormir, il vit venir un cavalier qui se dirigeait vers lui. Il se releva d'un bond, sur la défensive, prêt à reprendre ses armes, mais le nouvel arrivant enleva son heaume et il reconnut Lancelot.

« Beau cousin, s'écria celui-ci, quelle joie de te revoir enfin, après si longtemps ! » Ils s'étreignirent avec la plus grande affection et demandèrent des nouvelles l'un de l'autre. « Désarme-toi, dit Bohort à Lancelot, et prenons un peu de repos, car il me semble que nous avons beaucoup souffert de cette chaleur. » Ils s'étendirent tous deux sous les ombrages en devisant à propos des aventures qu'ils avaient vécues. Puis, après avoir bu longuement l'eau claire de la fontaine, ils décidèrent de poursuivre leur chemin à travers la forêt. Ils arrivèrent ainsi à une autre fontaine dont les eaux s'étalaient sous deux énormes sycomores. Ils s'arrêtèrent de nouveau, sautèrent à bas de leurs montures et se désaltérèrent car ils avaient encore grande soif. Alors qu'ils étaient penchés sur l'eau, ils entendirent un grand bruit et, en se retournant, aperçurent un chevalier, vêtu d'une armure noire, monté sur un cheval noir. « Que faites-vous là ? demanda le nouvel arrivant. – Tu le vois, répondit Lancelot, nous buvons, car la chaleur est telle que nous avons très soif. – Ne savez-vous pas que cette fontaine m'appartient et que personne n'a le droit d'y puiser de l'eau sans mon consentement ? Vous paierez cher votre témérité ! » Et, brusquement, il se recula et se mit en position de combat.

Lancelot ne perdit pas de temps à le défier. Il sauta sur son cheval et se précipita sur l'intrus. « Dis-moi ton nom ! s'écria-t-il. – Je suis Bélyas le Noir, le maître de cette forêt et de cette fontaine, et je vous interdis bien d'y rester, car je vous juge les pires mécréants qui se puissent trouver ! » A ces mots, Lancelot se précipita la lance en avant, et Bohort en fit autant. Voyant qu'il était assailli par deux chevaliers bien décidés à ne pas se laisser faire, Bélyas prit le parti de s'enfuir. Lancelot et Bohort se lancèrent à sa poursuite, et bientôt ils le virent pénétrer dans une forteresse. Ils y entrèrent à leur tour, mais ils ne trouvèrent aucune trace de leur adversaire. Dans la forteresse, tout était vide : il ne semblait pas y avoir d'êtres vivants. Les deux cousins descendirent de leurs chevaux et se mirent à explorer minutieusement les recoins de la cour et les chambres fortes qui s'ouvraient sur elle. « Quelle étrange forteresse ! dit Bohort. J'ai l'impression qu'elle est abandonnée depuis bien longtemps. » Cependant, dans une chambre à demi enterrée, ils découvrirent un homme qui était enchaîné à des anneaux fixés dans le mur. Lancelot leva son épée et, de plusieurs coups d'une grande violence, il fracassa les chaînes et libéra l'homme. Celui-ci se redressa en titubant et se dirigea vers la porte. « Mordret ! » s'exclama Lancelot. Bohort le regardait avec étonnement, car il n'avait jamais vu cet homme. « Oui, dit le prisonnier, c'est moi, Mordret, fils du roi Loth d'Orcanie et de la reine Anna, sœur de notre roi Arthur. Je suis le frère de Gauvain et de Gahériet. Lancelot me connaît bien, mais toi, qui es-tu ? » Il y avait une certaine arrogance dans la voix et dans le regard de Mordret, et Bohort se sentit soudain mal à l'aise. « Je suis Bohort de Gaunes, le cousin de Lancelot. – Fort bien, dit Mordret, je me souviendrai de toi désormais. Vous êtes arrivés à temps pour me délivrer, mes compagnons, car Bélyas le Noir voulait me faire périr en me coupant la tête. J'ai tué son frère Briadas qui voulait m'empêcher de boire à la Fontaine des deux Sycomores. J'ai eu beau poursuivre Briadas et lui passer mon épée au travers du corps, Bélyas m'a rejoint et m'a fait prisonnier par surprise. – Où est donc Bélyas ? demanda Lancelot. – Je n'en sais rien, répondit Mordret. Ce château est abandonné et Bélyas n'y vient que très rarement. J'ignore absolument où il a son logis et ses serviteurs. – C'est bon, dit Lancelot, ne nous attardons pas ici. Nous le retrouverons bien et nous lui ferons payer cher ses outrages. As-tu un cheval ? – Non, répondit Mordret, Bélyas me l'a pris comme il a pris mes armes. Je n'ai plus rien. – Tu monteras sur le cheval de mon écuyer, dit Bohort, et nous tâcherons de te trouver des armes et une monture. »

Ils chevauchèrent jusqu'à la nuit dans la forêt immense et mystérieuse. Quand la lune fut levée, ils arrivèrent à un petit tertre et, regardant devant eux, ils aperçurent un cerf blanc qui courait, entouré et comme protégé par quatre lions. Bohort et Mordret furent bien étonnés de ce spectacle ; mais Lancelot, qui avait déjà été le témoin d'une telle scène, ne dit rien et se contenta de regarder. Les animaux passèrent devant eux, sans même s'apercevoir de leur présence, et s'enfoncèrent dans l'épaisseur de la forêt. Et, les trois compagnons reprirent leur route dans l'espoir de trouver un endroit pour passer la nuit.

C'est alors qu'ils rencontrèrent un nain monté sur une mauvaise mule. Ils lui demandèrent s'il y avait, dans les environs, quelque maison où ils pussent être hébergés. « Certes, dit le nain, vous n'avez qu'à me suivre. » Et il les conduisit jusqu'à un ermitage qui était tout proche.

Les trois compagnons descendirent de leurs chevaux et, après les avoir remisés dans la demeure de l'ermite, qui était pauvre mais vaste, ils entrèrent dans une petite pièce et se désarmèrent. En les recommandant à Dieu, le nain leur annonça qu'il allait partir. « Et où iras-tu donc à cette heure ? lui demanda Lancelot. Il est bien tard pour courir les chemins ! – N'aie aucune crainte, répondit le nain, je sais où je trouverai un bon gîte. » Et il s'en alla à toute allure, à travers la forêt, sous les rayons de la lune, tandis que les chevaliers prenaient soin de leurs chevaux et leur donnaient de l'herbe à manger. L'ermite leur servit du pain, de l'eau et des fruits sauvages, le seul régal qu'il eût à sa disposition. Fatigués, fourbus et n'ayant rien mangé de toute la journée, ils acceptèrent ce repas avec reconnaissance et s'en allèrent dormir sur des matelas remplis de feuilles d'arbres.

Le lendemain matin, Bohort interrogea l'ermite sur la vision qu'ils avaient eue du cerf plus blanc que neige, qui avait au cou une chaîne d'or, mais que semblaient protéger quatre lions qui le conduisaient avec autant d'égards qu'un personnage sacré. « Ce n'est ni un sortilège ni une ténébreuse sorcellerie, répondit l'ermite, mais jusqu'à présent, aucun être humain n'a été capable d'expliquer ce mystère. Vous n'êtes pas les seuls à avoir été témoins de ce spectacle. Les prophéties nous disent que nous ne saurons rien tant que le Bon Chevalier, qui surpassera en vertu et en bravoure tous les chevaliers terrestres de ce temps, ne viendra pas nous dire qui est le Cerf blanc au collier d'or et pourquoi les lions semblent le protéger et le guider. Je ne peux répondre autre chose. »

Ils quittèrent l'ermite après l'avoir remercié de son accueil et reprirent leur chemin dans la forêt. Vers le milieu du jour, ils se trouvèrent à la porte d'un petit manoir que tenait un vavasseur et celui-ci les invita à loger chez lui. Ils acceptèrent volontiers. Ils eurent à manger et à boire en abondance, et quand la nuit fut venue, ils allèrent se reposer dans les chambres qu'on leur avait préparées.

Lancelot, qui avait pris peu de repos pendant la nuit, et qui avait pensé avant tout à sa dame, la reine Guenièvre, se leva de très bon matin et sortit de sa chambre. Les gens du logis le saluèrent et lui souhaitèrent le bonjour. Il leur rendit leur salut et dit à son hôte : « Y a-t-il près d'ici une chapelle ou une église où nous puissions entendre la messe avant de partir ? – Oui, seigneur, il y a, de l'autre côté de la colline, une église que dessert un prêtre solitaire. – Qu'on fasse donc seller nos chevaux », dit Lancelot. Quand tout fut prêt et que Mordret et Bohort l'eurent rejoint, ils s'en allèrent vers l'église dont avait parlé leur hôte.

Le chemin traversait un épais boqueteau au milieu duquel ils aperçurent une riche tombe de marbre gris. Devant celle-ci, se tenait un homme vêtu d'une robe blanche, ayant l'apparence d'un religieux qui, à genoux, disait ses prières et ses oraisons. Il paraissait d'un âge si avancé que, malgré la vigueur qui émanait de lui, on aurait dit n'avoir jamais vu de si vieil homme. Lancelot, Mordret et Bohort s'arrêtèrent pour le contempler, tant il inspirait du respect et de la vénération.

Quand il vit les chevaliers, il se dressa sur ses pieds plus allégrement qu'ils n'auraient pu l'imaginer. Il leur demanda qui ils étaient et, sans hésiter, ils se nommèrent chacun l'un après l'autre. Le vieillard se mit alors à pleurer. « Par ma tête ! s'écria-t-il, vous pouvez dire que vous êtes les hommes les plus malheureux du monde, tout au moins l'un d'entre vous. Mais les deux autres seront malheureux à cause de lui. » Ils furent bien étonnés d'entendre ce discours. « Explique-toi, vieillard ! dit Lancelot. – Je vais vous le prouver, répondit l'ermite, et sachez bien que je ne mentirai pas. » Il prit Mordret à part et lui dit : « C'est toi qui es l'homme le plus malheureux de toute la terre, et je vais te dire pourquoi. Tu feras plus de mal que tous les hommes réunis de ce royaume : à cause de toi sera détruite la grandeur de la Table Ronde, et par toi mourra l'homme le plus sage et le plus brave que je connaisse, ton propre père. Et toi-même, tu mourras de sa main. Ainsi le père périra par le fils et le fils par le père ; alors sera anéantie toute ta parenté, qui est à présent la souveraine du monde. Tu as bien raison de te haïr, puisque tant d'hommes de valeur mourront par tes œuvres ! »

Après avoir entendu ces paroles, Mordret fut dans un grand embarras. « Seigneur, dit-il, tu diras ce que tu voudras, mais il est impossible que je tue un jour mon père, le roi Loth, car il est mort de vieillesse l'an dernier. Et parce que tu avances de telles idées, on ne peut pas prendre au sérieux ce que tu racontes. De toute évidence, tu as menti à propos de mon père ! – Quoi ? s'écria le vieillard. Tu prétends que ton père est mort ? – Certes, par Dieu tout-puissant, dit Mordret. – Crois-tu vraiment que le roi Loth d'Orcanie t'engendra comme il engendra tes autres frères ? – Je ne peux en douter, c'est le roi Loth d'Orcanie ! » Le vieillard s'avança vers lui et plongea son regard dans celui de Mordret : « Non, dit-il. C'est un autre roi qui t'engendra, de plus grande valeur encore et qui a accompli plus d'exploits que celui que tu considères comme ton père. La nuit où il t'engendra, il lui sembla, dans un songe, que sortait de lui un dragon qui calcinait toute sa terre et tuait tous ses hommes. Après avoir massacré son peuple et dévasté sa terre, le monstre se jetait sur ton père et voulait le dévorer, mais celui-ci se défendait et le mettait à mort, empoisonné toutefois par le venin et condamné lui aussi à mourir. Tel est le songe qu'il eut pendant son sommeil.

« Et pour que tu me croies mieux, tu trouveras dans l'église Saint-Etienne de Kamaalot un dragon que ton père y fit peindre, pour avoir la vision de ce songe tous les jours de sa vie. Sais-tu qui est le dragon que ton père vit en songe ? C'est toi en vérité, car tu es un homme sans bonté et sans pitié. Il en est de toi comme du dragon qui est inoffensif quand il commence à voler : tu n'as pas été cruel dans les premiers temps de ton existence de chevalier, et tu as même été bon et sensible à la pitié. Mais, désormais, tu seras un vrai dragon, tu ne feras que le mal et tu emploieras toutes

tes forces à massacrer les hommes. Que te dirai-je encore ? Tu feras plus de mal en un jour que ta parenté ne fit de bien pendant tant de longues années. Et moi-même, qui suis vieux et à qui jamais une arme n'aurait dû donner la mort, je me ressentirai de ta cruauté, car j'ai la certitude que tu me tueras de ta propre main ! »

Le visage de Mordret était devenu rouge de colère. « Par Dieu, vieillard, s'écria-t-il, tu as menti sur certains points mais tu as dit la vérité sur d'autres ! En disant que tu allais mourir de ma main, certes, tu n'as pas menti, et ta prophétie sera en partie exacte ! – Par Dieu tout-puissant, dit le vieillard, attends au moins que j'aie parlé à Lancelot et à Bohort ! Ensuite, tu agiras à ta guise. – Que jamais Dieu ne me vienne en aide, hurla Mordret, si tu mens encore à mon sujet ou au sujet d'autrui ! » Il dégaina son épée et assena au vieillard un coup si rude qu'il lui fit voler la tête. Le corps du malheureux s'écroula de tout son long, sans plus bouger.

« Ah, Mordret ! s'écria Lancelot. Tu as bien mal agi et commis un horrible meurtre en tuant ainsi ce vieillard innocent ! Par Dieu tout-puissant, cela ne te portera pas bonheur et tu n'en recueilleras que honte et déshonneur ! – N'as-tu pas entendu quelles diableries il me disait ? Par Dieu, je regrette de ne pas l'avoir tué plus tôt : il n'aurait pas raconté tant de sottises ! » Lancelot, en regardant le corps du vieillard, s'aperçut qu'il tenait une lettre dans sa main crispée. Il descendit de cheval, et sans que Mordret le remarquât, il l'enleva et la glissa sous son manteau afin que personne ne la vît. Puis il dit à Mordret : « Désormais, Mordret, tu n'as pas intérêt à te trouver en ma présence, car je serais vraiment trop tenté de te reprocher devant tout le monde l'acte que tu viens de commettre ! Va-t'en ! Laisse-moi seul avec Bohort ! » Mordret regarda Lancelot avec une sorte de haine mêlée de crainte. Mais il ne dit rien. Piquant des deux, il s'éloigna et disparut rapidement.

Infiniment troublés, Lancelot et Bohort allèrent trouver le prêtre qui desservait l'église, lui expliquèrent ce qui s'était passé et lui demandèrent d'ensevelir le corps du vieillard. Une fois la messe dite, et l'absoute donnée, on l'enterra près de la tombe de marbre, à l'endroit même où il avait été tué. Et Lancelot fit placer un panneau sur lequel étaient écrits ces mots : « Ci-gît un saint homme qui succomba à la colère de Mordret d'Orcanie. » Puis, sans même se faire remarquer de Bohort, Lancelot sortit la lettre qu'il avait prise dans la main du vieillard et la déchiffra. Et voici ce qu'il put lire : « Téméraire Mordret de la main duquel je dois mourir, sache que le roi Arthur qui t'engendra dans la femme du roi Loth d'Orcanie ne te traitera pas avec moins de rigueur que tu ne m'as traité. Si tu m'as tranché la tête, il te transpercera le corps d'un coup si impitoyable que les rayons du soleil passeront au travers. Dieu ne permettra ce coup hors du commun que pour toi seul, et alors s'effondrera le grand orgueil de la chevalerie de Bretagne car, à partir de ce jour-là, personne ne verra plus le roi Arthur autrement qu'en songe. »

Lancelot lut et relut attentivement la lettre. Ce qu'il avait appris du roi Arthur l'envahit d'une profonde émotion. Il avait en effet la plus sincère affection pour le roi parce qu'il avait rencontré en lui plus de bonté et de courtoisie qu'en aucun autre homme au monde. Et il regretta de ne pas avoir lui-même tué Mordret, autant pour que la prophétie ne s'accomplît pas que pour le punir du meurtre horrible qu'il venait de commettre.

Cependant, Lancelot ne dit pas un mot de ce qui était écrit sur la lettre. Il préférait garder pour lui le terrible secret qui venait de lui être révélé. Mais, à présent, il savait qu'il mettrait tout en œuvre pour combattre les entreprises de Mordret. Il dit seulement à Bohort qu'il fallait s'efforcer d'oublier la scène pénible dont ils avaient été les témoins. Puis, ils se remirent en selle et chevauchèrent pendant une grande partie de la journée, se reposant à peine près des sources qu'ils rencontraient, et s'en allant toujours plus avant dans cette forêt qu'on appelait la Forêt Périlleuse. Et, le soir tombait lorsqu'ils aperçurent, à travers les branches, de grandes flammes et qu'ils entendirent une voix de femme appeler au secours. Ils se précipitèrent tous deux dans cette direction et virent un cavalier qui tentait d'emmener une jeune fille sur sa monture. Celle-ci se débattait et implorait son agresseur de la laisser en paix. Mais, quand il aperçut les deux chevaliers, l'homme lâcha la jeune fille et, piquant des deux, s'éloigna au grand galop. Sans plus tarder, Lancelot se lança à sa poursuite. Quant à Bohort, il s'empressa de sauter à bas de sa monture et de porter secours à la jeune fille qui gisait sur le sol, inanimée.

Comme il ne disposait pas d'eau, Bohort lui frotta les tempes avec une touffe d'herbe bien verte. Elle ne fut pas longue à reprendre ses esprits. Ouvrant les yeux, elle dit : « Béni sois-tu, Bohort ! Tu m'as délivrée de l'odieux personnage qui voulait m'emmener contre mon gré ! – Je n'étais pas seul, répondit Bohort. Lancelot s'est lancé à la poursuite de ton agresseur. – Je souhaite qu'il le rejoigne et le châtie de sa méchanceté, s'écria-t-elle. Aucun homme au monde n'est aussi félon que ce Gaul, fils de Klut. Depuis que ma maîtresse, ma dame Morgane, l'a ridiculisé par le jeu du *blaireau dans le sac*, il la poursuit de sa haine. Mais, comme ses sortilèges à lui sont moins puissants que ceux de ma maîtresse, il ne peut s'attaquer directement à elle, et il se venge sur les autres. – Je te reconnais, dit Bohort, tu étais avec Morgane lorsque je vous ai rencontrées l'autre jour dans ce pays désertique parsemé de tertres. – C'est exact, dit la jeune fille. Ma maîtresse m'avait envoyé porter un message, et c'est au retour que le maudit Gaul m'a surprise et a voulu m'emmener avec lui. Sans ton intervention et celle de Lancelot, je crois bien qu'il aurait réussi à m'entraîner dans son repaire ! »

Bohort regardait autour de lui. Le feu finissait de

s'éteindre. Il n'y avait nulle trace de son écuyer, nulle trace de Lancelot non plus. « Où est ton cheval ? demanda-t-il. – Je ne sais pas, répondit-elle. Gaul me portait au travers de sa selle. – Alors, dit Bohort, monte en croupe derrière moi et je vais te ramener chez ta maîtresse. Tu m'indiqueras le chemin que nous devons suivre. » Ils partirent immédiatement. La nuit était maintenant très noire, mais la jeune fille le guida à travers les méandres de la forêt, et ils parvinrent bientôt devant un beau château de pierre aux couleurs violettes et qui devait être le château de Morgane. Lorsqu'ils furent à la porte, la jeune fille appela à haute voix, et on vint leur ouvrir.

Bohort fut accueilli en grand honneur. On le désarma, on lui servit en abondance mets et boissons de choix, et Morgane elle-même vint converser avec lui. Après l'avoir vivement remercié d'avoir délivré sa suivante, elle lui demanda : « Quel est le but de ton voyage ? – Accomplir des actions dignes d'un fils de roi », répondit-il. Morgane se mit à rire. « Souvent, les fils de roi ne ressemblent pas à leur père, dit-elle, mais je sais, Bohort, que tu es promis à une haute destinée. As-tu déjà entendu parler du Saint-Graal ? – Certes, oui. On raconte, à la cour du roi Arthur, que Merlin a prédit que le jour viendrait où tous les chevaliers de la Table Ronde partiraient à la recherche de ce Graal, ce vase qui contient, paraît-il, le sang de Notre-Seigneur, et qui se trouve caché dans une forteresse inaccessible. – Fort bien, dit Morgane, mais je peux te révéler ceci : tu seras parmi ceux qui découvriront le Graal. Tu ne seras pas le premier, mais tu seras celui qui témoignera des aventures. Sache également que personne ne te reprochera le moindre manquement à la mission dont le destin t'a investi. » Bohort demeura songeur. « Et Lancelot ? demanda-t-il. – Je n'ai rien à te dire au sujet de Lancelot », répondit Morgane avec dureté.

Quand il fut l'heure d'aller dormir, on conduisit Bohort à une chambre confortable où il put se reposer tout à loisir. Le matin, il se leva de bonne heure et prit congé de Morgane. « Où vas-tu aller, maintenant ? lui demanda-t-elle. – Je vais retourner à l'endroit où j'ai rencontré ta suivante. Je dois rejoindre Lancelot. – Il y a beau temps que Lancelot n'y est plus. Si tu veux mon avis, tu suivras le cours de la rivière qui est au pied de ce château et tu descendras le long de la vallée. Il se pourrait que tu sois témoin de bien des merveilles. » Et elle le conduisit à la porte du château, puis le regarda s'éloigner dans la direction qu'elle lui avait indiquée.

Après avoir chevauché une partie de l'après-midi, il aperçut une grande forteresse bien orientée, perchée sur un grand tertre, entourée d'une eau profonde et non loin d'un étang qui miroitait au soleil. Rencontrant une vieille femme qui portait un fagot de bois, il lui demanda quel était le nom de cette forteresse et qui en était le maître. « Le nom de cette forteresse est Corbénic, répondit-elle. Quant au maître, il s'appelle Pellès, et il est roi de la Terre Foraine. » Bohort poursuivit son chemin jusqu'à l'entrée. C'est alors qu'un homme, monté sur un cheval bai, s'approcha de lui, manifestant d'évidentes intentions hostiles. « Laisse-moi passer ! dit Bohort. – Tu n'entreras pas ici, répondit l'autre, du moins sans m'avoir combattu ! – Puisque tu le veux, battons-nous ! » répondit Bohort.

Ils se ruèrent l'un sur l'autre. Au premier choc, Bohort fit basculer son adversaire sur le sol. Sautant lui-même à bas de son cheval, il tira son épée et la mit contre la gorge de celui qui gisait à terre. « Je te ferai grâce si tu me dis pourquoi tu voulais m'empêcher de passer ! dit Bohort. – Je vais te le dire, seigneur. J'ai à me plaindre de Lancelot du Lac et je m'étais promis d'attaquer tous ceux de sa parenté. Or, je t'ai reconnu, Bohort de Gaunes, et c'est pourquoi j'ai voulu t'empêcher d'entrer dans cette forteresse. Je m'avoue vaincu. Accorde-moi ta grâce et je ferai selon ta volonté. – Eh bien, dit Bohort en remettant son épée au fourreau, je veux que tu ailles trouver Lancelot du Lac et que tu t'en remettes à lui. – Je le ferai, seigneur, dit l'autre en se relevant. – Quel est ton nom ? demanda encore Bohort. – On m'appelle Brinol du Plessis. – Alors, va-t'en, et ne te mets jamais plus en travers de ma route ! » Et Bohort remonta sur son cheval. Il franchit le pont, entra dans la forteresse, s'en alla à travers les rues. Il arriva ainsi devant un manoir magnifique et mit pied à terre.

Aussitôt, des valets vinrent vers lui : « Sois le bienvenu, seigneur ! » dirent-ils. L'un d'eux lui prit son cheval et les autres le menèrent dans la cour du palais où on le désarma. Alors, arrivèrent des dames et des jeunes filles habillées de beaux vêtements et d'allure aimable, et qui lui demandèrent d'où il était et quel était son nom. « Je suis de la maison du roi Arthur, répondit-il, et je m'appelle Bohort de Gaunes. – Bienvenue à toi, seigneur ! » s'écria-t-on de toutes parts. La nouvelle se répandit rapidement dans le palais et chacun d'annoncer : « Le cousin de Lancelot du Lac est dans nos murs ! »

On le fit entrer dans une grande salle ornée de belles boiseries. Puis, quelques chevaliers sortirent d'une chambre attenante et vinrent le saluer. Parmi eux, se trouvait un grand vieillard qui boitait et qui était soutenu par deux écuyers : c'était Pellès, le roi de la Terre Foraine, qu'on appelait également le Riche Roi Pêcheur. Bohort le reconnut fort bien grâce à la description que Lancelot lui en avait faite. Mais, de si loin que le roi aperçut Bohort, il lui fit joyeux visage et s'écria : « Bohort ! Sois le bienvenu ! – Seigneur roi, répondit Bohort, que Dieu te bénisse ainsi que tous ceux de ta cour ! »

Ils s'assirent alors au milieu de la salle sur une courtepointe de satin et engagèrent la conversation. Le roi l'interrogea sur Lancelot, sur son état, sur sa vie. « Il y a longtemps que je ne l'ai vu et qu'il n'est point reparu à la cour d'Arthur, dit Pellès, et je me demande ce qu'il est devenu. Pour avoir de ses nouvelles, j'ai dépêché des messagers à la cour du roi plus de sept fois en un an. » Bohort rassura Pellès sur le sort de Lancelot. « J'étais en compagnie de Lancelot pas plus tard qu'hier, dit-il, et je peux t'assurer qu'il est au meilleur de lui-même. Il m'a promis d'être à la cour d'Arthur le jour de la Pentecôte. Je suis sûr qu'il tiendra sa parole. »

Pendant cet entretien, sortit d'une chambre la fille du roi Pellès, élégamment et richement parée, et vêtue à merveille. Sa beauté éclipsait celle de toutes les autres dames et jeunes filles qui se trouvaient dans le manoir. Elle entra dans la salle entourée d'une nombreuse compagnie. Calmement, en femme courtoise et digne qu'elle était, elle s'avança vers Bohort, le salua en lui souhaitant la bienvenue, et il répondit à son salut avec la plus extrême gentillesse. Elle s'assit près de lui et s'informa sur celui qu'elle avait grande envie de revoir. Bohort, qui connaissait l'aventure qu'avait vécue Lancelot à Corbénic, répondit à toutes ses questions et ne manqua pas d'insister sur les nombreuses prouesses de son cousin.

Sur ces entrefaites, vint parmi eux un vieux chevalier qui portait dans ses bras un très jeune enfant, d'une dizaine de mois, un magnifique enfant, enveloppé d'une étoffe de soie brochée d'or. « Seigneur, dit le chevalier, tu ne sais pas qui est cet enfant. C'est ton jeune parent que tu n'as pas encore vu à ce jour. Il est issu du plus haut lignage qui soit : c'est ton cousin, n'en doute pas. » Bohort examina le visage de l'enfant et, plus il le regardait, plus il avait l'impression de voir Lancelot, tant la ressemblance était parfaite. « Qui est-il donc ? demanda-t-il. – Seigneur chevalier, lui répondit-on, ne reconnais-tu point à qui il ressemble dans ton lignage ? Examine-le bien, et je serais fort étonné si tu avais difficulté à le reconnaître. » Bohort se taisait, car il n'osait pas dire ce qu'il pensait. Cependant, comme il ne pouvait se dérober, il finit par lancer : « Par Dieu tout-puissant, je ne peux en douter : il ressemble à Lancelot plus qu'à tout autre ! – Tu as raison, dit le vieux chevalier, et c'est bien naturel puisqu'il est son fils, aussi vrai que, toi-même, tu es le fils de ton père, le roi Bohort de Gaunes ! »

Cette révélation combla Bohort d'une grande joie. Il demanda le nom de l'enfant, et le vieux chevalier lui dit qu'on l'appelait Galaad. Bohort se souvint alors que c'était le premier nom de Lancelot avant qu'il ne fût élevé par la Dame du Lac. Il prit l'enfant dans ses bras, le baisa comme il eût fait avec l'être le plus précieux du monde, gagné par une vive émotion. « Seigneur, dit-il, heureuse soit ta naissance ! Tu seras, je le pressens, le chef et l'étendard de ton lignage. Béni soit Dieu qui m'a mené ici ! Je suis plus heureux de cette nouvelle que si l'on m'avait donné le meilleur château qui fût au monde[1] ! »

1. D'après plusieurs épisodes de la version dite de Gautier Map.

8

Les Enchantements de Corbénic

Il y avait déjà longtemps que Bohort conversait, dans la grande salle du manoir de Corbénic, avec le roi Pellès, la fille de celui-ci et les chevaliers de la cour. Le soir tombait lentement et remplissait la pièce d'une sorte de pénombre dans laquelle les paroles échangées paraissaient plus lointaines. C'est alors que parut une colombe qui voletait en portant dans son bec un encensoir d'or. Elle se lança dans la salle, en un lent tourbillon et, tout de suite, le palais fut rempli de toutes les suaves odeurs de l'univers. Les conversations s'étaient arrêtées et un silence profond régnait sur l'assemblée. Les serviteurs dressèrent les tables et mirent les nappes. Tous ceux qui se trouvaient là s'assirent sans qu'on les y invitât, car personne ne prononçait un seul mot : ils étaient tous, jeunes ou vieux, en prière et en oraison. Peu après, sortit de sa chambre la jeune fille qui portait entre ses mains une coupe d'émeraude d'où émanait une surprenante lumière. Tous s'agenouillaient les uns après les autres lorsque la jeune fille passait devant eux, et ils dirent à voix basse : « Béni soit le fils de Dieu qui nous combla de sa grâce. »

Au fur et à mesure que la jeune fille passait parmi les tables, celles-ci se couvraient de toutes sortes de nourritures succulentes. Après avoir fait le tour de la salle, la jeune fille rentra dans la chambre d'où elle était sortie et, après ce long moment de silence, les conversations reprirent de plus belle. Ainsi Lancelot, lors de son séjour à Corbénic, avait-il été le témoin d'une scène analogue.

Le repas terminé, on enleva les nappes. Le roi Pellès alla alors s'accouder aux fenêtres du palais, et Bohort lui tint compagnie. Ils se mirent à parler de celui qui leur tenait le plus à cœur, à savoir Lancelot du Lac. Bohort, qui connaissait bien l'amour exclusif que portait son cousin à la reine Guenièvre, finit par demander à son hôte comment Lancelot avait pu oublier un instant la reine pour engendrer cet enfant. Pellès ne lui cacha rien : il lui expliqua comment Lancelot avait été abusé magiquement de telle sorte qu'il avait connu sa fille comme un homme sa propre femme. « Béni soit Dieu, dit Bohort, et béni soit celui qui a commis une telle ruse ! Aucun charme magique n'eut un aussi heureux résultat. Sois-en sûr, roi Pellès, de ton lignage naîtra le vrai chevalier par qui les aventures du Saint-Graal seront menées à leur terme, celui qui pourra s'asseoir sur le siège périlleux de la Table Ronde, dont nul n'a pris possession sans être foudroyé. Si ce n'est pas cet enfant, je ne sais pas qui pourrait l'être ! Lancelot est certes le meilleur des chevaliers qu'il y eut en ce monde, mais je sais qu'il y aura encore plus valeureux que lui. Les sages et les ermites le disent, et je sais qu'en son temps l'enchanteur Merlin avait dit des choses en ce sens. » Et Bohort ne pouvait s'empêcher de penser aux paroles de Morgane : elles étaient semblables à celles qu'il avait entendues de la bouche même de la Dame du Lac.

De la fenêtre du manoir, Bohort apercevait un grand bâtiment de pierre sombre qui se dressait contre le manoir où ils se trouvaient. « Seigneur, dit-il au roi, n'est-ce pas là ce qu'on appelle le Palais Aventureux ?
– Oui, répondit le roi Pellès. Depuis que tu es arrivé ici, tu as été témoin de bien des merveilles. Tu as vu la colombe qui nous dispense toutes les bonnes senteurs du monde. Tu as également compris que le Saint-Graal

nous procure chaque jour la nourriture qui nous convient. Mais tout cela n'est rien à côté des merveilles qui se produisent dans ce Palais Aventureux. – Par Dieu tout-puissant, dit Bohort, puisque je suis venu ici, à Corbénic, je suis bien décidé à ne pas partir avant d'avoir assisté à ces merveilles du Palais Aventureux. – Seigneur, dit le roi, ne parle pas ainsi ! Par la foi que je dois à Notre-Seigneur, ne tente pas cette épreuve, car tu n'en sortirais pas sans honte ou sans dommage, et je ne voudrais pas, par la moitié de ma terre, qu'il t'arrivât des aventures qui tourneraient à ta honte et à ta confusion. Moi-même, j'en aurais beaucoup de chagrin, et j'en serais blâmé par beaucoup.

– Roi, dit Bohort, ta sollicitude me touche, mais sache que je n'ai jamais reculé devant une épreuve, la plus pénible fût-elle. Je t'assure que je ne quitterai pas Corbénic avant d'en savoir davantage sur ce qui se passe dans le Palais Aventureux. – Je reconnais là ton courage et ton obstination, dit Pellès, et il n'est pas en mon pouvoir de t'interdire quoi que ce soit. Je ne te demande qu'une seule chose : de ne pas tenter l'épreuve cette nuit. Tu dormiras dans mon manoir et, demain, nous verrons si tu persistes dans ta décision. Si telle est ta volonté, tu iras donc passer cette autre nuit dans le Palais Aventureux. Mais je ferai les vœux les plus ardents pour que tu puisses en sortir sans honte et sans dommage. – Mais pourquoi refuses-tu de me laisser tenter l'épreuve cette nuit même ? – Je te le dirai peut-être lorsque tu partiras de Corbénic, si toutefois Dieu te donne la permission d'en partir. »

Cette nuit-là, Bohort coucha dans une chambre, sous le donjon, et le roi Pellès le traita avec tous les honneurs possibles. Le matin, à l'heure de la messe, il dit à son hôte : « Bohort, si tel est ton désir de passer la nuit prochaine dans le Palais Aventureux, tu dois t'y préparer. – Certes, répondit Bohort. Que dois-je faire ? – Va donc t'entretenir avec un de nos chapelains et confesse-toi avant d'être confronté aux épreuves qui t'attendent.

Quand tu seras lavé de toute souillure, je crois que tu seras en meilleure situation que si tu restais entaché de vilenie. » Bohort tint ce conseil pour bon et loyal. Aussitôt après la messe, il alla trouver l'un des chapelains du roi. Il lui confessa toutes les fautes dont il avait pu se rendre coupable. Le chapelain l'interrogea sur son existence, et Bohort lui décrivit toute sa vie, sans en rien cacher, même ce qui s'était passé avec la fille du roi Brangore d'Estrangore, bien que cette faute eût été commise contre son gré, sous le coup d'un sortilège. A la sortie de l'église, il refusa, pendant toute la journée, toute autre nourriture que celle qu'on lui avait servie auparavant.

Le soir venu, Bohort s'arma et entra seul dans le Palais Aventureux, tandis que ceux qui l'avaient accompagné jusqu'à la porte se retiraient, non sans peur ni sans angoisse. Il attendit jusqu'à la tombée de la nuit et demeura aux fenêtres jusqu'à l'extrême clarté du jour. Quand il fit très sombre, il alla s'asseoir sur un grand lit qui se trouvait dans une chambre tapissée de tentures aux couleurs vives. On lui avait dit que c'était le Lit de la Merveille. A peine fut-il assis qu'il entendit, à l'intérieur du palais, un bruit épouvantable. Et, aussitôt, un vent violent se leva, qui fit se heurter les fenêtres. Il y en avait plus d'une centaine et, à les entendre, on eût dit que le palais allait s'effondrer sous le vacarme. Bohort ne broncha pas : la main sur la poignée de son épée, il attendait que quelque chose se produisît.

Mais, pendant toute la durée du vacarme, il ne vit rien qui pût être inquiétant ou surprenant. Le calme revint d'un seul coup, et c'est tout juste si Bohort entendait le bruit de sa propre respiration. C'est alors que surgit d'une chambre attenante une lance, grande et longue, dont le fer flamboyait comme un cierge allumé. Elle fondit sur Bohort, rapide comme la foudre, et elle le frappa d'un choc si rude qu'elle s'enfonça d'un bon demi-pied de profondeur dans la chair de son épaule gauche, à travers le bouclier et le haubert. A la douleur de cette blessure, il sentit son esprit se troubler, d'autant plus qu'il ne voyait pas celui qui l'avait frappé. Il sentit alors qu'une main invisible lui retirait le fer de la plaie, et que la lance s'en revenait lentement dans la chambre d'où il l'avait vue surgir. Il s'effondra sur le lit en si triste état qu'un autre que lui aurait probablement perdu connaissance. Mais il avait décidé de ne pas bouger de ce lit, bien résolu à y passer la nuit quoi qu'il dût arriver.

Peu après, il vit sortir d'une autre chambre un chevalier armé de pied en cap, qui était de haute taille et de forte corpulence. « Seigneur chevalier, dit le nouvel arrivant en apercevant Bohort, lève-toi de ce lit et va-t'en te reposer sur un autre ! – Certainement pas, répondit Bohort. Je n'ai aucune intention de me lever, ni pour toi ni pour un autre, tant que je serai capable de tenir tête à quiconque m'agressera ou me provoquera ! – Si tu souhaites le combat, tu n'y gagneras rien, quelle qu'en soit l'issue, si je te tue ou si tu me tues ! Mais, de toute façon, tu ne peux plus refuser le combat si tu ne te lèves pas. – Peu m'importe, dit Bohort, je n'obéirai pas à quelqu'un qui m'ordonne sans raison de me lever de ce lit. – Ma foi, fit l'autre en ricanant, je ne te laisserai pas en repos tant que je pourrai manier mon épée. En garde ! »

Bohort se voyait contraint à la bataille. Il se sentait pourtant bien mal et sa blessure le faisait cruellement souffrir. Tout autre que lui n'eût pas eu le courage de se défendre. Il serra les dents et brandit son épée, bien décidé à mourir plutôt que de perdre son honneur. Il bondit sus au chevalier et lui porta un coup formidable sur le heaume et sur le bouclier. Son adversaire, d'une valeur égale à la sienne, se défendit à merveille, ripostant avec habileté et hardiesse aux attaques de Bohort. Mais, malgré sa blessure, Bohort était encore très leste et agile ; il poussa si rudement le chevalier qu'il le fit peu à peu reculer. Il semblait à bout de forces et était sur le point de s'écrouler lorsque, dans un suprême effort, il atteignit la porte d'une chambre, l'ouvrit et disparut à l'intérieur. Bohort tenta d'ouvrir la porte, mais n'y parvint pas. Il revint sur le lit, attendant la suite des événements.

Or, quelques instants plus tard, cette même porte s'ouvrit brutalement, et le chevalier, qui semblait épuisé auparavant, jaillit aussi rapidement que l'éclair, et courut sus à Bohort avec une impétuosité surprenante. « Ma parole ! se dit Bohort. Voici qui tient du prodige ! Que dire de ce chevalier ? Je le croyais à l'instant exténué et vaincu, près d'abandonner le combat, mais depuis qu'il est revenu de cette chambre, il est doté d'une force bien supérieure à celle qu'il avait au début de la bataille. Je me demande d'où il tient cela ! De Dieu ou du diable ? »

Pendant que Bohort se livrait à ces réflexions, le chevalier l'assaillait, l'épée brandie en l'air, et lui donnait de grands coups partout où il pouvait l'atteindre. Bohort ripostait de belle façon, tout à fait capable de répondre à un adversaire qui ne fût pas d'une exceptionnelle prouesse. Il parvint, grâce à sa jeunesse et à sa vivacité, à le dominer dans ce duel. Et, quand le chevalier s'apprêta à rentrer dans la chambre où il était allé, semblait-il, se régénérer, Bohort lui barra le passage. « Par la Sainte Croix, seigneur chevalier, s'écria-t-il, tu ne mettras plus les pieds dans cette chambre ! » Il le prit par le heaume, le lui arracha de la tête, mit le chevalier sous lui en lui sautant sur le corps et le menaça de lui enfoncer son épée dans le cou s'il ne s'avouait pas vaincu et s'il ne lui promettait pas de se rendre prisonnier là où il l'exigerait. L'autre ne répondant pas, il accentua sa pression.

Il faisait très clair dans la salle. Toutes les fenêtres étaient ouvertes et la lune envoyait ses rayons par plus de cent endroits. Le chevalier, se voyant en péril de mort, finit par implorer la clémence de son vainqueur. « Je ne sais pas qui tu es, lui dit Bohort. Je ne t'ai jamais vu, que je sache. Il faut me jurer, en loyal chevalier, que tu seras le jour de la Pentecôte à la cour du roi Arthur, où qu'il la tienne, et là, tu te rendras au roi de la part de Bohort de Gaunes. » Le vaincu en fit un serment solennel, contraint et forcé qu'il était. Puis, il ramassa son heaume et son bouclier et s'en retourna d'où il était venu, n'ayant pas pris la peine de dire son nom et pour quelle raison il avait ainsi attaqué Bohort. Celui-ci commençait à se demander ce que signifiaient les fantasmagories qui l'assaillaient ainsi. Et surtout, il se demandait ce qu'il y avait à l'intérieur de la chambre où le chevalier était allé reprendre des forces. Il essaya une nouvelle fois d'ouvrir la porte, mais il ne put y parvenir.

De guerre lasse, Bohort revint s'asseoir sur le lit. Aussitôt, des javelots et des flèches se mirent à pleuvoir depuis chaque fenêtre et l'accablèrent de telle sorte que son haubert et son bouclier furent atteints en de multiples endroits. Il évita de bouger, se contentant de se protéger du mieux qu'il pouvait, restant assis sur le lit, aussi ferme et assuré que s'il n'avait aucun mal, et il attendit ce qui allait arriver car il était bien persuadé que tout cela n'était pas fini et qu'il verrait encore bien d'autres aventures. Quand prit fin la pluie de javelots et de flèches, les fenêtres se refermèrent et firent alors un fracas tel qu'on aurait dit que le palais allait s'écrouler. Il faisait sombre maintenant, car la clarté de la lune ne pénétrait plus que par quelques fenêtres qui étaient restées ouvertes.

Le calme revint au bout d'un moment, et tout demeura silencieux, comme si rien ne s'était passé. Mais Bohort, qui guettait le moindre bruit et le moindre mouvement, aperçut, sortant de l'une des chambres, un lion d'une taille surprenante. L'animal s'avança vers Bohort à petits sauts, la gueule béante, dans l'intention évidente de le dévorer à belles dents. Devant ce nouveau danger, Bohort bondit vers lui et, se protégeant habilement de son bouclier, il brandit son épée pour en frapper la bête. Mais le lion s'élança, les crocs et les griffes en avant, afin de saisir l'homme par le haubert. Il atteignit le bouclier et en déchira un pan comme s'il s'agissait d'une simple étoffe. Il s'en fallut de peu que Bohort ne fût renversé par la violence du choc mais, heureusement, il s'arc-bouta de toute son énergie, leva son épée et frappa le lion sur les oreilles et la tête, lui traversant le cou de part en part. La bête tomba morte sur le pavement.

Bohort était revenu sur le lit et reprenait son souffle à grand-peine. C'est alors qu'il vit surgir on ne sait d'où un serpent énorme et hideux capable de provoquer la panique chez les plus courageux d'entre les hommes : il était bariolé de couleurs, et avait les yeux aussi rouges et embrasés que des charbons ardents. Il s'avançait lentement sur le plancher de la salle, jetant feu et flammes, mais modérément, et en faisant tournoyer sa queue comme il l'aurait fait d'un fouet. Sur son front, se trouvait une inscription que Bohort put lire sans peine grâce à l'éclat qui émanait de ses yeux : « Voici la figure symbolique du roi Arthur. » Bohort fut bien étonné de lire une telle inscription, et il se ramassa sur le lit, tous les sens en alerte, persuadé que tout ce qu'il voyait n'était qu'un piège destiné à le faire fuir dans la plus grande honte.

Quand le serpent fut parvenu au milieu de la salle, Bohort vit surgir de l'ombre un léopard fier et orgueilleux qui se précipita sur le reptile. Mais quand il aperçut le félin, le serpent se retourna, lui crachant du feu et lui faisant tout le mal qu'il pouvait. Le léopard réagit alors en labourant le serpent de ses crocs et de ses griffes. Il alla délibérément de l'avant et gagna du terrain : s'il avait eu autant de force que le serpent, ce dernier n'aurait pas eu l'avantage sur lui malgré sa vigueur et les feux ardents dont il se protégeait. Bohort assista à cette longue bataille, très perplexe sur le sens qu'on pouvait donner à cet affrontement, car il n'avait jamais vu autant de cruauté chez deux animaux. Mais aucun des deux ne fut tué par l'autre. Quand la bataille eut tant duré que l'un et l'autre furent obligés de l'abandonner, le serpent s'évanouit dans l'ombre et le léopard disparut sans que Bohort pût savoir où il était allé.

Il vit cependant un spectacle hallucinant : à l'entrée de la salle, dans un endroit mieux éclairé qu'ailleurs, le serpent commença à se rouler et à tourner sens dessus dessous, comme le fait un animal qui ressent des douleurs avant de mettre bas. Lorsqu'il fut apaisé, il vomit de sa bouche une centaine de serpenteaux et ceux-ci commencèrent une épouvantable mêlée dans le but de tuer le serpent d'où ils étaient sortis. Mais celui-ci résistait si bien qu'ils ne pouvaient pas lui faire grand mal. Après que la bataille eut fait rage, le serpent et les serpenteaux perdirent tous la vie et s'effondrèrent pêle-mêle dans un angle de la salle. Bohort, de plus en plus stupéfait, se demandait la signification d'un tel combat et surtout de son dénouement.

Il demeurait plongé dans ses pensées, toujours assis sur le lit, quand il vit sortir d'une autre chambre un homme pâle et maigre, et si exsangue qu'il semblait plus mort que vif. Il avait autour du cou deux couleuvres enroulées l'une dans l'autre, et ces couleuvres le mordaient devant et derrière, au cou et au visage. Il se plaignait bruyamment et poussait des gémissements lamentables. « Hélas ! s'écriait-il, pourquoi avoir commis une faute qui me vaut une si grande souffrance ? Mon Dieu ! Viendra-t-il un jour, celui qui doit me délivrer de ces tourments ? » Il marchait ainsi à travers la salle, comme un aveugle, s'appelant infortuné et misérable, et il portait sur la poitrine une harpe d'une richesse inouïe, couverte d'or, d'argent et de pierres précieuses, une vraie merveille.

Quand l'homme eut traversé la salle, il s'assit sur un siège d'or qui semblait placé là en permanence. Il prit son plectre, accorda sa harpe, puis entonna un lai sans cesser de pleurer. Bohort qui l'écoutait avec surprise, mais aussi avec un certain plaisir tant la musique était belle, reconnut ce chant comme étant le *Lai des Pleurs*. Il y était dit comment Joseph d'Arimathie arriva dans l'île de Bretagne, lorsque Notre-Seigneur lui commanda d'y aller, et comment, après avoir longtemps erré, ses descendants se fixèrent aux Vaux d'Avalon[1]. Bohort y prêta une grande attention, car il lui sembla que c'était un débat engagé jadis entre Joseph d'Arimathie et Orphée l'Enchanteur qui construisit le Château des Enchantements dans la marche d'Ecosse.

Quand il eut terminé de jouer et de chanter son lai, l'homme se dressa et dit à Bohort : « Seigneur chevalier, c'est en vain que tu as séjourné dans ce palais. Sache-le bien, en effet : les aventures qui sont ici ne prendront fin ni par toi, ni par un autre, avant la venue du Bon Chevalier, celui qui doit accomplir les aventures du Saint-Graal et toutes celles que tu as vécues cette nuit. Il me délivrera du tourment dans lequel je me trouve plongé. Donc, tu pourras t'en aller quand tu voudras, car tu n'obtiendras pas d'autres résultats.
– Mais, vieil homme, dit Bohort, d'où vient que tu supportes ces couleuvres qui te font mal, autour du cou ?
– Je suis condamné à les souffrir. C'est la punition que Dieu a ordonnée à la suite des excès d'orgueil dont je me suis rendu coupable jadis. Et si je pouvais, par cette souffrance terrestre, être quitte de la damnation éternelle, je m'en estimerais très heureux. J'ai fait tant de mal dans ma vie que j'obtiendrai difficilement le pardon divin malgré mes tortures en ce monde. Mais crois-moi, j'ai bien mérité le châtiment que j'endure. »

Le vieil homme à la harpe se releva et disparut sans ajouter un mot. Bohort avait l'intention de le questionner sur plusieurs choses, mais il n'en eut pas le temps, car l'homme avait déjà regagné la chambre d'où il était sorti. De nouveau, le silence et l'ombre envahirent la grande salle du Palais Aventureux, et Bohort, à demi couché sur le Lit de la Merveille, oubliant la douleur

1. Dans l'esprit de l'auteur médiéval, il s'agit de Glastonbury.

que sa blessure à l'épaule lui causait, se demandait s'il rêvait ou s'il était vraiment le témoin des événements étranges qui se déroulaient devant lui. Il lui revint à l'esprit ce qu'avait dit Morgane à propos du Roi Pêcheur, qui pouvait prendre toutes les formes désirées, et qui était expert en charmes et enchantements. Et pourquoi Pellès lui avait-il refusé de passer la première nuit de son séjour à Corbénic dans le Palais Aventureux ? Il se demandait aussi si Lancelot avait subi les mêmes épreuves avant d'être admis dans le lit de la fille du roi.

Il en était là de ses réflexions quand il aperçut la colombe tenant l'encensoir dans son bec, qui entra par un vitrail entrouvert, voleta à travers la salle et s'engouffra dans une chambre dont la porte s'était entrebâillée pour la laisser entrer. Le palais devint très calme, très silencieux, comme si rien ne s'y était jamais passé, et Bohort sentit les senteurs les plus fines et les plus suaves se répandre dans l'air, comme si toutes celles du monde y convergeaient.

Alors, de cette même chambre où était entrée la colombe, sortirent quatre enfants en bas âge, si beaux que Bohort ne les prit pas pour des créatures terrestres, mais pour des anges descendus du ciel. Ils portaient quatre chandeliers aux cierges ardents. Devant eux, marchait un porteur d'encensoir, et derrière, un homme d'un grand âge, chenu, vêtu comme un prêtre. Il n'avait cependant pas de chasuble, mais il portait une lance. Et plus Bohort regardait la lance, plus il était intrigué, car du fer de celle-ci coulaient une à une des gouttes de sang qui paraissaient s'évaporer dans l'ombre.

Persuadé qu'il s'agissait d'un objet saint et vénérable, Bohort se leva et s'inclina à son passage. Le porteur de lance s'en alla droit au siège d'or et se mit à parler ainsi : « Seigneur chevalier, tu es le plus pur et le plus digne de ceux de la maison d'Arthur qui soit entré ici. Tu pourras dire, quand tu seras en ton pays, que tu as vu la Lance vengeresse[1]. Tu ignores bien sûr ce que cela veut dire, et tu ne l'apprendras pas avant que le Siège Périlleux de la Table Ronde ait trouvé son maître. Cependant, tu connaîtras la vérité à ce sujet par celui qui occupera cette place. Il te dira la nature de cette lance, d'où elle vient et qui l'a apportée ici. Si ton cousin Lancelot avait pris garde, au début de sa vie de chevalier, de se défendre du commerce des femmes, comme tu l'as fait, toi, il aurait mené à leur terme les aventures dont nous souffrons tous encore aujourd'hui. C'est un chevalier si preux et si prisé qu'il n'a pas son égal dans le monde entier, mais il est d'autre part si souillé que les louables vertus, qui devraient être les siennes, sont anéanties et ruinées par la faiblesse de ses reins et la chaleur de son tempérament[2]. »

L'homme à la lance se leva alors et se retira, disparaissant dans une des chambres. Bientôt, une douzaine de jeunes filles firent leur entrée dans la salle, pauvrement vêtues et attifées de parures sans valeur. Elles marchaient lentement, à petits pas, l'une après l'autre, en silence, et elles pleuraient si lamentablement que l'homme le plus insensible à la pitié en eût été attendri. Parvenues à la porte de la chambre où était entré

1. Voir dans le deuxième tome, *les Chevaliers de la Table Ronde*, le chapitre intitulé « la Lance et le Coup douloureux ».

2. Dans la version cistercienne, qui est ici suivie, l'accent est mis sur la chasteté du héros qui, en découvrant le Graal, « accomplira les aventures », c'est-à-dire lèvera les sortilèges qui pèsent sur le royaume. Ce rôle devait primitivement échoir à Lancelot du Lac, mais la morale chrétienne de l'époque ne pouvait admettre l'adultère du héros et de la reine Guenièvre ; d'où l'*invention* du personnage de Galaad, fils de Lancelot et de la porteuse du Graal, doublet spirituel du chevalier matériel qu'est Lancelot. Mais rien de tout cela n'existe dans la version primitive de la *Quête*, tant chez Chrétien de Troyes que dans le récit anonyme gallois de *Peredur*. Dans cet épisode du passage de Bohort à Corbénic, la christianisation du thème païen primitif est totale. Seuls subsistent les éléments merveilleux ou fantastiques, mais ils sont évidemment considérés comme « diaboliques ».

l'homme à la lance, elles s'arrêtèrent et s'agenouillèrent, se livrant à une douleur sans pareille. A leur attitude, Bohort comprit qu'elles disaient des prières et des oraisons. Il ne savait que faire, ni que dire, ignorant la signification de tout ce qu'il voyait. Pourtant, il aurait bien voulu en savoir davantage. Il eut envie de questionner les jeunes filles qui se trouvaient le plus près de lui, mais il n'osa pas, car il redoutait de déclencher quelque autre maléfice. Cependant, à force de se tourmenter, il décida qu'il ne quitterait pas les lieux sans explication.

Il accosta l'une des jeunes filles et lui dit : « Que Dieu te bénisse ! Oserais-je te demander qui vous êtes, pourquoi vous pleurez, pourquoi vous êtes si mal vêtues et quel est l'homme que j'ai vu tout à l'heure portant une lance d'où coulent des gouttes de sang ? » La jeune fille se retourna, le regarda avec des yeux qui ne semblaient pas voir, et lui répondit : « Seigneur ! Par Dieu tout-puissant, ne t'occupe pas de nous et laisse-nous faire ce que nous devons. Pour l'instant, tu ne peux rien pour nous, et si tu voulais en savoir davantage, il t'arriverait malheur ! » Bohort n'insista pas. Il revint vers le lit et s'y assit tandis que les jeunes filles, toujours à petits pas et une par une, disparaissaient dans l'ombre.

La nuit avançait et Bohort commençait à s'impatienter. Tout à coup, dans la chambre où avaient disparu l'homme à la harpe et celui qui tenait la lance, il aperçut une clarté de plus en plus forte. Sans faire de bruit, il se glissa sur le pavement et s'en alla près de la porte ; la clarté était aussi intense que si le soleil y avait établi sa demeure, et elle ne faisait que s'accroître à mesure que Bohort approchait. Il vit que la porte était entrebâillée et voulut la pousser. Mais, à ce moment, il aperçut une épée claire et tranchante, dressée sur sa tête, et qui semblait toute prête à le frapper s'il faisait un pas de plus en avant.

Comprenant que cet avertissement était formel, il fit demi-tour, pensant que c'était un signe évident de Dieu.

Pourtant, il avait eu le temps de jeter un regard dans la chambre, distinguant une table d'argent sur quatre pièces de bois, d'une prestigieuse richesse, enveloppées d'or et de pierres précieuses. Elles ne pouvaient être que d'origine surnaturelle, car, nulle part au monde, il n'aurait pu y en avoir de semblables. Sur la table d'argent était posé un vase d'émeraude recouvert d'une soie blanche et, devant cette table, un homme était agenouillé, vêtu comme un évêque. Il resta longtemps figé dans cette attitude, puis il se dressa sur ses pieds, tendit les mains vers le vase, enleva la soie qui le recouvrait : tout à coup une lumière quasi insupportable envahit la chambre. Bohort eut l'impression que tous les rayons du soleil réunis l'avaient frappé dans les yeux. Il en fut si ébranlé qu'il en perdit la vue. Au milieu d'un brouillard de lumière, il entendit une voix lointaine qui lui disait : « Bohort, n'approche plus ! Tu n'es pas digne de voir davantage les sublimes secrets qui sont ici. Et si ton audace te pousse à enfreindre cette défense, sache que tu ne t'en tireras pas sans être perclus de tes membres, privé de marcher et de voir, à jamais semblable à un morceau de bois. Et ce serait dommage, Bohort de Gaunes, car tu es un homme preux et hardi. »

En entendant ces paroles, Bohort fut saisi de frayeur. Il recula au hasard, tentant de retrouver le lit pour s'y allonger. Ses yeux lui faisaient très mal, et il était devenu aveugle. Par contre, il se sentit soudain guéri de la blessure que la lance flamboyante lui avait causée à l'épaule. Errant en tous sens, il finit par trouver le lit après avoir longuement piétiné le pavement de la salle. Il s'allongea, plein d'angoisse, car il était persuadé avoir perdu la vue pour toujours. Mais, pendant qu'il gisait sur le lit, il entendit des chants pleins de grandeur et des mélodies qui chantaient la gloire de Dieu. Il resta éveillé toute la nuit, sans prendre aucun repos, terrifié par la punition qui paraissait être la sienne, parce qu'il avait osé regarder à travers la porte ce qui se passait dans la chambre où brillait le mystérieux vase d'émeraude. Mais quand vint le jour et que la lumière du soleil inonda l'intérieur du palais à travers les nombreux vitraux, il constata avec soulagement qu'il n'était pas aveugle.

Alors parurent le roi Pellès, sa fille et bon nombre de chevaliers. Quand ils virent Bohort sain et sauf, ils manifestèrent une joie exubérante : « Par Dieu toutpuissant, dit le roi, nous avons été alarmés par toi, Bohort, et nous étions très inquiets sur ton sort. Nous ne pensions pas te revoir indemne et fort comme tu l'es. Je dois te dire que jamais un chevalier n'est demeuré ici comme tu l'as fait, qui n'en soit sorti sans honte ou qui n'en soit mort. Tu as eu plus de chance que les autres, et crois bien que j'en ai une grande joie. »

Ce jour-là, Bohort ne quitta pas le manoir de Corbénic. On ne voulut à aucun prix le laisser partir sans lui faire de grandes démonstrations d'amitié et de reconnaissance. On lui fit donc fête et grand honneur, heureux de la belle aventure que Dieu lui avait accordée. « Mais, demanda Bohort au roi, pourquoi n'as-tu pas voulu me laisser tenter l'aventure la nuit précédente ? – C'est bien simple, répondit Pellès, tu n'étais pas encore lavé de tes fautes, et tu n'aurais pas supporté les épreuves. – Tu as sans doute raison, dit Bohort, mais il y a bien d'autres questions que je voudrais te poser au sujet de ce que j'ai vu. Quelle est donc cette lance au bout de laquelle coulaient des gouttes de sang ?

– Vraiment, Bohort, répondit le roi, il n'est pas permis de dévoiler la vérité sur la lance qui saigne, ni à toi ni à personne. C'est seulement lorsque la dernière quête sera entreprise et que tous les chevaliers du monde se lanceront dans l'aventure, que la vérité sera révélée, aussi bien aux autres qu'à toi. Et il en sera de même pour tous les autres mystères dont tu as été le témoin. Ne m'en demande pas plus, car je ne pourrais pas te répondre. – Je m'en ferai une raison, dit Bohort, puisqu'il le faut. » Tout le jour et toute la nuit, il fut l'hôte du roi Pellès. Mais, au petit matin, il fit préparer son cheval, revêtit ses armes et, sautant en selle, il reprit sa course errante à travers les vallées et les plaines [1].

1. D'après la version dite de Gautier Map.

9

La Fée des Brumes

Cette année-là, le roi Arthur avait tenu une cour exceptionnelle à Carduel afin de faire ses dons de largesse envers les chevaliers qui l'avaient bien servi et de bien doter ses vassaux qui n'étaient point encore pourvus de bonnes terres. Il se montra très généreux, distribua force présents aux uns, des forteresses aux autres, et chacun vanta la largesse du roi qui savait se faire aimer de tous en reconnaissant les services qu'on lui rendait pour le plus grand honneur du royaume de l'île de Bretagne.

Un seul fut oublié. C'était un preux chevalier du nom de Lanval. Il était l'homme lige du roi Uryen Rheged et l'un des compagnons favoris de son fils Yvain. Il avait pourtant accompli beaucoup de prouesses au profit d'Arthur et d'Uryen en chassant les Scots et les Pictes du Nord, qui ne manquaient jamais une occasion de venir ravager les marches du royaume. Il avait fait de nombreux prisonniers, s'était illustré dans plusieurs combats, et il avait réussi à repousser la plupart des envahisseurs dans leurs montagnes. Et, dans le pays, chacun vantait les mérites de Lanval, fidèle et preux chevalier dont la conduite vis-à-vis des dames et des jeunes filles avait toujours été irréprochable, tant il mettait de soin à les servir quand elles étaient en danger ou lorsque leur intérêt l'exigeait.

Lanval fut très déçu d'avoir été oublié. Il était de

haut lignage, descendant d'un roi dont le pays était au-delà de la mer, mais il avait dépensé tout son avoir et se trouvait en grande difficulté. Pourtant, sa fierté était telle qu'il ne demanda rien. Il quitta la cour sans se faire remarquer, monta sur son cheval et se dirigea au hasard dans la campagne en agitant de tristes pensées. Il parvint ainsi sur les bords d'une rivière où il faisait frais. Il descendit de son cheval, et comme celui-ci bronchait souvent, il le dessangla pour qu'il pût se vautrer tranquillement au milieu du pré. Quant à lui, il roula son manteau sous sa tête et se coucha sur l'herbe, cherchant à trouver le sommeil.

Comme il reposait ainsi, il aperçut deux jeunes filles qui venaient vers lui le long de la rivière ; elles étaient étroitement lacées dans deux bliauds de couleur pourpre sombre, et leurs visages étaient clairs et beaux. L'une d'elles portait un bassin d'or pur, très fin et bien ouvragé, et l'autre portait un linge blanc sur le bras. Elles vinrent tout droit vers l'endroit où Lanval était allongé. Quand elles furent tout près, le chevalier se dressa pour mieux voir ce qu'elles voulaient, puis il se releva et les salua. Elles répondirent à son salut, puis elles lui dirent : « Seigneur Lanval, notre maîtresse, qui est fort belle et fort courtoise, nous envoie vers toi pour t'adresser un message. Elle désire que tu nous suives, afin que nous te conduisions auprès d'elle. Il ne t'en adviendra nul dommage, sois-en bien assuré. Au contraire, c'est pour ton bien que notre maîtresse nous envoie te chercher. Elle n'est pas loin d'ici, et si tu regardes du côté de la colline, tu pourras voir son pavillon qui est dressé près de la rivière. »

Lanval regarda dans la direction indiquée et vit en effet une tente de couleur vive qui dépassait des frondaisons. Il prit son cheval par la bride et suivit les jeunes filles sans plus hésiter. Elles l'amenèrent jusqu'au pavillon que Lanval trouva magnifique et très bien tendu. Ni la reine Sémiramis, au temps où elle avait le plus de fortune, ni l'empereur de Constantinople n'eussent pu en posséder un semblable. Sur le sommet, on pouvait voir un aigle en or. Quant aux cordes qui tendaient les pans de la toile, elles étaient mêlées de fils d'or. Jamais Lanval n'avait vu une pareille richesse. Les jeunes filles soulevèrent la toile qui masquait l'entrée et dirent à Lanval d'avancer.

Il aperçut alors une femme, étendue sur un lit magnifique et vêtue seulement de sa chemise. Un riche manteau de pourpre d'Alexandrie, doublé d'hermine blanche, recouvrait ses épaules pour lui tenir chaud, mais elle avait le côté découvert, ainsi que la jambe et le sein. Lanval vit que son corps était splendide, plus blanc que la fleur d'aubépine. Il s'avança en hésitant quelque peu, et la femme l'invita à s'asseoir sur un coussin moelleux qui se trouvait au pied du lit. « Lanval, dit-elle alors, c'est pour toi que je suis sortie de ma terre qui est bien loin d'ici. Si tu es preux et courtois, il n'est comte, roi ou empereur qui ait connu la joie qui t'attend. Car je t'aime plus que tout autre être au monde. »

Lanval, en entendant ces paroles, se demandait s'il ne rêvait pas. Il ne pouvait s'empêcher de la contempler, et plus il la contemplait, plus il la trouvait belle et rayonnante. Comment aurait-il pu rester insensible au charme de cette femme mystérieuse qui lui avouait qu'elle l'aimait, et que pourtant, même en agitant ses souvenirs, il savait n'avoir jamais rencontrée auparavant ? « Belle dame, répondit-il, s'il advenait par bonheur que tu sois sincère en avouant l'amour que tu me portes, tu ne saurais m'ordonner chose que je ne fasse immédiatement à ton service, que ce soit sagesse ou folie. Je ferai tous tes commandements, même les plus exigeants et les plus fous. Désormais, je renonce à tout pour toi seule. Je ne souhaite plus qu'une chose, c'est de ne jamais plus te quitter. »

Quand la femme l'entendit ainsi parler, elle comprit qu'il était sincère. Sans hésiter, elle lui dit qu'elle lui octroyait sa confiance et son amour. Puis, elle lui expliqua qu'elle lui ferait un don : il pourrait souhaiter quelque chose et l'obtenir immédiatement. Plus largement il dépenserait, plus il aurait d'or et d'argent. Et s'il lui prenait fantaisie d'en distribuer par poignées à ceux qu'il jugerait le mériter, elle lui fournirait de quoi lui suffire. « Lorsque tu rentreras en ton logis, tu verras que je ne te mens pas, car déjà tes valets ont de l'or et se préparent à t'accueillir à ton retour avec la plus grande magnificence qui soit. »

Lanval ne savait quoi répondre. Il se contentait de regarder la femme sans pouvoir prononcer un quelconque remerciement. Elle reprit la parole : « Je mets cependant une condition à tout cela, dit-elle. Cette condition, elle est essentielle pour toi comme pour moi, et je te conjure de la respecter. Voici : ne découvre jamais notre amour à personne, ne dis jamais une parole à quiconque à mon sujet. Si notre secret était connu, tu me perdrais à jamais ; jamais plus tu ne pourrais me voir ni prendre jouissance de mon corps. – Certes, répondit Lanval, je ferai ce que tu me commandes et je promets le plus absolu silence sur toi et sur notre amour. »

Elle tendit les bras vers lui. Il se coucha sur le lit, tout au long de la femme. Il y resta longtemps, jusqu'à la nuit tombante, et il y serait resté davantage si la dame ne lui avait dit : « Ami, il faut maintenant te lever, car tu ne peux demeurer plus longtemps. Tu vas t'en aller tranquillement et regagner ton logis. Mais sache bien ceci : chaque fois que tu souhaiteras ma présence, il n'est point de lieu, de ceux du moins où l'on peut recevoir son amie sans vilenie et sans offense, où je ne me présente à toi, prête à accomplir tes volontés. Sache encore que nul homme ne me verra, en dehors de toi, et ne pourra entendre mes paroles. »

Lanval se leva. Il était triste de quitter son amie, mais joyeux parce qu'il savait qu'il pourrait l'avoir près de lui quand il le voudrait. Il la baisa tendrement et sortit. Les jeunes filles qui l'avaient conduit au pavillon lui passèrent de riches vêtements. Quand il se vit ainsi habillé de neuf, il se demanda encore s'il ne rêvait pas, mais c'était bien une réalité et il en avait une preuve évidente. Les jeunes filles lui présentèrent également un bassin rempli d'eau et un linge de toile fine pour qu'il se lavât les mains, puis elles apportèrent un repas de belle apparence qu'elles servirent sur une table, au milieu du pré. La femme sortit du pavillon et vint s'installer en face de lui. Il fut servi abondamment et en eut une grande joie. Mais ce qui lui plaisait encore plus, c'était de pouvoir très souvent embrasser son amie. Quand le repas fut terminé, on lui amena son cheval tout sanglé et muni d'une selle en cuir de valeur ornée de pierres précieuses. Il prit congé de la dame et des jeunes filles, mit le pied à l'étrier et enfourcha sa monture. Il partit alors en direction de la cité, mais il ne pouvait s'empêcher de regarder en arrière. Or, dans les derniers rayons du jour, il vit une brume épaisse qui se levait au bord de la rivière et qui engloutissait le pavillon où il avait connu tant de bonheur.

Intrigué, il fit demi-tour et pénétra dans la brume. Il eut bien du mal à se repérer, mais il revint à l'endroit où était dressé le pavillon : il eut beau chercher, il ne vit aucune trace de ce qu'il avait vu pendant la journée. Et la brume se dissipait tandis que la lune montait à l'horizon. « J'ai rêvé, se dit-il, j'ai dû m'endormir dans le pré et imaginer tout cela ! » Pourtant, une chose était certaine : il portait un magnifique habit qu'il n'avait pas auparavant, et la selle de son cheval n'était pas la même. Il reprit alors le chemin de Carduel, pensant sans cesse à cette aventure merveilleuse, et doutant au fond de son cœur.

Quand il arriva à son hôtel, ses gens l'accueillirent avec de grandes démonstrations de joie. Ils lui dirent qu'ils avaient trouvé un coffre rempli de pièces d'or et de très beaux et très riches habits dont ils s'étaient immédiatement revêtus. Alors, il ne put douter de la réalité : il avait bel et bien rencontré une fée, et cette fée lui avait donné non seulement son amour mais aussi d'incroyables richesses.

Dès lors, il changea complètement de vie. Tous les soirs, il tenait table ouverte, mais nul ne savait d'où lui venait l'argent qu'il dépensait. Il n'y avait dans la ville chevalier ayant besoin de quelque secours qu'il ne fît venir à lui pour le combler de bienfaits. Il donnait aux pauvres en grande abondance. Il habillait les jongleurs et les bardes ; il recevait les plus grands et les traitait dignement. Mais ce dont personne ne se doutait, c'est que Lanval, chaque nuit, appelait à lui son amie. Et elle venait, toujours plus amoureuse, toujours plus belle, et lui prodiguait tous les dons qu'il sollicitait d'elle.

Un jour, trente chevaliers allèrent s'ébattre en un verger, sous la tour où séjournait le roi Uryen. Parmi eux, se trouvait Yvain, le franc chevalier, qui savait se faire aimer de tous. Et Yvain dit : « Seigneurs, nous n'en usons pas bien avec notre compagnon Lanval qui est si courtois, si large et fils d'un roi si riche, lorsque nous venons ici sans l'avoir invité. » Ils s'en allèrent donc au logis de Lanval et lui dirent de se joindre à eux. Lanval les suivit dans le verger et tous se mirent à deviser joyeusement, prenant le frais sous les ombrages.

Or, Morgane s'était accoudée à une fenêtre ouverte dans la tour. Elle avait avec elle trois de ses suivantes. Elle vit venir les familiers du roi avec Lanval qu'elle connaissait bien. Mais elle n'avait jamais regardé le chevalier avec autant d'intérêt que ce soir-là, sentant un grand trouble l'envahir. Lanval était certainement le plus beau de tous ceux qui s'ébattaient dans le verger, et Morgane ne pouvait s'empêcher de penser qu'il lui aurait parfaitement convenu. Elle ordonna à l'une de ses suivantes d'aller chercher les plus délicates et les plus jolies filles du palais, afin de descendre avec elle dans le verger. Elle en choisit trente et, avec elles, elle descendit de la tour pour aller rejoindre les chevaliers.

Ceux-ci vinrent à leur rencontre et leur firent joyeux et bruyant accueil. Ils les prenaient par les mains et les emmenaient promener. On fit venir des musiciens et l'on dansa sur l'herbe verte. Mais Lanval s'était mis à l'écart, loin des autres. Peu lui importait cette fête, il songeait seulement à son amie. Il lui tardait de la voir et il se demandait comment il allait pouvoir prendre congé de ceux qui l'avaient si aimablement invité à partager leur divertissement. Mais Morgane avait bien vu qu'il restait seul. Sans se faire remarquer des autres, elle alla vers lui, s'assit à ses côtés et lui parla ainsi : « Lanval, voilà bien longtemps que tu as touché mon cœur. Je peux t'avouer que je t'aime plus qu'aucun homme au monde. Et sache que tu peux avoir mon amour tout entier quand tu le voudras. Tu n'as qu'à parler. Je t'octroie ma tendresse et suis prête à faire ta volonté. »

Lanval fut si surpris par les paroles de Morgane qu'il demeura silencieux, incapable de répondre quoi que ce fût. « Eh bien ! reprit Morgane, es-tu sourd ou sot pour n'avoir pas entendu ce que je t'ai proposé ? » Lanval se sentit gagné par la colère. « Dame, dit-il enfin, laisse-moi en paix ! Je n'ai aucune intention d'accepter l'amour que tu m'offres de cette façon insolente. J'ai longtemps servi le roi Uryen et je me croirais déshonoré si j'acceptais de le trahir avec toi ! Je te prie de ne pas insister ! » Et Lanval se leva, près de rejoindre les autres chevaliers. Morgane le saisit alors par le bras : « Je comprends, dit-elle d'une voix furieuse, que l'amour des femmes te répugne. J'ai entendu dire bien des fois que tu n'avais aucun souci pour les dames et les jeunes filles. C'est certain, tu préfères les valets bien tournés, et c'est avec eux que tu prends ton plaisir. Vraiment, le roi Uryen a été bien inspiré en t'admettant parmi ses compagnons ! »

Lanval fut très peiné de l'accusation que portait Morgane contre lui. Il ne fut pas long à riposter, mais il le fit trop à la légère : « Reine Morgane ! s'écria-t-il avec force, je n'entends rien à ces vilenies. Je peux t'assurer que j'aime une femme qui dépasse de loin toutes les autres femmes que je connais ! Et j'ajouterai aussi que n'importe laquelle de ses servantes, même la plus humble de toutes, vaut mieux, par sa beauté et sa sagesse, que toutes les dames de la cour, à commencer par toi ! » Et Lanval s'éloigna, laissant Morgane dans le pire des désarrois.

Elle était si orgueilleuse qu'il lui était impossible de supporter l'affront que Lanval venait de lui infliger. Elle regagna sa chambre en toute hâte et se jeta sur son lit. « Je me vengerai ! se disait-elle. Et de telle façon que Lanval ne s'en remettra jamais. Ah, Lanval ! Tu as été bien imprudent de refuser l'amour de Morgane. A présent, tu mérites ma haine et mon ressentiment. Tu paieras très cher le dédain que tu as manifesté envers moi ! » Et tout en versant d'abondantes larmes de rage, Morgane songeait déjà par quel moyen elle allait perdre Lanval.

Un peu plus tard, le roi Arthur rentra de la chasse, en compagnie de Kaï, le sénéchal, et du roi Uryen. Ils entrèrent tout joyeux dans la grande salle du palais et demandèrent qu'on leur servît à boire. C'est à ce moment que Morgane fit irruption, le visage défait et baigné de larmes, les vêtements en désordre. Elle se précipita vers Uryen, tomba à ses genoux et se mit à sangloter. Uryen, très étonné, lui demanda ce qu'elle avait. Alors, sans se troubler, devant Arthur et Kaï, Morgane raconta comment Lanval l'avait priée d'amour et comment, parce qu'elle l'avait éconduit, il l'avait injuriée et avilie sans aucune mesure. Et elle ajouta que Lanval s'était vanté d'avoir une amie si sage et si belle que mieux valait sa chambrière, la moindre qui la servait, qu'une seule dame de la cour, la reine Guenièvre et elle-même en particulier.

Le roi Uryen entra dans une violente colère, menaçant de faire tuer l'insolent sur-le-champ, car un tel crime ne pouvait rester impuni. Mais le roi Arthur, avec sagesse, intervint en disant : « Je comprends ta violence, Uryen, mais il y a un autre moyen d'obtenir une compensation à l'outrage que Morgane et toi avez subi. Puisque Lanval prétend que son amie est plus belle que les plus grandes dames de la cour, qu'il le prouve ! Il devra la faire venir devant nous, et nous verrons bien s'il est en mesure de se justifier ! » Le roi Uryen se rangea à l'avis d'Arthur, et celui-ci envoya trois de ses chevaliers avec l'ordre de se saisir de Lanval et de l'enfermer dans une prison en attendant le jugement.

Cependant, Lanval était rentré à son hôtel, désespéré parce qu'il savait bien qu'il venait de perdre son amie. Ne lui avait-elle pas fait promettre de ne jamais parler d'elle à quiconque ? Or, sans y penser, et seulement pour répondre aux provocations de Morgane, il avait failli à son serment. Il s'était enfermé dans une chambre, anxieux et angoissé. Il l'appelait sans cesse, mais se rendait compte que ses appels demeuraient sans effet. Il se plaignait et soupirait, lui criait qu'il lui demandait sa grâce, l'implorait de lui accorder son pardon. Il se maudissait de son inconscience, mais il criait et se lamentait en vain : elle ne daigna pas apparaître un seul moment.

Les trois chevaliers, que le roi Arthur avait envoyés, arrivèrent alors et lui ordonnèrent de les suivre. Lanval leur obéit, le cœur empli de désespoir. Ils l'amenèrent d'abord dans une chambre forte où il fut enfermé toute la nuit et une partie de la journée suivante. Puis, toujours sur ordre du roi, on vint le chercher et on le mena dans la grande salle du palais où étaient réunis Arthur, Uryen, Yvain, Kaï et beaucoup d'autres chevaliers de grand renom. Il y avait également là la reine Guenièvre, Morgane et bien d'autres dames de la cour. Lanval se présenta devant le roi, pensif et taciturne, ayant le visage d'un homme sous le coup d'une grande souffrance.

Arthur lui dit avec colère : « Vassal, tu as commis une grave injure envers ma sœur Morgane, et cette injure, le roi Uryen et moi-même, nous la ressentons cruellement. Tu as essayé de nous outrager et de nous honnir !

En plus, tu t'es vanté d'une folie en prétendant que la moindre des servantes de ton amie était plus belle et plus sage que les dames de cette cour, en particulier la reine Guenièvre et ma sœur Morgane. Ton insolence n'a d'égale que ta folie, et pour cela tu devras payer de justes compensations. » Lanval se redressa : « Roi Arthur ! s'écria-t-il. Je ne suis ni fourbe ni menteur, et encore moins un homme de déshonneur. Le Ciel m'est témoin que jamais je n'ai sollicité ta sœur, la reine Morgane, de m'accorder son amour. C'est une pensée qui ne me serait jamais venue à l'esprit tant j'ai d'estime pour mon seigneur le roi Uryen, et pour toi-même, roi Arthur. Quant à l'amour dont je me suis vanté pour la plus belle et la plus noble de toutes les femmes, je ne le renie pas, bien au contraire, et je l'affirme haut et clair devant tous ceux qui sont ici. Et si je mène un tel deuil, c'est que j'ai perdu cet amour par mes paroles qui étaient imprudentes, mais qui étaient sincères. Je n'ai rien d'autre à me reprocher, et je fais confiance à ta justice pour que la vérité soit enfin établie ! – Il me semble que c'est à toi de faire la preuve de ce que tu prétends. Oserais-tu nier les propos que tu as tenus à ma sœur Morgane ?

– Il y a des propos que je nie et d'autres que je confirme, répondit Lanval. Demande à ta sœur ce qu'elle en pense. » Arthur se tourna vers Morgane : « Parle. Expose-nous les faits tels qu'ils se sont passés. » Morgane se leva, et, d'un air arrogant, elle s'adressa à tous les assistants. « J'affirme, dit-elle, que cet homme dont le nom est Lanval, a tenté de me déshonorer et s'est ensuite vanté d'avoir une amie plus belle que la reine Guenièvre et moi-même. – Roi Arthur, répliqua Lanval, ta sœur est certainement la plus rusée de toutes les femmes de ce monde, mais son cœur est plus faux que le plus vil des serpents. Elle est assez habile pour embrouiller vérité et mensonge de telle sorte qu'on ne puisse plus les reconnaître ! »

Le roi Arthur était très irrité. Il se tourna vers les

assistants et leur demanda leur avis. Ils étaient tous très troublés. D'une part, ils savaient qu'ils ne pouvaient pas se dresser contre la parole de Morgane, mais, de l'autre, ils ne pouvaient se défendre d'une grande admiration pour Lanval qu'ils jugeaient incapable d'avoir tenté d'accomplir un tel méfait. Plusieurs cependant furent d'avis de châtier durement l'accusé selon le vœu du roi. C'est alors que le duc de Cornouailles, un homme sage et avisé, se leva et prit la parole : « Seigneurs, dit-il, on peut être sûr qu'il n'y aura jamais fourberie de notre part. Le roi a parlé contre un de ses vassaux. Il l'a accusé de félonie, surtout à cause d'un méchant propos dont il s'est vanté, ce qui a fort courroucé la reine Morgane. Qu'en est-il de tout cela ? Nous n'étions point présents quand cela s'est passé, et nous ne savons pas si Lanval a réellement sollicité la reine Morgane de lui accorder son amour, mais il est un fait, qui demeure et qui peut être vérifié. Lanval s'est vanté, nous dit-on, d'avoir une amie qui surpasse en beauté toutes les dames de la cour, en particulier les reines Guenièvre et Morgane. Il appartient donc à Lanval de nous prouver ses dires en faisant venir devant nous son amie. Nous serons alors à même de juger son propos. Mais qu'il sache que s'il ne peut pas avancer ses preuves, il perdra tout droit de servir le roi et devra se tenir pour congédié et exilé en quelque pays étranger. »

La proposition du duc de Cornouailles plut à chacun des assistants. On envoya quelqu'un auprès de Lanval pour le presser de faire venir son amie afin de se justifier et de se garantir. Il lui répondit : « Hélas ! Je ne le puis parce que j'ai désobéi à ses ordres. Je ne peux plus attendre aucune aide de sa part. » Le messager rendit compte de cette réponse : Lanval renonçait à se défendre. Le roi Arthur les invita alors à prendre une décision. Morgane ne pouvait plus attendre et son honneur était en jeu. Les vassaux d'Arthur et d'Uryen se trouvaient ainsi fort embarrassés. Tout laissait entendre que Lanval était innocent, mais la colère des deux rois était telle qu'ils étaient obligés de la prendre en compte. Et comme ils ne pouvaient plus différer leur jugement, ils convinrent entre eux que Lanval devait être banni du royaume.

Comme ils allaient vers Arthur pour lui faire part de leurs conclusions, on vit venir deux jeunes filles sur deux palefrois, simplement vêtues d'une robe rouge sur leur chair nue. Tous les regardèrent avec intérêt et surprise. Yvain, suivi de trois chevaliers, s'en vint raconter à Lanval l'arrivée des deux jeunes filles et le pria de lui dire si l'une d'elles était son amie. Lanval les regarda attentivement et répondit : « Je ne sais qui elles sont, ni où elles vont, ni d'où elles viennent. »

Cependant, les jeunes filles, toujours à cheval, s'avancèrent jusqu'à la chaire où avait pris place le roi Arthur. Alors, elles descendirent et le saluèrent : « Que Dieu qui fit l'ombre et la lumière sauve et garde Arthur, roi de l'île de Bretagne ! Roi, fais préparer des chambres, fais-les orner de tapisseries et de soieries afin que notre dame puisse y être à son aise : car elle désire être hébergée dans ton hôtel. » Arthur leur répondit favorablement. Il appela deux chevaliers qui les firent monter vers les chambres. Mais, elles ne dirent rien de plus.

Le roi se retourna vers les barons afin de leur demander la sentence qu'ils proposaient. L'un d'eux allait prendre la parole quand apparurent deux autres jeunes filles aussi belles que les deux premières, mais vêtues de soie blanche et montées sur deux mules espagnoles. Tous les assistants eurent les yeux fixés sur elles, et ils en eurent grande joie. Ils se dirent entre eux qu'on pouvait maintenant considérer que Lanval était sauvé. Yvain alla vers lui et lui dit : « Seigneur, sois heureux ! Pour l'amour de Dieu, réponds-nous : voici venir deux jeunes femmes très belles et très bien parées. Laquelle des deux est ton amie ? » Mais Lanval, après les avoir regardées attentivement, lui répondit qu'il ne les connaissait pas et qu'elles ne l'intéressaient nullement.

Cependant, les jeunes filles étaient arrivées devant le

roi. Elles descendirent de leurs montures, saluèrent gracieusement le roi et dirent : « Roi Arthur, fais préparer un grand festin pour honorer notre dame, car elle vient ici pour te parler. » Arthur commanda qu'elles fussent menées vers celles qui étaient déjà arrivées. Puis, se retournant vers les barons, il leur demanda de prononcer leur sentence. L'un d'eux s'avança et allait prendre la parole quand on entendit une grande rumeur du côté des portes de la cité. On voyait en effet une jeune femme montée sur un cheval blanc, et tous ceux qui l'aperçurent convinrent qu'ils n'avaient jamais vu une telle beauté. Sa monture était en effet un palefroi d'une finesse extraordinaire, et son harnachement était digne du plus grand des rois de la terre. La femme elle-même était vêtue d'une robe blanche lacée sur les deux flancs par des fils de soie. Elle avait le corps élancé, la hanche basse, le cou plus blanc que la neige sur la branche, le visage clair et les yeux rayonnants, la bouche vermeille et le nez bien droit, les sourcils bruns, le front dégagé, la chevelure bouclée et ondoyante : des fils d'or auraient moins resplendi que ses cheveux sous le soleil. Elle portait aussi un manteau de pourpre sombre et en avait rejeté les pans derrière elle. Sur son poing, elle tenait un épervier, et un lévrier la suivait. Un page d'allure charmante chevauchait à sa droite en portant un cor d'ivoire. Ils allaient tranquillement au petit trot, et, sur leur passage, petits et grands, vieillards et enfants, tous manifestaient leur admiration.

Yvain s'en alla encore une fois trouver Lanval. « Compagnon, lui dit-il, en voici une qui arrive toute seule, qui n'est ni brune ni blonde mais sur qui s'épanouissent toutes les beautés du monde ! Est-ce ton amie ? » Lanval leva la tête et regarda la femme qui s'avançait ainsi. Il la reconnut et son cœur faillit lui manquer. Mais, se reprenant rapidement, il s'écria : « Sur ma foi, c'est bien elle, mon amie ! Je ne souffre plus, puisque je la vois enfin. Et je ne veux plus mourir si elle m'accorde sa grâce. »

La jeune femme entra dans le palais au milieu d'un grand silence. Elle descendit de sa monture devant le roi. Elle laissa choir son manteau afin que tous pussent mieux la voir. Arthur, émerveillé par sa beauté, se leva et la salua avec déférence. Tous les barons firent de même et s'empressèrent pour la servir. Elle marcha lentement au milieu des groupes, comme pour se faire admirer, puis elle revint vers le roi. « Arthur, dit-elle, écoute-moi bien, et vous tous, barons du royaume de l'île de Bretagne, prêtez attention à mes paroles. Si vous voulez savoir qui je suis, je vous dirai seulement que je suis la Fée des Brumes, et que je viens d'une terre lointaine où la tristesse et le chagrin sont inconnus, où retentissent chaque jour et chaque nuit les musiques les plus suaves, et où se répandent, dans tous les vergers, dans tous les bosquets, des parfums comme vous n'en connaîtrez jamais. Et je suis venue jusqu'à toi, roi Arthur, pour que tu ne commettes point d'injustice. J'ai aimé un de tes vassaux. Le voici, c'est Lanval. Il a été accusé devant ta cour et je ne veux pas qu'on tourne contre lui les paroles qu'il a dites. Sache ceci : la reine Morgane a tort. Jamais Lanval ne l'a requise d'amour. Quant à la vantardise qu'il a faite, si, par ma présence, il peut en être acquitté, c'est à vous, barons, d'en juger. »

Le roi se tourna vers les barons. Un murmure s'éleva dans l'assistance. « Chevaliers, dit Arthur, qu'en pensez-vous ? Est-il vrai que l'amie de Lanval éclipse par sa beauté toutes les autres femmes de ce royaume, y compris ma femme la reine Guenièvre et ma sœur la reine Morgane ? » La réponse fut unanime. Il n'y eut personne pour contester que Lanval était pleinement justifié. « Dans ce cas, dit encore le roi, Lanval est libre, et je lui rends toute ma confiance ! »

La jeune femme salua Arthur et les barons et remonta sur son palefroi blanc. Arthur eut beau la presser de rester, elle dit simplement qu'elle ne le pouvait pas et qu'elle devait rejoindre son pays dans les plus brefs délais. Elle fit faire demi-tour à son cheval et, lentement, suivie par les quatre jeunes filles qui avaient elles-mêmes repris leurs montures, elle s'éloigna au milieu de la foule et gagna la grande porte de Carduel. Et dès qu'elle eut franchi cette porte, une brume épaisse monta du sol et se répandit autour des murailles.

Hors de la salle, on avait dressé un grand montoir de marbre gris où les hommes d'armes pouvaient se mettre facilement en selle lorsqu'ils quittaient la cour du roi. Lanval y courut et monta dessus. Quand la Fée des Brumes eut atteint la grande porte, il sauta sur un palefroi qui se trouvait là, piqua des deux et s'élança derrière elle, disparaissant dans la brume. Et personne ne le revit jamais plus [1].

Quant à Morgane, elle n'avait pas attendu le prononcé du jugement pour quitter l'assemblée. Dès qu'elle avait vu la Fée des Brumes, elle avait compris qu'elle s'était mesurée à plus fort qu'elle. Pleine de ressentiment, mais prenant grand soin de ne pas manifester sa rage, elle se mit à rôder dans les couloirs du palais avant de se réfugier dans une chambre où, allongée sur un lit d'apparat, elle pleura longuement. Et, quand la nuit s'avança, elle sortit de la chambre, voulant regagner les appartements qu'elle partageait avec le roi Uryen. C'est alors qu'elle croisa Accolon de Gaule, un chevalier brave et intrépide qui s'était mis depuis peu au service du roi Arthur. Ce n'était pas la première fois que Morgane l'avait remarqué, d'autant plus que le chevalier manifestait assez clairement le désir qu'il avait d'elle. Elle le dépassa, puis s'arrêta brusquement et se retourna. Accolon s'était lui aussi retourné. Morgane lui sourit et lui tendit la main. « Viens ! » lui dit-elle. Et elle l'entraîna dans la chambre où elle s'était réfugiée pour pleurer.

1. D'après le *Lai de Lanval* de Marie de France.

Le matin, quand le soleil se mit à briller par les fenêtres, Morgane se souleva légèrement et contempla le visage d'Accolon qui dormait. Elle eut un étrange sourire et ses yeux se mirent à briller. « Il a le visage d'un roi du monde », murmura-t-elle. Alors, elle se leva, remit de l'ordre dans ses vêtements et, le plus silencieusement possible, elle se glissa hors de la pièce[1].

1. Reconstitution conjecturale d'après le Livre IV du *Morte d'Arthur*, récit anglais du XVe siècle de Thomas Malory.

10

Les Intrigues malheureuses

Un jour, le roi Arthur et de nombreux chevaliers s'en allèrent à la chasse dans une vaste forêt située assez loin de Carduel. Au cours de l'après-midi, Arthur, qui était en compagnie du roi Uryen et d'Accolon de Gaule, débusqua un grand cerf roux et entreprit de le poursuivre. Mais le cerf était si rapide que les trois hommes eurent beau forcer l'allure de leurs chevaux, ils n'arrivèrent pas à le rejoindre. Et bientôt, leurs montures, épuisées par la course harassante qu'elles avaient menée, s'effondrèrent pour ne plus bouger. « Voilà qui est bien ennuyeux, dit Arthur. Qu'allons-nous faire à présent ? – Allons à pied, dit le roi Uryen, jusqu'à ce que nous trouvions quelque logement pour passer cette nuit. »

Ils marchèrent à travers la forêt et arrivèrent sur le bord d'une rivière qui s'élargissait à cet endroit et formait un grand estuaire. C'est alors qu'ils aperçurent un petit navire, toutes voiles dehors, et qui paraissait se diriger vers eux. « Voici une bonne chose pour nous, dit Arthur, mais il reste à connaître quelle sorte de gens se trouve sur ce bateau. » A ce moment, l'embarcation accostait près d'une plage de sable gris. Arthur avança le plus qu'il put, mais il ne vit personne sur le pont du navire. « C'est bien étrange, dit-il, et je pense que nous devrions monter à bord pour en savoir davantage. »

Ils furent bientôt tous les trois sur le bateau, et

remarquèrent que l'aménagement y était somptueux : on y voyait des meubles précieux, des coffres en bois ouvragé, des lits recouverts de belles étoffes de couleur et même, bien disposés comme à leur intention, des vêtements de soie. Les trois hommes examinèrent le bâtiment à fond sans y découvrir la moindre trace de vie. La nuit tombait et l'obscurité était de plus en plus profonde. Mais, tout à coup, de chaque côté du navire, une centaine de torches s'allumèrent, donnant une lumière si intense qu'ils en furent un instant aveuglés. « Que se passe-t-il donc ? demanda Uryen. Sommes-nous éveillés ou rêvons-nous ? » Il avait à peine posé cette question qu'apparurent douze jeunes filles vêtues de soie blanche, toutes plus belles les unes que les autres. Elles saluèrent le roi Arthur et fléchirent le genou devant lui en l'appelant par son nom, puis elles dirent qu'elles étaient là pour le servir, ainsi que ses compagnons. Arthur les remercia vivement, s'abstenant de leur demander d'où elles étaient venues.

Elles les conduisirent alors dans une belle salle où était dressée une table. Là, elles leur servirent en abondance les mets les plus fins qu'ils pussent désirer, et leur versèrent les vins les meilleurs qu'ils eussent jamais bus. Arthur et ses deux compagnons s'émerveillaient de plus en plus, mais ils ne cherchaient même pas à comprendre ce qui leur arrivait. Ils avaient faim et soif et profitaient largement de ce repas inattendu. Puis, quand ils eurent terminé, les jeunes filles les menèrent chacun dans une chambre bien fournie et garnie de tentures. Ils se couchèrent, et ils étaient tant fatigués par les aventures de la journée qu'ils s'endormirent aussitôt.

Le lendemain matin, quand le roi Uryen se réveilla, il n'en crut pas ses yeux : devant lui se tenait Morgane. « Que fais-tu là ? » demanda-t-il. Elle parut étonnée de sa question. « Il me semble, dit-elle, que c'est normal de me trouver là, à ton réveil, dans ton propre logis. – Mais, où sommes-nous ? – Où veux-tu que nous soyons ? A Carduel, bien sûr. – Mais, comment suis-je arrivé ici ? » Morgane éclata de rire : « Décidément, dit-elle, j'ai l'impression que tu es mal réveillé ! Il est vrai qu'hier soir, lorsque tu es rentré de la chasse, tu paraissais fourbu. Tu t'es même couché sans dîner, et sans dire une parole. » Uryen demeurait songeur : se pouvait-il qu'il eût rêvé l'errance de la veille et le séjour sur le navire ? « Mais où sont donc le roi Arthur et Accolon de Gaule ? » demanda-t-il encore. Morgane haussa les épaules. « Je n'en sais rien, dit-elle, mais je suppose qu'ils sont en leur logis. »

Mais le roi Arthur n'était pas dans son palais de Carduel. Il venait de se réveiller dans une cave obscure et froide, à peine éclairée par une fenêtre munie d'épais barreaux. « Où suis-je ? » se demanda-t-il. Il se leva et se dirigea vers la porte. Mais celle-ci était fermée. C'est alors qu'il entendit une sorte de plainte, quelque chose comme des lamentations qui provenaient d'une pièce voisine. « Qui donc se plaint et gémit ainsi ? » s'écria-t-il d'une voix forte. Les gémissements cessèrent et une voix étouffée lui répondit : « Nous sommes vingt chevaliers prisonniers, et certains d'entre nous le sont depuis près de sept ans. – Mais pour quelle raison ? demanda Arthur.

– Nous allons te le dire. Apprends donc que le seigneur de cette forteresse se nomme Damas et que c'est le plus faux, le plus traître et le plus couard de tous les chevaliers de ce pays. Il a un frère plus jeune que lui, qui porte le nom d'Onslak, et qu'il a privé de son héritage, ne lui laissant qu'un petit manoir où il vit pauvrement. Son frère lui a réclamé son dû, mais Damas ne veut rien entendre. Alors, Onslak, pour mettre un terme à la querelle, lui a proposé de tout régler par un combat singulier. Damas a accepté, et la rencontre est prévue pour demain. Mais Damas est trop lâche pour combattre lui-même : il a donc cherché un champion pour s'opposer à son frère qui, au contraire, est un brave et valeureux chevalier. Or, comme tout le monde connaît la lâcheté de Damas et l'injustice qu'il a commise envers Onslak, personne n'a voulu servir sa cause. Et c'est pourquoi nous sommes ici : ne pouvant obtenir un champion de son plein gré, il a fait en sorte de s'en procurer par la force. Il s'est informé sur les meilleurs chevaliers du pays et il les a fait enfermer dans cette prison où nous mourons de faim. Il nous a posé ses conditions : si l'un d'entre nous combat pour lui, il libérera tous les autres. Mais nous ne voulons pas combattre pour ce fourbe. D'ailleurs, même si nous le voulions, nous ne pourrions pas, car nous sommes trop faibles et nous tenons à peine sur nos jambes. – Seigneurs, dit Arthur, ayez confiance. Dieu vous délivrera. »

Peu de temps après, la porte s'ouvrit et une jeune fille entra dans la chambre. « Qu'en est-il de toi ? demanda-t-elle. – Ma foi, répondit le roi, je ne sais quoi en penser. – Seigneur, dit-elle, je vais te dire comment tu pourras quitter cette prison : combats pour le maître de cette forteresse. Si tu refuses, tu risques de demeurer ici toute ta vie. – J'aime mieux mourir dans un combat en luttant contre un chevalier plutôt que de mourir dans cette prison. Et si je peux, par la même occasion, délivrer les autres prisonniers qui sont ici, j'accepte de combattre pour ton maître. – Fort bien, dit la jeune fille, je vais aller prévenir mon maître. – Je suis prêt, ajouta Arthur. Le plus tôt sera le mieux, pourvu qu'on me fournisse un cheval et des armes. – Tu les auras. »

Arthur regardait la jeune fille avec beaucoup d'attention. « Il me semble, dit-il, que je t'ai déjà vue à la cour. – Tu te trompes, seigneur, répondit-elle, car je n'y suis jamais allée. Si tu veux le savoir, je suis la fille de Damas, le seigneur de ce château. » Elle mentait, cependant. En réalité, c'était l'une des suivantes de Morgane et elle était toute dévouée à sa maîtresse.

Elle quitta Arthur et vint auprès de Damas, lui annonçant que le prisonnier avait accepté de combattre pour lui. Damas vint le trouver et lui demanda de s'engager par serment à être son champion contre son frère. Arthur ne voulut prêter ce serment que lorsque Damas se fut engagé à libérer ses prisonniers immédiatement. Alors les vingt chevaliers furent tirés de leur sombre prison et conduits dans la grande salle du château. Et on leur promit qu'ils pourraient assister à la rencontre.

Quant à Accolon de Gaule, lorsqu'il se réveilla ce matin-là, il s'aperçut qu'il se trouvait au bord d'un puits très profond dans lequel, dans son sommeil, il aurait pu tomber et mourir noyé. Il se redressa, ne comprenant rien à ce qui s'était passé. Où étaient donc les jeunes filles qui les avaient servis sur le navire, et où était le navire ? Que faisait-il là lui-même au bord de ce puits ? « Dieu soit béni de m'avoir sauvé ! s'écria-t-il, mais qu'il sauve également le roi Arthur et le roi Uryen ! Où sont-ils à présent et que leur est-il arrivé ? Par Dieu tout-puissant, ce sont les jeunes filles du navire qui nous ont joué ce mauvais tour : c'étaient des diables et non des femmes, j'en suis bien convaincu. Et si je peux me tirer de cette affaire, je les détruirai toutes, ces fausses femmes qui usent de sortilèges ! »

Il venait à peine de prononcer ces paroles qu'il vit arriver un nain qui avait une grande bouche et un gros nez. Le nain salua Accolon et lui dit qu'il venait lui porter un message de la reine Morgane. « Elle t'envoie son plus fidèle salut, dit-il, et elle souhaite que ton cœur soit aussi vaillant qu'autrefois, car tu devras combattre demain matin un bon et fier chevalier. Mais elle te fait dire que tu ne risques pas d'être vaincu dans ce combat grâce aux précautions qu'elle a prises. Elle te fera en effet parvenir l'épée d'Arthur, Excalibur, qui est invincible, et cela, elle le fait pour l'amour de toi. Cependant, souviens-toi d'un serment que tu lui as fait, lorsque vous étiez tous les deux ensemble : tu lui as juré que lorsque tu combattrais en son nom, tu ne ferais jamais grâce à un adversaire et que tu le tuerais, quelles que fussent ses supplications. C'est pour te rappeler que tu dois aller jusqu'au bout de ce combat et que ton adversaire doit mourir. – Je comprends bien, dit Accolon. Sois assuré que je tiendrai parole et que je respecterai le serment que je lui ai fait puisqu'elle a la bonté de me donner l'épée d'Arthur. Mais dis-moi, quand donc as-tu vu ma dame, la reine Morgane ? – Il n'y a pas longtemps », répondit le nain. Accolon prit le nain dans ses bras et lui dit : « Recommande-moi à ma dame la reine et répète-lui bien que je ferai pour elle tout ce que j'ai promis, à moins que je ne meure dans cette affaire. Maintenant, dis-moi encore : je suppose que ce qui nous est arrivé hier et cette nuit, au roi Arthur, au roi Uryen et à moi-même, n'était que sortilèges pour en arriver à cette bataille ? – Tu dis vrai », répondit le nain. A ce moment, arrivèrent un chevalier et une dame, avec six écuyers. Ils saluèrent Accolon et le prièrent de venir avec eux dans leur manoir. Ils le firent monter sur un bon cheval et l'emmenèrent à un petit manoir situé non loin d'un monastère. Là, on lui souhaita la bienvenue, et il fut traité avec les plus grands égards.

Cependant, Damas, qui se réjouissait fort d'avoir enfin trouvé un champion pour se battre à sa place, mais qui ignorait complètement que son prisonnier était le roi Arthur, envoya un messager vers son frère Onslak pour lui dire que le combat aurait lieu le lendemain matin. Or, lorsque le message fut transmis à Onslak, celui-ci était fort mal en point : il avait été blessé la veille à la cuisse par un javelot lors d'une joute, et il souffrait beaucoup de sa blessure. En apprenant que son frère le défiait pour le lendemain, il fut désespéré, car il ne pouvait refuser ce combat, mais il n'était pas en mesure de l'assumer. Onslak se demandait si Damas n'avait pas été averti de sa blessure et s'il n'avait pas profité de cette occasion pour précipiter la date de la rencontre. Cependant, Damas n'y était pour rien : tout cela était le résultat des intrigues et des sortilèges de Morgane. En effet, c'est dans le propre manoir d'Onslak qu'Accolon se trouvait. Et quand Accolon apprit que son hôte allait devoir combattre le lendemain en dépit de sa blessure, il ne put que proposer à celui-ci d'être son champion et de se battre à sa place. Il ajouta qu'il était assuré de sa victoire, car Morgane lui avait confié Excalibur, la bonne épée d'Arthur. Onslak accepta l'offre que lui faisait Accolon et le remercia vivement, lui assurant qu'il lui témoignerait sa reconnaissance dans toutes les circonstances qui l'exigeraient. Puis il envoya un messager auprès de son frère Damas pour lui dire qu'il avait son propre champion et que la rencontre aurait bien lieu le lendemain, au tout début de la matinée.

Dès que le jour fut levé, Arthur était prêt. Damas lui avait apporté ses meilleures armes et son plus beau cheval. « Où se trouve le champ du combat ? demanda-t-il à Damas. – Seigneur, répondit celui-ci, nous irons d'abord entendre la messe. » Ils allèrent donc à la chapelle. Quand la messe fut terminée, ils virent arriver un écuyer monté sur un grand cheval, qui demanda à Damas si son chevalier était prêt. Et il ajouta : « Notre chevalier à nous attend déjà dans le champ clos. » Arthur monta sur son cheval et partit, entouré par tous les chevaliers du pays. Parmi eux, on en avait choisi douze qui devaient être les garants de la régularité de la rencontre.

Apparut alors une jeune fille, galopant à toute allure sur un cheval gris. Elle s'arrêta devant Arthur et lui dit : « Seigneur, ma dame la reine Morgane t'envoie ton épée Excalibur dans son fourreau. Elle sait que tu seras plus assuré avec elle qu'avec l'épée que tu portes actuellement. » Arthur fut bien surpris d'entendre de telles paroles. Néanmoins, il prit l'épée que lui tendait la jeune fille et qu'elle disait être Excalibur, et la mit à la place de celle que lui avait fournie Damas. Alors, la jeune fille salua Arthur sans prononcer son nom, remonta sur son cheval gris et s'éloigna aussi vite qu'elle était venue. Mais, Arthur était bien loin de se douter que cette épée n'était qu'une simple imitation d'Excalibur que Morgane avait fabriquée par ses sortilèges.

Arthur arriva sur le lieu du combat. Son adversaire était déjà là, de l'autre côté du champ. Arthur ignorait son nom, et Accolon n'aurait jamais pensé que l'homme qu'il devait combattre était Arthur. Après que les assistants se furent répartis aux alentours, les deux champions prirent leur place et, dès que le signal fut donné, ils éperonnèrent leurs chevaux, se précipitant l'un sur l'autre, leur lance en avant. Le choc fut si rude que les deux boucliers furent brisés et que les deux hommes se retrouvèrent à terre. Ils se relevèrent d'un bond et brandirent leurs épées, s'approchant l'un de l'autre d'un pas mesuré et cherchant à découvrir chacun le point faible de l'adversaire.

Pendant qu'ils s'observaient ainsi, prêts à bondir à la moindre défaillance de l'autre, une cavalière était arrivée près du champ clos. C'était une femme de grande allure, vêtue d'un ample manteau de laine blanche et montée sur un cheval pie. Sa longue chevelure blonde flottait au vent et, sans descendre de son cheval, elle s'approcha le plus près possible. Personne ne fit attention à elle, et, à vrai dire, peu de gens l'auraient reconnue, car elle n'avait jamais beaucoup fréquenté la cour des rois. Or, c'était la Dame du Lac, cette Viviane que Merlin avait tant aimée, au point de se faire enfermer par elle dans une tour d'air invisible. Et c'est Merlin qui l'avait avertie de ce qui se passait, qui lui avait dévoilé les intrigues de Morgane. Elle était venue là parce qu'elle savait que le roi Arthur était en danger et qu'il fallait tout faire pour lui sauver la vie.

Les deux combattants s'acharnaient maintenant l'un sur l'autre avec rage. Leur bouclier en avant, l'épée dressée et près de s'abattre, ils se heurtèrent dans un tel élan qu'ils se retrouvèrent tous deux une nouvelle fois à terre. Se relevant immédiatement, ils se frappèrent sans pitié, mais chaque fois que l'épée que tenait Arthur touchait son adversaire, elle glissait sans lui faire aucun mal, tandis que lorsque Accolon frappait Arthur, il le tailladait et lui faisait couler le sang. Arthur commença à se douter qu'il y avait trahison et que l'épée qu'il brandissait n'était pas Excalibur. Jamais, au cours d'une bataille, il n'avait eu tant de peine à parer les coups, jamais il n'avait senti une lame aussi faible que celle qu'il tenait. « Chevalier ! s'écria Accolon, garde-toi de moi ! » Et il s'élança furieusement contre Arthur. Celui-ci se baissa et, en grande souplesse, esquiva le coup avant de répliquer à son tour. Mais il n'arrivait pas à toucher Accolon et s'épuisait en vain à le poursuivre, tandis que son propre corps souffrait des blessures que l'autre lui infligeait. Arthur se sentait faiblir. « Laisse-moi reprendre mon souffle un moment, chevalier ! s'écria-t-il. – Ce n'est pas le moment ! répliqua durement Accolon qui ne voulait pas perdre son avantage. Ou alors, ajouta-t-il, avoue-toi vaincu ! – Tant que j'aurai un souffle de vie, je te résisterai ! répondit Arthur. – Très bien ! Il en sera comme tu voudras. Prépare-toi à mourir ! » Accolon s'élança, bien décidé à en finir. Les deux épées se heurtèrent, et celle que tenait Arthur se brisa, ne laissant dans sa main que le pommeau. Ainsi, Arthur n'eut plus aucun doute : cette épée-là n'était pas Excalibur.

Il n'eut plus d'autre ressource que de frapper son adversaire de son bouclier, mais le bouclier éclata, et, dans son élan, Arthur fit un faux pas et tomba lourdement sur le sol. Accolon bondit alors et leva son épée pour le frapper. « Chevalier ! cria Arthur, on ne frappe pas un homme désarmé qui gît par terre ! » Accolon s'arrêta net dans son élan. « Alors, relève-toi, dit-il, et finissons-en ! » Arthur se redressa péniblement, tant la souffrance et la fatigue l'accablaient. Il avait saisi un tronçon de la lame qui s'était brisée et se disposait à faire payer très cher la victoire probable de son adversaire. Il se ramassa sur lui-même, saisit la lame à deux mains comme on fait d'un bâton et attendit le choc. Accolon bondissait, sûr de lui, et tous ceux qui assistaient au combat étaient saisis de pitié en voyant Arthur si faible et si désemparé. Mais, inexplicablement, au moment où il allait porter le coup fatal, l'épée que tenait Accolon lui échappa des mains et, après avoir tournoyé dans les airs, retomba sur le sol derrière Arthur. C'était la Dame du Lac qui, voyant qu'Arthur en était à toute extrémité, avait lancé un charme sur les combattants. Accolon, qui ne s'attendait pas à perdre ainsi son arme, s'arrêta net dans son élan. Alors Arthur, dans un dernier sursaut d'énergie, se précipita sur l'épée et la saisit entre ses mains puissantes, se retournant immédiatement et faisant front. Il savait maintenant que la véritable Excalibur était celle qu'il tenait. A présent, il se sentait devenir fort et il en oubliait son sang qui coulait. « Chevalier ! s'écria-t-il, tu m'as causé grand dommage avec cette épée qui ne t'était pas destinée ! Mais, maintenant, c'est moi qui l'ai en main et je sais que tu vas mourir ! » Et Arthur, plein de courage et de confiance, bondit sur son adversaire et lui donna un tel coup sur le heaume qu'il tomba à demi assommé. Arthur lui dit : « Je ne frapperai pas un adversaire désarmé qui gît à terre ! Relève-toi ! » Accolon eut beaucoup de mal à se remettre debout, mais quand il y fut parvenu, Arthur s'élança et lui donna un tel coup sur la tête que le sang lui jaillit de ses oreilles, de son nez et de sa bouche. Il s'effondra sur le sol en criant : « Tue-moi maintenant ! Je reconnais que tu es le meilleur chevalier que j'aie jamais connu, et je vois bien que Dieu est avec toi. Mais j'avais fait le serment de tenir cette bataille jusqu'au bout. Je vais mourir, c'est vrai, mais personne ne pourra dire que j'ai manqué à mon serment. Que Dieu fasse de moi ce qu'il voudra ! »

En entendant la voix lamentable qui s'exprimait ainsi et en regardant le visage maintenant découvert de celui qu'il avait vaincu, Arthur devint pensif : il se demandait où et quand il avait vu ce chevalier. « Tu peux maintenant le dire sans crainte, qui es-tu donc, de quel pays et de quelle cour ? – Seigneur chevalier, murmura le blessé, je suis de la cour du roi Arthur et mon nom est Accolon de Gaule. »

L'étonnement d'Arthur fut à son comble. Etait-ce là le compagnon avec lequel il était allé à la chasse l'autre jour et avec lequel il avait vécu l'aventure du navire où les avaient accueillis les douze jeunes filles ? Il comprit alors qu'ils avaient tous été trompés par les sortilèges de sa sœur Morgane. Il se pencha sur Accolon : « Seigneur chevalier, dit-il, au nom de Dieu tout-puissant, je te prie de me répondre : qui t'a donné cette épée ? – Cette épée m'a apporté le malheur alors que je croyais qu'elle me procurerait la joie ! – Mais, reprit Arthur, tu n'as pas répondu à ma question. – Je vais tout te dire, seigneur. C'est Morgane, la sœur du roi Arthur, femme du roi Uryen, qui me l'a fait apporter hier par un nain. Elle m'avait fait jurer que je m'en servirais un jour pour combattre son frère le roi, car son frère est l'homme qui s'oppose le plus à sa puissance. Elle m'avait dit également que lorsqu'elle apprendrait la mort d'Arthur, elle s'arrangerait pour faire disparaître son époux le roi Uryen. Et comme j'étais son amant, elle aurait fait de moi son roi et nous aurions gouverné le royaume en attendant de dominer le monde, elle par ses sortilèges, et moi par ma vaillance et ma prouesse. – Pauvre fou ! s'exclama Arthur. Je suis persuadé qu'elle se serait débarrassée de toi comme des autres. Jamais Morgane n'accepterait de partager son pouvoir avec un autre, fût-il son amant ou son époux ! Tu es tombé dans ses pièges, chevalier, et peu s'en faut que j'y sois tombé, moi aussi ! – Mais, dit Accolon, le destin ne l'a pas voulu ainsi. Alors que cette épée devait me servir à lutter contre le roi, le hasard a fait que j'ai dû accepter ce combat par reconnaissance envers un hôte qui ne pouvait l'entreprendre ! Je suis bien puni de mon orgueil, je le sais bien, et la seule consolation que je puisse avoir, c'est de ne pas avoir tué mon seigneur légitime, le roi Arthur de l'île de Bretagne ! – Tu ne pourrais mieux dire ! dit Arthur. – Je t'ai dit la vérité, reprit Accolon. Maintenant, avant de mourir, je veux entendre de toi ton nom, d'où tu viens et quel est ton seigneur. – Oh ! Accolon, dit Arthur tristement, je ne peux pas te cacher que je suis le roi Arthur à qui tu causas tant de dommage et que tu voulais tuer sur l'instigation de ma sœur ! »

Quand Accolon entendit ces paroles, il se mit à pleurer et à se lamenter : « Beau doux seigneur ! s'écria-t-il, j'implore ton pardon et ta grâce. Je ne savais pas que c'était toi ! – Certes, Accolon, je t'accorde mon pardon parce que je sens, par tes paroles, que tu ne savais pas qui j'étais. Mais, d'après tout ce que tu m'as révélé, je comprends bien que tu avais accepté d'être responsable de ma mort. Tu peux donc être accusé de traîtrise. Je ne t'accablerai cependant pas, car je me doute bien que c'est ma sœur Morgane qui, par ses charmes et ses ruses, a arraché ton consentement. Elle veut toujours se venger de moi parce que je suis son cadet et qu'elle m'accuse d'avoir confisqué le pouvoir à son détriment. Pourtant, Dieu m'est témoin que j'ai toujours été faible et tolérant envers elle, et généreux également, plus qu'envers aucun autre de mes parents, et que j'ai eu confiance en elle davantage qu'en quiconque dans ce royaume, plus en tout cas que dans ma propre épouse. Comme tout cela est triste et décevant et comme c'est difficile à supporter ! »

Arthur appela alors les douze chevaliers qu'on avait fait juges du combat. « Seigneurs, leur dit-il, vous avez été les témoins de ce qui s'est passé. Deux chevaliers ont combattu en se faisant grand dommage l'un à l'autre, et si l'un d'eux avait pu causer la mort de l'autre, il l'aurait fait. Mais aucun de nous deux ne savait qui était l'autre. Alors, je déclare que ce combat n'a pas eu lieu, car il était sans objet. » Ce fut au tour d'Accolon de parler à ceux qui se rassemblaient autour de lui : « Seigneurs, dit-il, ce noble chevalier que j'ai combattu, à qui j'ai causé de grandes blessures et qui m'a frappé si durement, c'est le meilleur et le plus capable de prouesses de tous les hommes de ce temps. Sachez, seigneurs, que c'est le roi Arthur, notre seigneur légitime à tous. C'est grand malheur et grande honte que j'en sois arrivé à le combattre ainsi, et je m'en repens amèrement. Quant au sort qui sera le mien, je l'accepte par avance, en châtiment de la grande faute que j'ai commise. » Quand les gens apprirent que le vainqueur était le roi Arthur, ils plièrent tous le genou et lui demandèrent sa grâce.

« Vous n'avez pas à demander grâce, s'écria Arthur, car vous n'êtes pour rien dans cette aventure, sauf Damas et son frère Onslak. Encore faut-il reconnaître qu'ils ont été victimes des mêmes manigances qu'Accolon et moi-même. Sachez que si j'ai été blessé et presque sur le point de perdre, c'est parce que je n'avais pas ma bonne épée Excalibur, et qu'elle m'avait été ravie par ruse et trahison. La bataille avait été prévue et organisée pour que je fusse vaincu et tué. – Par Dieu tout-puissant, dit Onslak, c'est grande pitié qu'un homme aussi noble que toi ait failli périr de trahison. Que pouvons-nous faire pour toi, roi Arthur ? – La première chose, répondit Arthur, c'est que toi, seigneur Onslak, tu te réconcilies avec ton frère Damas, que tu t'entendes avec lui pour partager l'héritage légitime qui est le vôtre et gouverner en paix ce pays. J'exige de vous un serment : que jamais plus vous ne luttiez l'un contre l'autre. »

Damas et Onslak s'avancèrent et devant tous les chevaliers et les gens du pays, ils jurèrent de s'accorder et de vivre désormais en bonne intelligence. Alors Arthur reprit la parole : « La deuxième chose que vous pouvez faire, c'est de prendre soin de ce chevalier que j'ai vaincu, et de moi-même qui suis blessé et ai besoin de repos. – C'est chose facile, dit Onslak ; il y a non loin d'ici une abbaye où vous pourrez être accueillis. » On fit une civière pour emporter Accolon. Quant à Arthur, il prit soin de remettre son épée Excalibur à sa ceinture, puis il remonta sur son cheval et dit adieu à tout le peuple assemblé. Quand ils furent arrivés à l'abbaye, ils furent soignés, pansés et réconfortés. Mais Accolon avait perdu trop de sang pour guérir : il mourut quatre jours plus tard tandis qu'Arthur se remettait lentement de ses blessures.

Quand Accolon fut mort, Arthur le fit mettre en bière et ordonna à six chevaliers de le transporter jusqu'à Carduel. « Vous le remettrez à ma sœur, la reine Morgane, dit le roi, et dites-lui que c'est un présent de ma part. Vous lui direz également que j'ai retrouvé mon épée Excalibur. » Les chevaliers partirent aussitôt pour Carduel qui était à deux jours de marche.

Cependant, à Carduel, Morgane pensait que son plan avait parfaitement réussi, et que le roi Arthur était mort dans son combat contre Accolon de Gaule. Les pensées les plus perverses lui traversaient l'esprit et elle sentait confusément qu'elle serait bientôt la grande reine d'un royaume qui s'étendrait jusqu'où pouvait aller son regard. Et le regard de Morgane était perçant, si perçant que parfois ses familiers en avaient peur. Elle n'avait point de remords : elle savait qu'Arthur avait été conçu la nuit même où son propre père à elle avait été tué, cette nuit terrible où sa mère, la reine Ygerne, avait été abusée par les maléfices de Merlin. Celui-ci avait bien usé de ses sortilèges ; ne pouvait-elle pas en abuser, elle aussi, à qui le même Merlin avait appris tant de choses que ne pouvaient connaître les autres ? Morgane savait qu'elle était la plus forte et qu'elle ferait mettre à genoux les grands vassaux du royaume aussi facilement que lorsqu'ils avaient fait leur soumission à Arthur. Mais il restait un obstacle à vaincre, le roi Uryen, qu'elle avait cru dominer en l'épousant et qui contrait tous ses projets.

Elle épiait Uryen, espérant profiter de la moindre occasion. Or, ce jour-là, Uryen s'était fait dresser un pavillon dans un verger, non loin de la forêt, et comme la chaleur était forte, il s'était couché sur un lit pour se reposer et s'était endormi. Une violente pulsion de haine envahit le cœur de Morgane. « Ce vieillard est indigne de vivre, se dit-elle. Pendant tant d'années, il a guerroyé et soumis des peuples à sa volonté ; il a accompli des prouesses qui sont demeurées dans le souvenir de chacun. Et, maintenant, il n'est bon qu'à dormir alors que le monde est à prendre ! » Ayant constaté qu'il était seul dans le pavillon et qu'il n'y avait aucun serviteur à proximité, elle appela une des jeunes filles qu'elle initiait à ses arts secrets et lui dit : « Va me chercher l'épée du roi Uryen. Je ne vois pas de meilleur moment pour le tuer, car il est seul et chacun croira que c'est un brigand qui l'a assailli durant son sommeil, pour lui voler ses joyaux. »

La jeune fille fut effrayée des paroles de Morgane. « Dame, dit-elle, veux-tu vraiment tuer ton mari ? Je doute fort qu'on ne te soupçonne ensuite. Tu n'échapperas pas à la honte ! – Tais-toi, insolente ! s'écria Morgane. Je sais ce que je fais, et d'ailleurs personne n'osera m'accuser ! Ils ont tous bien trop peur de mes pouvoirs pour tenter quelque chose contre moi. Et ne discute plus. Va me chercher cette épée. »

La jeune fille s'éloigna, mais comme elle se rendait compte que Morgane n'était pas dans son état normal, au lieu d'aller chercher l'épée d'Uryen, elle se précipita vers le logis où se trouvait Yvain. Lui aussi était endormi, mais dans sa chambre. Elle le secoua et lui dit durement : « Seigneur Yvain, lève-toi et va trouver la femme de ton père[1], car elle a décidé de le tuer

1. Dans le récit de Thomas Malory, qui est suivi ici, Yvain est dit le fils de Morgane. C'est le seul auteur à le prétendre, mais il est certain que Malory n'a rien inventé. Différents textes gallois très anciens font référence à une mystérieuse « troupe des corbeaux » (voir dans la première époque, *la Naissance du roi Arthur*, le chapitre intitulé « le Temps des Merveilles »). Or, on sait que Morgane la fée passe pour avoir le pouvoir de se transformer en corbeau ou en corneille. Il s'agit ici d'un thème mythologique qui a été oublié dans les versions « courtoises » de la légende.

pendant qu'il dort ! – Comment cela ? » demanda Yvain. La jeune fille lui expliqua comment Morgane lui avait ordonné d'aller chercher l'épée du roi. « Fort bien, dit Yvain, va donc chercher l'épée et apporte-la à ta maîtresse. Je me charge du reste. »

La jeune fille apporta donc à Morgane l'épée du roi Uryen et la lui tendit de ses mains tremblantes. Morgane s'en empara et se mit à ricaner. « Il y a des sacrifices qu'il faut accomplir », murmura-t-elle. Et, sortant la lame du fourreau, elle la leva au-dessus du roi endormi. A ce moment, elle se sentit saisie au poignet et, se retournant, elle aperçut Yvain, le visage ravagé par la colère. Il la tira au-dehors du pavillon et l'emmena à travers le verger en un endroit où ils ne risquaient pas d'être vus. « Explique-toi, Morgane, dit Yvain, et ne me cache rien ! – T'expliquer quoi ? Te cacher quoi ? Tu ne comprendrais rien. – Je comprends que tu veux tuer mon père. Sais-tu que je pourrais te passer mon épée au travers du corps, car je t'ai surprise quand tu voulais le faire. – Trop tard ! dit Morgane. Personne ne te croirait. Tu m'as entraînée loin du pavillon où se trouve le roi. » Yvain regarda Morgane droit dans les yeux, mais elle soutint son regard avec un aplomb mêlé d'ironie. « Elle est redoutable, pensa Yvain, et elle sait que je ne peux rien contre elle. » Ils continuèrent à se toiser pendant un long moment. Yvain reprit la parole : « Je te fais grâce parce que tu m'as beaucoup aidé quand je me trouvais en grand danger. Il est vrai que je te dois la vie, Morgane, mais je ne voudrais pas que tu prennes cela pour de la faiblesse. – Rassure-toi, Yvain, tu es loin d'être faible. C'est toi que j'aurais dû épouser, et non ton père. » Yvain se mit franchement en colère : « Morgane, on répète partout que Merlin était le fils d'un diable, mais toi, tu es vraiment le diable ! » Elle se mit à rire. « Le diable est parfois utile, n'est-ce pas, surtout quand on est dans le besoin. Cela dit, Yvain, je reconnais que j'ai eu tort. Je ne sais pas ce qui m'a prise tout à coup, cette volonté farouche de tuer un vieillard pendant son sommeil. Je le regrette. Reprends l'épée de ton père. »

Elle paraissait sincère. Mais comment savoir exactement ce qui se cachait dans l'esprit tortueux de Morgane ? « Personne ne nous a vus, dit enfin Yvain, il est donc juste que toi et moi, nous oubliions cette scène pénible. Je te promets de ne rien dire pourvu que tu me jures de ne jamais plus avoir une telle pensée. – Je te le jure, dit Morgane. Et pour prouver ma bonne foi, je mets à ta disposition, chaque fois que tu en auras besoin, cette troupe de corbeaux qui viennent au secours de celui qui sait les appeler. » Elle s'éloigna dans le bois avec lui et lui parla longtemps. Puis, ils se quittèrent. Yvain revint à son logis avec l'épée de son père. Morgane se mit à errer le long des remparts, la tête bourdonnante de pensées contradictoires.

C'est alors qu'elle vit arriver un cortège de six chevaliers qui escortaient un cercueil. Ils pénétrèrent dans la forteresse. Intriguée, elle suivit le cortège et s'informa. L'un des chevaliers lui transmit alors le message d'Arthur : « Reine Morgane, le roi Arthur t'envoie en guise de présent le corps du chevalier Accolon de Gaule. Il te fait dire également qu'il a retrouvé sa bonne épée Excalibur. » Morgane ne répondit rien. Elle s'éloigna le long des murailles, le cœur plein d'angoisse. Arrivée dans un recoin, elle se mit à pleurer. « Est-ce de rage ou de chagrin que tu pleures ainsi ? » dit une voix derrière elle. Elle se retourna et reconnut la Dame du Lac[1].

1. D'après *le Morte d'Arthur* de Thomas Malory, livre IV, chap. 6-14.

11

Le Siège Périlleux

Depuis plusieurs semaines, Lancelot errait de royaume en royaume, ne s'attardant pas plus d'une nuit dans chaque forteresse où on le conviait. Il pensait toujours à la reine Guenièvre et son amour le tourmentait. Mais, il n'osait revenir à la cour du roi, tant son impatience de se retrouver seul avec Guenièvre l'aurait incité à quelque folie. Alors, il tournait et retournait par les vallées et par les plaines, délivrant des prisonniers et poursuivant des félons pour la plus grande satisfaction des honnêtes gens qu'il rencontrait.

Un soir, il fut hébergé dans le manoir d'une jeune fille dont il avait pris la défense lorsque celle-ci avait été agressée, en pleine forêt, par des mécréants qui voulaient la violenter. Mais, le matin, il demanda ses armes et se disposa à partir. C'est alors que le frère de la jeune fille, un jeune chevalier à la mine avenante, lui dit : « S'il te plaisait d'avoir un compagnon pour ton voyage, je serais très fier d'être celui-là, du moins pendant quelques heures. – Si tu le désires, ce sera une joie pour moi. »

Quand ils se furent un peu éloignés du manoir, le chevalier dit à Lancelot : « Seigneur, tu es de la maison du roi Arthur et compagnon de la Table Ronde. C'est pourquoi tu dois connaître tous ceux qui partagent cet honneur. – Je ne suis pas capable de les connaître tous, répondit Lancelot, car je ne séjourne pas souvent à la cour. Quant aux chevaliers errants comme moi, qui sillonnent les chemins, je crois les bien connaître, car il n'y en a pas un seul qui ne soit brave et valeureux. » Le chevalier garda un instant le silence, comme s'il n'osait pas poser une question. « Qu'as-tu donc à me demander ? fit Lancelot. – Eh bien, voici : connais-tu un jeune chevalier du nom d'Hector des Mares ? – Certes, oui, répondit Lancelot. – Et que penses-tu de lui ? Aurait-il quelque renom ? – Par la sainte Croix, s'écria Lancelot, il n'est pas de chevalier de son âge, à ma connaissance, que je redouterais autant que lui s'il nous fallait aller au bout d'un combat. Il est preux, alerte et agile, et capable d'endurer la fatigue au-delà de toute imagination. – Et sais-tu qui il est ? – Je ne le lui ai pas demandé. Tout ce que je sais, c'est qu'il est d'une vaillante famille. – Mon Dieu, dit le chevalier, il est en effet naturel qu'il soit vaillant puisque son père était le roi Ban de Bénoïc. » Lancelot fut fort surpris de ce qu'il entendait. « Seigneur, dit-il, es-tu sûr d'être bien renseigné à son sujet ? – Certes, oui, répondit l'autre, d'autant plus que je suis son cousin. Je sais vraiment que le roi Ban de Bénoïc, qui fut ton père, l'engendra. – Comment cela ? demanda Lancelot.

– Je vais te le dire. Après la mort du roi Uther Pendragon, à la veille du couronnement d'Arthur, les barons vassaux d'Uther furent mandés devant le nouveau roi pour lui prêter hommage et recevoir de lui leurs fiefs. Le roi Ban et son frère, le roi Bohort de Gaunes, vinrent eux aussi à la cérémonie et, durant leur voyage, ils passèrent une nuit au château des Mares. A cette époque, le seigneur avait une fille qui était parmi les plus belles du pays. A sa vue, le roi Ban la désira tant que, grâce à la magie du sage Merlin, il put coucher avec elle, et c'est là qu'il engendra Hector. – Par Dieu tout-puissant, dit Lancelot, je ne savais point cela, mais je me réjouis d'avoir un frère aussi valeureux qu'Hector des Mares. »

Ils cheminèrent encore longtemps dans la forêt et,

bientôt, ils aperçurent une forteresse au milieu des marais. « C'est là que fut engendré ton frère, dit le jeune chevalier, et je peux t'y mener si tu le désires. – Volontiers, dit Lancelot. – Dans ce cas, attends-moi ici jusqu'à mon retour. Je ne m'attarderai guère. » Lancelot descendit de cheval et s'assit au pied d'un arbre. Le jeune chevalier s'en alla à toute allure vers le château et trouva un homme de bonne tenue, qui était le frère de la mère d'Hector. Ils se saluèrent. « Cher cousin, dit le jeune chevalier, ne sois pas courroucé par ce que je vais te dire : il y a là le meilleur chevalier du monde qui désire entrer dans cette demeure. Mais comme je sais que tout étranger doit combattre pour forcer le passage du pont, je te prie de ne pas t'obstiner. Brave comme il est, tu ne pourrais pas facilement lui tenir tête. – Qui est donc ce meilleur chevalier du monde ? – C'est Lancelot du Lac. – Certes, mais tu sais bien que je ne peux déroger à la coutume. Je ferai donc semblant de le combattre, car je n'espère pas l'emporter sur lui. »

Le jeune chevalier revint vers Lancelot et lui expliqua la coutume : tout étranger devait combattre afin de forcer le passage du pont. Lancelot remonta en selle et se dirigea vers le pont. Le gardien, à son approche, sauta sur son cheval et vint à sa rencontre. « Si tu veux passer, dit-il à Lancelot, qui que tu sois, tu devras me combattre et me vaincre. – Puisqu'il en est ainsi, répondit Lancelot, je me battrai contre toi. » Ils abaissèrent leurs lances et se heurtèrent avec une telle violence que celle du défenseur se brisa. « Je m'avoue vaincu, dit-il, en sautant de son cheval. Tu peux donc entrer si tu le veux. Je serai à ton entière discrétion. – Fort bien, dit Lancelot, conduis-moi. » Et Lancelot suivit le gardien du pont qui l'emmena à l'intérieur du château. Il avait en effet grand désir d'en apprendre davantage sur Hector et sur lui-même.

Quand ils furent à l'entrée de la grande salle, l'homme s'effaça pour laisser passer Lancelot le premier. Puis, il s'écria : « Chère sœur, je t'amène mon seigneur Lancelot, le meilleur chevalier du monde, qui est le frère de ton fils Hector. Accueille-le d'un cœur joyeux comme tu le dois à un aussi noble parent. » Une femme encore très belle s'avança vers lui et il la salua. Elle le fit désarmer et quand il eut le visage découvert, elle crut voir le roi Ban en personne, ce qui la bouleversa grandement. Quiconque eût vu en effet le roi Ban, puis Lancelot, n'aurait pu douter qu'Hector fût le fils du roi de Bénoïc, tant la ressemblance était frappante. La femme prit Lancelot dans ses bras, pleurant de joie et d'émotion, et elle l'emmena dans une petite salle attenante.

« Seigneur, dit-elle enfin, je ne suis pas surprise que tu sois un brave et preux chevalier puisque tu es le fils du meilleur chevalier de son temps, le roi Ban de Bénoïc. » La dame s'assit sur la jonchée qu'on avait étalée dans la salle et invita Lancelot à y prendre place. Au cours de leur entretien, il la pria de lui dire toute la vérité à son sujet et à celui d'Hector. « En effet, dit-il, on m'a laissé entendre qu'Hector serait mon frère. Si cela était vrai, j'en aurais grande joie. – Par Dieu tout-puissant, répondit la dame, Hector est bien ton frère : il a été engendré par Ban de Bénoïc. » Elle entreprit alors de lui détailler les circonstances dans lesquelles le roi Ban et le roi Bohort de Gaunes avaient passé la nuit dans ce château. « De plus, dit-elle encore, je vais te montrer un objet que tu connais bien. »

Elle s'en alla dans sa chambre, ouvrit un écrin et en tira un anneau d'or orné d'un saphir où étaient sculptés deux serpenteaux. Retournant près de Lancelot, elle lui dit : « Seigneur, vois-tu cet anneau ? – Certes, oui, dame. – Le roi Ban me l'a donné quand il quitta ce pays, et il me dit que la reine, ta mère, lui en avait fait présent, et qu'il en avait un autre absolument identique. Je sais qu'il m'a dit la vérité, car récemment, alors que je chevauchais à travers le pays d'Armorique, mon chemin me conduisit au Moutier Royal où se trouve enterré ton père. Je fus reçue là par des religieuses et, parmi elles, je reconnus la reine, ta mère, la dame la meilleure et la plus sainte qui soit au monde. Je me fis connaître à elle, lui dis qui j'étais et de quel pays. Elle me posa des questions sur toi, Lancelot, cet enfant que la Dame du Lac lui a ravi, et je lui appris ce que j'avais entendu dire, bien que je ne t'eusse jamais encore vu, à savoir que tu étais le meilleur chevalier qui fût. Or, j'avais cet anneau à mon doigt. Elle le vit et me demanda qui me l'avait donné. J'avais honte et je ne voulais pas lui répondre, mais elle m'avoua qu'elle savait de qui je l'avais eu. Puis, elle me montra l'anneau qu'elle avait au doigt, et qui était identique à celui-ci. Ainsi, j'ai su que ton père avait dit la vérité. »

Cette révélation combla Lancelot d'un plus grand bonheur que si on lui avait donné la meilleure cité du roi Arthur en possession. Cette nuit-là, il y eut liesse et réjouissances au Château des Mares afin de fêter la présence de Lancelot du Lac. Mais la dame était pressée d'être fixée sur le sort d'Hector qu'elle n'avait pas vu depuis plus d'une année. Lancelot lui dit qu'il l'avait rencontré en parfaite santé deux mois à peine auparavant. Au soir tombant, on fit dresser les tables et l'on se restaura et but dans une ambiance joyeuse. Puis, quand ce fut l'heure d'aller dormir, on prépara pour Lancelot un lit très confortable, comme il convenait à un tel personnage. Il se coucha et s'endormit aussitôt pour ne se réveiller qu'au matin, une fois le soleil levé depuis longtemps. Il s'habilla, fit ses préparatifs et entendit la messe dans la chapelle du château. Revenu dans la salle, il trouva de nouveau les tables mises : on ne voulait pas qu'il partît sans se restaurer. On se mit donc à table aussitôt.

Après un repas sans hâte, Lancelot se leva et demanda ses armes. « Ah ! seigneur, lui dit-on, par Dieu tout-puissant, reste encore cette journée ! – Je ne peux, répondit-il, j'ai beaucoup trop à faire. » Une fois armé et en selle, il quitta le château, et la dame chevaucha un moment à ses côtés en lui demandant de veiller sur son frère Hector. « Si Dieu m'accorde de le trouver, dit-il, je ne me séparerai pas de lui de longtemps, à moins d'empêchement. » On lui fit la conduite un bon bout de chemin. Il marqua alors une halte et, refusant d'être accompagné plus loin, les recommanda tous à Dieu. « Cher doux seigneur, dit la dame à son départ, par Dieu et l'âme de ton père, pense à Hector, ton frère et mon fils. – Je ne l'oublierai pas », promit Lancelot. Et quand il les eut quittés, il sentit que ses yeux étaient remplis de larmes.

Il continua son errance. Le soir, il fut accueilli par un ermite qui lui fit partager son modeste repas et, le lendemain, il accompagna une jeune fille qui ne se sentait guère rassurée dans ces pays désertiques. Ils s'arrêtèrent un moment auprès d'une source d'où sourdait une eau fraîche et limpide. Et comme ils conversaient, se reposant des ardeurs du soleil, ils virent venir sur le grand chemin de la forêt des chevaliers, des dames et des jeunes filles. « Réjouis-toi, Lancelot, dit la jeune fille qu'il accompagnait, car tu vas bientôt voir, je le pense, un être de ta parenté que tu n'as encore jamais vu. – Qui donc ? demanda Lancelot. – Tu le sauras bientôt, avant même d'être parti d'ici. »

Quand la troupe arriva près de la fontaine, chevaliers et serviteurs accoururent pour aider à mettre pied à terre une jeune femme qui devait être leur dame, et ils la firent descendre du char où elle était. Le char était couvert d'une soie vermeille afin de protéger les voyageurs de la chaleur. Quand la dame fut descendue, ils la conduisirent là où se trouvait Lancelot. Dès que celui-ci l'aperçut, il se leva devant elle, très respectueux de sa beauté et de sa noblesse. « Cher doux seigneur, lui dit-elle, reste assis, car tu dois être plus las et fatigué que moi. » Lancelot se rassit à côté de la fontaine et elle prit place près de lui. « Apportez-moi Hélain le Blanc », dit-elle à ses suivantes.

Elles s'en allèrent au char et prirent un petit enfant qu'une jeune femme tenait dans son giron et elles l'apportèrent à leur dame. L'enfant était tout jeune et ne devait pas avoir plus de deux ans. Lorsqu'il fut dans les bras de la dame, elle lui baisa les yeux et la bouche et lui fit fête, comme si ce fût Dieu en personne. Lancelot regarda l'enfant et le trouva si beau et si gracieux qu'il en fut tout ému. « A qui est cet enfant ? demanda-t-il.

– Il est à moi, seigneur, répondit la jeune femme. N'est-il pas beau ? – Certes, je n'ai jamais vu si bel enfant de cet âge. » Et Lancelot demeura rêveur devant cet être d'où émanait une telle lumière. « Seigneur Lancelot, dit la jeune fille qu'il accompagnait, dis-nous ce que tu en penses. – Je ne peux rien dire d'autre : il est magnifique. – Et sais-tu bien qui il est ? – Non, sinon que sa mère est celle qui est devant nous. – Eh bien, c'est ton proche cousin, Lancelot. Car il a été engendré par Bohort de Gaunes lorsqu'il remporta le tournoi de Brangore d'Estrangore, et quand des vœux extravagants furent énoncés par les douze chevaliers qui entouraient ton cousin. Je pense qu'il est impossible de le nier, surtout quand on connaît Bohort de Gaunes. Il ne peut avoir eu d'autre père ! »

Cette nouvelle combla de joie Lancelot. En examinant plus attentivement l'enfant, il constata qu'il était le portrait vivant de Bohort et fut bien persuadé que c'était lui qui l'avait engendré. Il le prit dans ses bras et se mit à le cajoler. Et quand la dame comprit que c'était Lancelot du Lac, celui dont on disait tant de bien, et qui était le cousin germain de l'homme qu'elle aimait le plus au monde, elle n'en fut que plus heureuse et elle s'offrit à son service. Il la remercia et lui fit la même offre. La jeune fille qu'il accompagnait lui raconta alors par quel plan divin Bohort avait couché avec la fille de Brangore d'Estrangore. Cela laissa Lancelot tout rêveur, car il se mit à penser que c'était à peu près chose semblable qui lui était arrivée avec la fille du roi Pellès, laquelle, lui avait-on dit, avait eu un enfant de lui.

Cependant, après que l'entretien se fut prolongé, Lancelot se leva, affirmant qu'il était temps pour lui de partir. La jeune fille qu'il accompagnait lui dit alors : « Je te remercie, Lancelot, de ta sollicitude. Grâce à toi, j'ai retrouvé sans dommage ceux que je devais rencontrer. Je ne partirai donc pas avec toi. Mais, réponds-moi en toute franchise : où vas-tu te diriger maintenant ? – Je ne sais, répondit Lancelot. Mon destin est de parcourir le monde et d'y subir des épreuves. – N'as-tu donc rien de mieux à faire ? – Je ne le pense pas. – J'ai l'impression que tu oublies beaucoup de choses dans tes errances, dit la jeune fille. Ne sais-tu pas qu'à la prochaine Pentecôte, le roi Arthur a convoqué à Kamaalot, où il tient sa cour, tous ceux qui ont le droit de s'asseoir à la Table Ronde ? – Je ne le savais pas, répondit Lancelot. – Alors, tu ferais bien de t'y préparer, car c'est pour bientôt, dans quelques jours à peine, et il te reste assez de temps pour rejoindre Kamaalot. – Certes, dit Lancelot, et tu as bien fait de me le rappeler. Je vais me mettre en route sans tarder. » Alors Lancelot salua la mère de l'enfant, la jeune fille qu'il avait accompagnée et tous ceux de leur suite et, sautant sur son cheval, il se mit à galoper sur le grand chemin.

Quand il arriva devant la grande porte de Kamaalot, la première personne qu'il rencontra fut une femme très belle, vêtue d'une robe de soie blanche recouverte d'un grand manteau noir, qui sortait de la forteresse, montée sur un cheval d'une blancheur éclatante. Quand elle aperçut Lancelot, elle dirigea son cheval vers lui et lui barra le passage. « Seigneur, dit-elle, que Dieu te garde. Dis-moi qui tu es. » Lancelot la regarda avec attention et la reconnut bien. C'était Morgane, et il eut soudain très peur d'être reconnu par elle. C'était en fait la femme qu'il redoutait le plus, sachant ce qu'elle faisait contre lui et contre bien d'autres chevaliers et rois de ce monde. Il avait beau se dire qu'elle avait été l'élève de Merlin, il ne la tenait pas moins pour dangereuse. Il refusa de se nommer afin de se prévenir de tout maléfice, mais il lui répondit : « Dame, je suis chevalier errant de la maison du roi Arthur, compagnon de la Table Ronde. – Mais qui es-tu donc ? insista Morgane. – Tu n'en sauras pas davantage. » Et Lancelot piqua des deux pour bondir à l'intérieur de la cité. Mais Morgane, avec grande habileté, fit déplacer son cheval de telle sorte que celui de Lancelot s'y heurta. « Pourquoi pars-tu si vite ? demanda Morgane en riant. Je ne vais pas te manger ! Aurais-tu peur des femmes ? » Elle disait cela par provocation car, bien que le chevalier eût le visage caché par son heaume, elle l'avait reconnu et savait que c'était Lancelot. « Seigneur chevalier, dit-elle encore, ne veux-tu vraiment pas me dire ton nom ? – Je ne le ferai pour rien au monde, répliqua Lancelot d'un ton sec. – Fort bien, reprit Morgane. Alors, chevalier, puisqu'il en est ainsi, c'est au nom de l'être qui t'est le plus cher que je te demande d'ôter ton heaume et de découvrir ton visage ! »

Lancelot savait qu'il était pris au piège. Il ne pouvait refuser de se découvrir puisqu'elle l'en avait prié au nom de l'être qui lui était le plus cher. Il aurait commis un crime impardonnable vis-à-vis de Guenièvre. D'un geste rageur, il arracha son heaume. Morgane fit mine de s'étonner : « Quoi ? C'était donc toi, Lancelot ? dit-elle avec une ironie cinglante. Je me demande bien pourquoi tu ne voulais pas dire qui tu étais. Nous nous connaissons depuis si longtemps que nous sommes devenus des familiers, n'est-il pas vrai ? » Lancelot bouillait d'impatience. « Si tu n'étais pas une femme, Morgane, s'écria-t-il, je n'aurais pas tant d'égards envers toi. Je te connais trop : tu es fausse et il n'y a en toi que traîtrise et déloyauté ! – C'est ton opinion, Lancelot, mais ce n'est peut-être pas celle des autres. D'ailleurs, je sais qu'un jour tu devras réviser ton jugement ! – Je ne souhaite qu'une chose, répliqua Lancelot, c'est qu'un jour quelqu'un te tienne dans ses mains pour débarrasser la terre de ta présence ! » Morgane se mit à rire. « Cet homme dont tu parles, ne voudrais-tu pas par hasard que ce fût toi ? » Il ne répondit rien mais, par un léger mouvement, il amena son cheval hors de portée de Morgane et s'engouffra dans Kamaalot. Morgane, le visage crispé, le regarda s'éloigner. « Nous nous retrouverons », murmura-t-elle. Puis, elle cingla son cheval et partit au galop.

Il y avait eu des joutes sur la prairie, devant la forteresse, et les chevaliers qui y avaient participé s'étaient regroupés dans la grande cour. C'est là que Lancelot retrouva ses compagnons qu'il n'avait pas vus depuis longtemps. Le roi Arthur vint au-devant de lui et manifesta sa joie de le voir de retour. Il en fut ainsi de Gauvain, d'Yvain, de Kaï, de Bohort et de bien d'autres. Quant à la reine, quand elle vit qu'il était sain et sauf, elle courut à lui, les bras tendus, se jeta à son cou et lui fit fête en présence de tous les gens du château. Quand il eut enlevé son armure, les chevaliers qui avaient jouté toute la matinée en firent de même et changèrent de vêtements. Alors, en grand apparat, la couronne royale sur la tête, Arthur s'en alla en procession vers Saint-Etienne, qui était la principale église de Kamaalot. Il ouvrait le cortège, suivi immédiatement de la reine Guenièvre, des rois et des ducs et selon leur importance de la noblesse de leur lignage.

Quand Lancelot entra dans l'église, la première chose qu'il vit fut la peinture qui représentait le dragon dont avait parlé le vieillard tué par Mordret. Il fut très angoissé, car cela prouvait que la prédiction était vraie. Il était affligé, désemparé, hanté par l'idée qu'un homme de si illustre lignage qu'Arthur serait détruit par la faute de son propre fils. Comment éviter une telle catastrophe ? Ce n'était possible qu'en supprimant Mordret, mais alors il serait en butte à la haine de toute sa parenté, ce qu'il ne voulait en aucune façon. Il demeurait absorbé dans ses pensées, indifférent à ce qui se passait autour de lui, mais ses yeux ne pouvaient se détacher de l'image du dragon. Il demeura ainsi immobile pendant tout le temps que dura le service, et la reine finit par s'apercevoir qu'il était agité de sombres pensées. Elle décida de le questionner, dès qu'elle pourrait se trouver seule avec lui.

Cependant, lorsque la messe fut célébrée, les rois et les comtes regagnèrent la grande salle du palais, trouvèrent les tables mises, et, après s'être lavé les mains, s'assirent chacun à leur place. Ce jour fut marqué de joie, car on constata que des cent cinquante chevaliers que comportait à ce moment la Table Ronde, pas un seul ne manquait, d'où la liesse des familiers et des étrangers. La nouvelle arriva aux oreilles du roi. « Seigneur, lui dit un chevalier, c'est merveilleux à voir ! – Quoi donc ? demanda le roi. – Tous les compagnons de la Table Ronde sont venus au jour fixé et il n'en manque pas un ! – Certes, dit le roi, mais si Lancelot n'était pas venu, les douze qui manquaient encore hier n'y seraient pas non plus. J'en suis heureux : je crois que jamais je ne les ai vus aussi nombreux. »

Les barons échangèrent de nombreux propos à ce sujet. Lancelot, qui était assis près du Siège Périlleux, y remarqua une inscription qui paraissait toute récente. Il put lire ces lettres : « C'est en ce jour que doit mourir Brumant l'Orgueilleux, et s'il ne meurt pas, cela signifie que Merlin a menti dans ses prophéties. » Lancelot appela alors les clercs et leur fit lire l'inscription. Ensuite, il leur demanda quelle pouvait en être l'explication. « Seigneur, répondirent-ils, voici une aventure peu ordinaire. N'en parle à personne pour le moment, car tu vas assister aujourd'hui à une chose peu banale. Cette inscription, sache-le, a sans doute été faite aujourd'hui même. – Je n'en dirai donc rien puisque vous me le conseillez. »

Quand les barons se furent restaurés et qu'on s'apprêtait à enlever les nappes, on vit entrer un chevalier en armes blanches qui avait laissé sa monture tout en bas, dans la cour. Il se dirigea vers le roi et lui dit : « Seigneur, je suis venu pour mourir ou pour vivre. J'ignore encore ce qui m'arrivera, mais il faut que j'accomplisse l'épreuve. – Seigneur chevalier, répondit Arthur, je regretterais que ce fût pour mourir. Je t'en dissuaderais, comme tout homme présent ici le ferait, à moins que tu n'aies mérité d'en réchapper sans mourir. » Le chevalier ôta alors son heaume, son haubert et toutes ses armes. Les barons le trouvèrent si beau et si bien fait qu'ils pensèrent que c'était un très haut personnage. Mais lui, pleurait amèrement, comme s'il avait sous les yeux tout un monde frappé de tristesse et de mort. Le roi eut pitié de lui et lui demanda pourquoi il pleurait ainsi. « Parce que je pense que l'heure de ma mort est proche », répondit le chevalier.

Il fit le tour de la grande table, passant parmi tous ceux qui y étaient assis, et alla jusqu'au dernier siège, toujours vide, qu'on appelait le Siège Périlleux. « Lancelot ! s'écria-t-il dès qu'il aperçut le fils du roi Ban, il me faut mourir pour accomplir l'acte que tu n'as jamais osé faire toi-même. Je vais m'asseoir sur ce siège où tu n'as pas eu le courage de prendre place ! » Il s'assit, ce que personne n'avait jamais fait sans douleur, tira une lettre de son vêtement et la tendit à Lancelot. « Prends cette lettre, Lancelot, dit-il, et si je meurs sur ce siège, lis-la tout haut en présence de tous ceux qui sont ici. Qu'ils sachent qui je suis et de quel lignage je suis issu. Si je m'en tire sain et sauf, je sais que tu me la rendras volontiers. »

Lancelot prit la lettre. Tous se disaient qu'il fallait faire montre d'une grande audace pour s'asseoir ainsi sur le Siège Périlleux. Mais, bientôt, ils l'entendirent s'écrier : « Ah ! Dieu ! je meurs ! Ah ! Lancelot, ta prouesse ne sert à rien ! Tu n'es pas celui qui achèvera les aventures. Si tu l'étais, tu pourrais me tirer du gouffre où la mort m'entraîne ! » Il criait et endurait des souffrances si atroces que chacun en fut épouvanté. Alors, on vit tomber du ciel un feu si violent et si foudroyant qu'on ne sut pas qui l'avait déchaîné. Ce feu s'abattit sur le chevalier qui fut en un instant brûlé et consumé. Chose étonnante, on ne retrouva de son corps ni chair ni os. Et tandis qu'il se consumait, il continuait à crier : « Hélas, roi Arthur ! L'orgueil ne peut rapporter que la honte, et je m'en suis bien aperçu, car, pour aspirer à ce qui m'était interdit, je meurs dans des conditions abominables. Jamais homme ne connut un châtiment comme le mien, et je croyais cependant ne pas l'avoir mérité ! »

A peine eut-il prononcé ces paroles qu'on ne vit plus de lui que cendres. Il s'exhalait de là une odeur affreuse et tous les compagnons étaient incommodés. Beaucoup furent inquiets en voyant le chevalier en proie au feu, redoutant que ce feu n'atteignît Lancelot, et ils lui conseillèrent de ne pas bouger, de peur de brûler à son tour. « Je ne ferai pas un geste, répondit-il, puisque toutes les places sont occupées autour de la table. » Et, grâce à son sang-froid, il ne subit aucun dommage, ce qui réconforta l'assistance. Quand tout fut terminé et qu'il ne resta plus rien du chevalier, le roi déclara devant tous qu'il n'avait jamais assisté à un phénomène aussi surnaturel. « Je savais bien, dit-il, que le Siège Périlleux nous réserverait des surprises. En voilà une, mais je pense que nous en verrons d'autres. »

Il pria Lancelot de regarder la lettre que le chevalier lui avait donnée, d'en examiner le contenu et de la lire à haute voix. Lancelot tira donc la lettre de l'étui de satin qui l'enveloppait, et, dans un grand silence, il entreprit de la lire à l'usage de tous. Et voici ce que contenait cette missive : « Que tous les compagnons de la Table Ronde sachent que le jour de Pâques, récemment, à la cour du roi Brian d'Irlande, de jeunes chevaliers en vinrent à parler de Lancelot du Lac et prétendirent qu'il était le chevalier le plus hardi du monde. Tous en tombèrent d'accord, sauf Brumant, le neveu du roi Brian, qui ne voulut pas en convenir et soutint qu'il en était de bien plus hardis. Et Brumant expliqua que Lancelot n'était certainement pas le plus hardi parce qu'il occupait à la Table Ronde le siège le plus proche du Siège Périlleux et qu'il n'avait jamais osé s'y asseoir. S'il avait été le chevalier le plus valeureux du monde, il aurait eu le courage de s'y installer : il aurait ainsi éclairé les uns et les autres sur ce qui est objet de contestation, car les uns disent que c'est le meilleur chevalier du monde, et les autres, qu'il ne l'est pas. Grâce à ce siège, il aurait pu les tirer du doute. Aussi peut-on dire qu'il manque de hardiesse, puisque cette épreuve est paraît-il supérieure à toutes les autres. C'est pourquoi Brumant, voulant prouver que Lancelot lui était inférieur en prouesse, promit solennellement de s'asseoir, le jour de la Pentecôte, sur le Siège Périlleux, au risque de sa vie. Car il n'appartient qu'à Dieu de juger la valeur des humains. »

« Quelle extraordinaire aventure ! s'écria le roi Arthur après la lecture de la lettre. Par Dieu tout-puissant, je n'appelle pas hardiesse ce qu'a fait ce chevalier, mais bien plutôt folie. Nous savons tous, depuis que nous l'a enseigné Merlin, que ce siège est réservé à un unique chevalier qui surpassera en mérites et prouesses tous ceux qui, avant lui, auront porté les armes. Dès qu'il entrera ici, comme l'a prédit Merlin, son nom sera inscrit sur le Siège Périlleux. Or, il ne l'est pas encore et ne le sera qu'à l'arrivée du Bon Chevalier, celui qui mettra un terme aux aventures du Saint-Graal. C'est pourquoi je dis que ce chevalier a été plus insensé que hardi et qu'il a subi un juste châtiment pour son orgueil démesuré. » Ainsi parla le roi et tous reconnurent qu'il disait vrai. Alors Arthur se leva, et tous les autres quittèrent la table à leur tour.

Les nappes furent alors enlevées et les chevaliers se rendirent dans la cour. Certains montèrent à cheval et sortirent de la forteresse. D'autres allèrent se reposer. D'autres encore engagèrent de vives conversations. Mais Lancelot demeura seul dans un coin de la salle, près de la fenêtre. Il était tout pensif et soupirait abondamment en regardant, de l'autre côté de la cour, la fenêtre de la chambre de Guenièvre [1].

1. D'après la version dite de Gautier Map.

12

Le Château de Morgane

Le roi Arthur avait voulu réunir autour de lui, à l'occasion de cette Pentecôte, le plus grand nombre possible de ses vassaux et de ses fidèles. De nombreuses dames et jeunes filles appartenant aux plus nobles familles du royaume s'y étaient également rassemblées, toutes réjouies de participer aux fêtes, et fort heureuses de connaître enfin les chevaliers dont on leur racontait souvent les exploits. Parmi ces femmes, était venue la fille du roi Pellès. Elle avait demandé à son père la permission de se rendre à la cour d'Arthur, pour la première fois de sa vie, et Pellès la lui avait volontiers accordée. Elle était partie de Corbénic avec ses suivantes et ses écuyers, sans oublier quelques bons chevaliers chargés de veiller sur sa sécurité, et l'indispensable Brisane, qui était plus que sa confidente et sans laquelle elle se sentait désemparée. Mais, elle emmenait également avec elle son jeune fils Galaad, qu'elle avait eu de Lancelot. Un écuyer le portait devant lui sur un palefroi vigoureux et rapide, dont le harnachement était de couleurs riches et variées.

Elle était arrivée la veille de la Pentecôte à Kamaalot, et lorsqu'elle avait mis pied à terre dans la cour, le roi Arthur lui-même était venu l'accueillir, l'avait prise par la main et l'avait guidée jusqu'à la salle. Quand Bohort apprit qui elle était, il la reçut avec joie. Lorsqu'il vit Galaad, qu'il savait être le fils de Lancelot, il manifesta une joie encore plus exubérante, tant la grâce de l'enfant était grande. Et, en contemplant Galaad, Bohort ne pouvait s'empêcher de penser à la fille du roi Brangore dont on disait qu'elle avait eu un fils de lui.

Cependant, devant l'admirable beauté de la jeune femme, les gens de la cour affirmèrent qu'elle n'avait pas son égale. Quant à la reine Guenièvre, qui ignorait tout de ce qui s'était passé à Corbénic, elle ne se tint pas de contentement devant la fille de Pellès, non seulement en raison de sa beauté, mais aussi de sa haute naissance. Pour lui prouver l'intérêt et l'affection qu'elle lui portait, la reine lui laissa une partie de ses appartements afin qu'elle pût être parfaitement à l'aise et ranger les riches vêtements qu'elle avait apportés avec elle.

Quand Lancelot fut arrivé à la cour, l'esprit tout rempli de l'image de Guenièvre, il s'extasia cependant sur la beauté et la finesse de celle qui lui avait donné un fils. Et, se souvenant de sa colère lorsqu'il s'était réveillé un matin dans sa chambre, croyant avoir passé la nuit avec la reine, il se dit qu'il aurait commis un grand crime s'il avait tué une femme si belle. Cependant, Lancelot, troublé et gêné, évitait de la regarder et préférait se tenir loin d'elle.

Mais elle, qui l'aimait par-dessus tout, éprouvait une grande souffrance à se voir ainsi dédaignée. Il ne se passa pas un moment qu'elle ne fût à le guetter, se délectant à sa vue et regrettant de ne pouvoir attirer ses regards. Brisane, qui s'était bien aperçue de sa fièvre intérieure, lui dit : « L'aimes-tu vraiment ? – Je l'aime plus que moi-même, répondit-elle, mais je sais que j'ai été folle d'avoir donné mon cœur à un homme aussi noble que Lancelot qui ne daigne même pas porter les yeux sur moi ! » Brisane se mit à rire : « Ne t'inquiète pas, je sais ce qu'il faut faire pour qu'un homme soit subjugué par une femme. Par Dieu tout-puissant, je te promets qu'avant notre départ d'ici, je le mettrai en ta possession et que tous tes désirs seront comblés. – Puisses-tu dire vrai ! » répondit la fille du roi Pellès.

On était le soir du mardi après la Pentecôte. Les fêtes s'étaient prolongées dans la joie et la magnificence. Avant le souper, la reine Guenièvre s'arrangea pour se trouver près de Lancelot et lui murmura qu'elle l'attendrait cette nuit, et qu'elle enverrait une de ses suivantes pour le chercher et le conduire en un lieu où ils seraient sûrs de ne pas être surpris. Lancelot lui répondit, toujours à voix basse, qu'il attendrait cet instant avec impatience, tant était grand son désir de la tenir entre ses bras. Mais Brisane, qui se trouvait tout près, et qui avait l'oreille très fine, avait surpris le manège et la conversation. Elle en fut très satisfaite et alla dire à la fille de Pellès qu'elle lui amènerait Lancelot le soir même, et dans les meilleures dispositions à son égard. La fille de Pellès ne put contenir sa joie et la fit bien connaître à Brisane en lui sautant au cou et en l'assurant de sa reconnaissance.

Au début de la nuit, lorsque tout le monde fut couché dans le palais, Brisane, craignant que la reine ne la devançât, ne tarda pas à venir près du lit de Lancelot. Comme il faisait très sombre et qu'elle portait un voile sur la tête, il ne la reconnut pas et crut que c'était une suivante de Guenièvre. « Seigneur, dit-elle, ma dame t'attend. Hâte-toi de me suivre ! » Lancelot, qui attendait tant cet instant, se leva précipitamment en chemise et en braies. Brisane le prit par la main et, silencieusement, le conduisit jusqu'à la chambre où se trouvait la fille du roi Pellès. Il ne prononça pas un mot et se coucha aussitôt aux côtés de celle qu'il croyait être la reine. Il se livra avec fougue aux jeux de l'amour, et quand ils en eurent usé à satiété, ils s'endormirent tous deux, chacun de leur côté, dans une béatitude absolue, lui parce qu'il croyait posséder sa dame, elle parce qu'elle avait satisfait son désir de l'homme qu'elle chérissait le plus au monde.

Cependant, la reine Guenièvre, couchée dans son lit, attendait fébrilement la venue de Lancelot. Elle lui avait envoyé une servante depuis longtemps déjà et ne comprenait pas pourquoi il n'était pas là. D'habitude, il mettait peu de temps à obéir à son invitation. Guenièvre craignit que Lancelot n'eût quelque fâcheux empêchement et elle alla chez sa cousine, en qui elle avait toute confiance : « Va trouver Lancelot, lui dit-elle, et conduis-le ici. » La cousine se hâta d'enfiler un manteau et se glissa dans la chambre où elle savait que Lancelot dormait. Dans la plus grande obscurité, elle alla droit vers le lit, le tâta et constata qu'il était vide. Toujours en essayant de faire le moins de bruit possible, elle chercha partout dans la pièce, mais elle n'y trouva nulle trace de Lancelot. De guerre lasse, elle retourna dans la chambre de la reine pour lui avouer que Lancelot était introuvable.

Cette nouvelle plongea Guenièvre dans la plus grande perplexité. Jamais une telle chose ne s'était produite. Elle patienta encore un moment, puis demanda à sa cousine de retourner dans la chambre de Lancelot. Mais, comme elle ne trouva pas plus de traces de Lancelot que la première fois, la cousine fut bien obligée d'avouer à la reine que le fils du roi Ban n'était toujours pas là. L'inquiétude de Guenièvre s'accrut. Lancelot n'avait-il pas des ennemis à la cour ? Ceux-ci n'avaient-ils pas eu connaissance de leur rendez-vous et n'avaient-ils pas empêché Lancelot de s'y rendre ?

Guenièvre se tournait et se retournait dans son lit. Les appartements dans lesquels elle logeait étaient de vastes dimensions. Ils comportaient plusieurs chambres dont les portes étaient garnies de tentures. La fille du roi Pellès en occupait quelques-unes, la reine et sa cousine l'autre moitié. Mais, cette nuit, pour garder secrète la visite de Lancelot, elle avait donné congé à toutes ses filles de compagnie. Or, vers le milieu de la nuit, Lancelot, qui se trouvait donc dans la chambre voisine, fit entendre une plainte, comme il arrive parfois quand on dort. La reine reconnut immédiatement la voix. Elle se leva, se précipita dans la chambre et découvrit Lancelot couché avec la fille du roi Pellès. Consternée et ressentant une profonde douleur, elle ne put se contenir : elle alluma une chandelle et, s'approchant du lit, elle se mit à tousser.

Lancelot se réveilla en sursaut et reconnut la reine, debout devant lui, alors que lui-même était couché avec une femme à ses côtés. Ne comprenant rien à ce qui arrivait, il sauta hors du lit, revêtit sa chemise et voulut s'en aller. Mais la reine le saisit par le poing et le secoua vivement : « Misérable ! s'écria-t-elle, traître infidèle ! Tu te livres à la paillardise dans ma propre demeure et pour ainsi dire devant moi ! Disparais de ma vue et garde-toi de jamais reparaître devant moi en quelque lieu où je puisse être ! »

Que pouvait répondre Lancelot ? Se justifier, dire qu'il avait été trompé ? Mais par qui ? Quelle était la femme qui était couchée à ses côtés et qui ne s'était même pas réveillée lorsque Guenièvre était intervenue ? Lancelot renonçait à comprendre, comme frappé par la foudre devant l'image terrifiante de la reine qui le menaçait. Il s'en alla ainsi, à demi nu, quitta la chambre, descendit dans la cour, se dirigea au hasard vers le jardin, y entra et sortit par une poterne qui était restée ouverte. La nuit était profonde et il s'y engouffra à la recherche d'une impossible accalmie dans la tempête qui l'assaillait de toutes parts.

La reine Guenièvre n'était pas en meilleur état. Elle s'était effondrée sur le lit de la fille du roi Pellès et martelait les couvertures de ses poings, sanglotant et se lamentant. La jeune femme, qui venait de comprendre ce qui était arrivé, se trouvait dans une affliction et une détresse mortelles. Elle dit à la reine : « Tu as mal agi, reine Guenièvre, en chassant de la cour l'homme le plus valeureux qui soit au monde. Il ne fait aucun doute que tu auras à t'en repentir ! – Tais-toi, malheureuse ! répliqua la reine en larmes. C'est toi qui es responsable de tout ! Je ne sais pas par quels stratagèmes tu es arrivée à tes fins, mais sois sûre que si l'occasion se présente, je te le revaudrai, et de belle façon ! Maudite soit ta beauté ! Maudite soit ta jeunesse ! De nombreux chevaliers et hommes de bien en seront les victimes ! Je sais que Lancelot en a été l'une des premières, et c'est grand dommage pour lui comme pour moi ! Tu pourras dire que cette réunion, qui s'est déroulée dans la joie à cette Pentecôte, n'aura abouti qu'au chagrin et à la tristesse ! Et tout cela par ta faute ! »

La fille du roi Pellès demeurait muette, laissant la reine donner libre cours à sa douleur. Mais elle savait bien que Guenièvre avait raison : c'est elle qui avait voulu que Lancelot vînt partager son lit, c'est elle qui avait jeté les yeux sur lui alors qu'elle n'y avait aucun droit. Elle se mit à pleurer, se souvenant du temps où elle était vierge, quand elle portait la coupe d'émeraude d'où émanait une si fulgurante lumière. Depuis lors, elle n'avait plus droit à cet honneur. Et tout cela parce que le désir de Lancelot était entré en elle et ne la quittait plus. Elle s'assit sur le lit, sans répondre à la reine, et s'habilla. Elle savait qu'elle ne reverrait probablement plus Lancelot, et cela lui causait un insupportable chagrin, car elle l'aimait plus que jamais et sentait qu'elle aurait donné son corps et son âme pour le sauver.

Au matin, dès qu'il fit jour, la fille du roi Pellès réveilla les gens de sa maison et leur ordonna de se préparer à partir. Elle ne donna aucune raison, mais quand tout fut préparé, elle alla trouver le roi Arthur pour prendre congé, désireuse qu'elle était de regagner son pays. Le roi insista pour qu'elle restât encore quelques jours, mais elle n'y consentit pas. S'inclinant devant sa volonté, Arthur monta à cheval avec quelques-uns de ses chevaliers et se prépara à lui faire escorte jusqu'à la forêt de Kamaalot.

En revenant vers ses gens, la fille du roi Pellès aperçut Bohort, lui fit un signe discret et l'entraîna à l'écart pour lui parler. Elle lui raconta ce qui était arrivé la nuit précédente, à elle et à Lancelot, comment la reine les avait surpris, comment elle l'avait congédié et comment il s'en était allé, seulement vêtu de sa chemise. « Je suis très inquiète, dit-elle, car je ne sais de quelle façon Lancelot va réagir. Il est capable de commettre les pires folies, et peut aussi bien se trouver en face des pires dangers. Je t'assure que si tu ne te mets pas à sa recherche sans délai et s'il n'est pas secouru par toi ou l'un de ses parents, il risque de sombrer dans une telle maladie qu'il ne s'en remettra jamais. Il était comme fou quand je l'ai vu quitter la chambre. Et comme il aime la reine par-dessus tout, je le sais à mon détriment, tout peut conduire au malheur. »

Cette nouvelle accabla Bohort. « Dame, dit-il, puisque tu dois t'en aller, je te recommande à Dieu. Mais sois sans crainte au sujet de Lancelot : je vais me mettre immédiatement à sa recherche et je le poursuivrai sans relâche jusqu'à ce que j'obtienne de ses nouvelles. Tout ce que je pourrai entreprendre pour lui, je le ferai sans hésiter, sois-en certaine. » Et ils se séparèrent. La fille de Pellès rassembla ses gens et ils sortirent de Kamaalot, escortés par le roi et ses chevaliers. Quand ils furent parvenus à la lisière de la forêt, Arthur fit demi-tour en recommandant à Dieu la fille du roi de la Terre Foraine.

Bohort ne perdit pas de temps. Il se rendit d'abord auprès de Guenièvre. « Dame, dit-il avec amertume, pourquoi nous avoir trahis de la sorte ? Pourquoi as-tu chassé ainsi mon seigneur Lancelot, qui est le plus parfait chevalier que je connaisse et qui est si attaché à toi qu'il en perdrait la vie ? – Il m'a trahie, répondit sèchement la reine. Je l'ai trouvé couché avec la fille du roi Pellès ! » Bohort sentit la colère monter en lui. « Et toi, reine, ne l'as-tu donc jamais trahi ? Combien de fois t'a-t-il surprise dans le même lit que le roi Arthur ? – Insolent ! répliqua Guenièvre. N'oublie pas que je suis l'épouse du roi ! » Bohort se mit à rire nerveusement. « J'aurai tout entendu, s'écria-t-il, et même les pires insanités. Je te demande seulement de ne pas reprocher à Lancelot ce que toi, tu te permets ! » Guenièvre se mit à pleurer. « Tu as raison, Bohort, je suis injuste et je n'ai aucun droit sur Lancelot, sinon la souffrance que j'endure à cause de mon amour. Oui, Bohort, j'ai chassé et honni le meilleur homme du monde. J'en ai tant de douleur que je voudrais être précipitée dans un abîme et ne plus en sortir ! Il n'est pas d'homme sur terre, je veux que tu le saches, que je n'aime autant que lui. C'est pourquoi j'ai tant souffert lorsque je l'ai trouvé avec la fille du roi Pellès. J'en ai perdu la raison et tout entendement. »

Bohort s'était calmé. Il comprenait combien la reine avait été affectée par la trahison de Lancelot, trahison qui n'en était pas une, car il soupçonnait bien quelque enchantement à l'origine de cette affaire, un enchantement comparable à celui qu'il avait subi lui-même lorsqu'il se trouvait chez le roi Brangore d'Estrangore. « Je vais partir à sa recherche, dit-il, et je ne reviendrai à la cour que lorsque j'aurai obtenu de ses nouvelles. – Oui, Bohort, je t'en prie, pars immédiatement ! Je sais que tu es très attaché à lui. Tu es le seul qui puisses le retrouver. Fasse le Ciel qu'il ne commette point quelque folie ! Il est si impétueux, si malheureux sûrement que nous pouvons craindre le pire ! – Reine, répondit Bohort, j'agirai pour le mieux. » Prenant alors congé de Guenièvre, sans avertir personne, il prépara ses armes, sauta à cheval et sortit de Kamaalot, ne sachant même pas quelle direction il allait prendre.

Quand Lancelot eut été chassé par la reine, la première idée qui lui vint à l'esprit, ce fut de se jeter dans un puits, la tête la première, pour oublier sa souffrance indicible. Mais, en franchissant le verger, l'air frais de la nuit le sortit tout à fait de son hébétude. Les souvenirs affluèrent, les grandes joies qu'elle lui avait dispensées, les maux, les tourments, les ennuis qui s'étaient ensuivis. Et quel espoir avait-il à présent ? Il courut comme un fou à travers la campagne, sans même prendre garde au froid qui commençait à le mordre. Parvenu à la lisière de la forêt, il s'arrêta pour reprendre haleine et il se sentit alors désespéré. S'arrachant les cheveux, égratignant son visage à tel point que son sang se mit à couler, il se lamenta et maudit cette rencontre qui lui avait été si cruelle, si pernicieuse. Lui qui, jusqu'alors, avait été l'homme le plus heureux du monde, était condamné à passer désormais le reste de ses jours en pleurs, en larmes et en misères.

Le jour le surprit au paroxysme de son désespoir. « Ah ! Kamaalot ! s'écria-t-il, belle et bonne cité ! Tu m'as fait naître à la vie ! Mais tu m'as mené aussi au seuil de la mort. Me voici dans une détresse telle que j'en mourrai ! » Alors, il s'élança dans la forêt en criant comme un dément : « Mort ! Mort ! Je t'appelle, viens à moi, je n'en peux plus de vivre ! »

Il erra trois jours et trois nuits à travers la forêt, sans boire et sans manger, dans les lieux les plus retirés qu'il connaissait, pour échapper à toute recherche. Et il demeura six jours dans une telle prostration que c'est miracle qu'il continuât à vivre. La faim le tenaillait, mais il était incapable de se procurer toute nourriture. Il en perdit la raison au point de ne plus maîtriser ses actes et, enfin, n'eut plus aucune notion du temps.

C'est dans cet état lamentable qu'il arriva un jour devant un pavillon dressé dans une clairière. A la porte, on avait planté un poteau où l'on avait accroché une lance, une épée et un bouclier. Aussitôt, Lancelot se précipita, saisit l'épée, la sortit de son fourreau et se mit à frapper à grands coups sur la lance qu'il trancha, sur le bouclier qu'il brisa, faisant autant de bruit que dix hommes d'armes au combat. A ce tumulte, un chevalier sortit du pavillon, fort bien vêtu d'une robe écarlate, qui, à le voir ainsi, à demi nu, tailladant l'air de coups d'épée désordonnés, comprit qu'il était en état de démence. « Celui qui recueillerait et soignerait ce malheureux afin de le ramener à la raison ferait une bonne action », se dit-il en lui-même. Il courut alors prendre ses armes, dans l'intention de désarmer le fou et de le rendre inoffensif.

« Seigneur ! Laisse-moi faire ma bataille comme je l'entends ! » cria Lancelot. Mais comme le chevalier avançait toujours, il lui assena un tel coup sur le heaume qu'il en fut assommé et s'écroula sur le sol. Là-dessus, Lancelot lança l'épée comme on jette un objet encombrant et pénétra dans le pavillon. Il y avait là une jeune fille, vêtue d'une simple chemise, qui se trouvait dans un lit. Quand elle vit entrer le fou, elle poussa un cri d'effroi, sauta hors du lit et se précipita au-dehors. Mais Lancelot ne s'en préoccupa même pas : il sauta dans le lit qu'il trouva chaud et s'y endormit aussitôt, épuisé par tous ses efforts.

Cependant, la jeune fille qui était revenue s'était penchée sur le chevalier et lui délaçait le heaume. « Par ma foi ! s'écria celui-ci en reprenant conscience, je ne croyais pas qu'un homme né de femme pût frapper si fort ! S'il plaît à Dieu, je le nourrirai, le soignerai et le garderai jusqu'à ce qu'il revienne en son bon sens, car c'est assurément un valeureux et brave chevalier ! » Et, aidé de son écuyer, il lia Lancelot tout endormi dans le lit avec des chaînes et des cordes, et le fit ainsi transporter dans son manoir.

Il le garda chez lui pendant plusieurs semaines. Lancelot fut bien nourri et on lui donna toutes sortes de remèdes réputés pour guérir la folie. Peu à peu, il reprenait ses esprits, mais demeurait taciturne et se refusait à dire ce qui lui était arrivé. Avec beaucoup de patience, on parvint enfin à lui rendre sa forme physique et à le faire parler plus longuement. Mais quand on lui demandait son nom et de quel pays il était, il répétait : « Je suis un chevalier de la maison d'Arthur. » Et comme il allait de mieux en mieux, on le délivra de ses entraves et on le laissa aller à son gré. Il fut plusieurs jours à se réhabituer à marcher. A la fin, il se sentit complètement rétabli et dit à son hôte qu'il voulait prendre congé. « Et où vas-tu aller ? lui demanda celui-ci. – Je ne sais pas, répondit Lancelot, mais je dois partir. » Le chevalier n'insista pas. Il lui fournit des armes et un cheval qui n'était pas trop mauvais, et on le laissa aller en le recommandant à Dieu.

Lancelot chevaucha dans la forêt, toujours triste et mélancolique. Le soir, il s'engagea dans une vallée profonde où les ombres commençaient à s'épaissir. Il rencontra alors une jeune fille montée sur une mule blanche et la salua courtoisement. « Seigneur, dit la jeune fille, Dieu te garde. Mais dis-moi ton nom, je te prie. – Je n'ai pas de nom. Je ne suis qu'un simple chevalier errant », répondit Lancelot. La jeune fille le regarda avec plus d'attention et comme la visière de Lancelot était relevée, elle put voir son regard. Elle lui dit : « Il est inutile de me cacher la vérité, car je t'ai bien reconnu, chevalier ! Tu es Lancelot du Lac, fils du roi Ban de Bénoïc. Sois le bienvenu, Lancelot, car j'étais justement à ta recherche. – Et pourquoi donc ? – Tu viens de me tirer d'un grand embarras, continua la jeune fille, et je t'avoue que si je ne t'avais pas rencontré, je n'aurais cessé d'aller avant de t'avoir trouvé. » Lancelot s'impatienta : « Mais pourquoi donc me cherchais-tu ? – Parce qu'il y a dans cette forêt la plus extraordinaire aventure du monde, et toi seul peux la mener à bien. Veux-tu venir avec moi ? – Oui », répondit Lancelot très intrigué et voulant savoir de quelle sorte d'aventure parlait la jeune fille à la mule.

Ils chevauchèrent tous deux jusqu'à une puissante et riche construction, entourée de murs et de fossés. Ils y entrèrent et la jeune fille dit à Lancelot : « Seigneur, nous prendrons notre logis ici ce soir. Il est bien tard et si nous poursuivions notre chemin, nous serions surpris par la nuit. Demain, quand il fera jour, je te mènerai où je t'ai dit. » Lancelot accepta et descendit de son cheval. La jeune fille lui dit encore : « Attends-moi, je ne serai pas longue, mais il faut que j'annonce notre arrivée. – Fais donc pour le mieux », lui répondit Lancelot.

La jeune fille entra alors dans le corps du logis. Elle se précipita vers une salle assez haute et richement décorée, avec un bon feu de bûches dans la cheminée. Assise sur une chaise, devant une grande table où se trouvaient dispersés de nombreux livres et manuscrits, Morgane lisait. « Dame ! s'écria la jeune fille, je t'ai amené Lancelot du Lac ! Que doit-on faire de lui ? » Un large sourire éclaira le visage de Morgane. « Par Dieu tout-puissant, dit-elle, sois la bienvenue ! Tu m'as bien servie et je t'en félicite. Je vais te dire ce qu'il convient de faire : d'abord, le désarmer, et, quand ce sera l'heure du repas, faire dresser la table d'apparat et lui présenter de la nourriture à profusion. Voici un breuvage que j'ai préparé pour lui et que tu lui donneras à boire à la fin du repas. Il en goûtera la douceur et le prendra de bon cœur, mais quand il aura bu à satiété, nous pourrons agir avec lui comme bon nous semblera. » La jeune fille promit d'agir comme Morgane l'avait commandé, puis elle revint dans la cour, accompagnée de trois serviteurs.

« Tout est arrangé ! » dit-elle à Lancelot. L'un des serviteurs prit son cheval pour le loger à l'écurie. Les deux autres l'emmenèrent et le désarmèrent sous un orme, dans la cour. Puis, ils le conduisirent dans une grande salle et lui apportèrent un vêtement d'écarlate. Ils dressèrent ensuite les tables et y prirent place. Lancelot les imita, mais il ne posa aucune question sur la nature du logis, ni sur le maître des lieux, car il ne voulait pas passer pour un malappris. Quand il eut fini de se restaurer, on lui présenta la boisson que Morgane avait fait préparer pour lui dans une coupe d'argent. Il la trouva bonne et douce et la but avec grand plaisir, sans se douter qu'il était dangereusement trompé. Une fois repu, il s'étonna cependant d'éprouver une irrésistible envie de dormir, et pria la jeune fille de lui faire préparer un lit, car il lui tardait d'être couché.

« Seigneur, répondit-elle, il est déjà prêt. Tu peux aller te coucher quand il te plaira. » Il se leva aussitôt, mais sa démarche n'était pas assurée. Il se sentait comme un homme qui a perdu toute sa force physique à la suite d'un abus de boissons enivrantes. La jeune fille dut le tenir par le bras pour le conduire dans sa chambre. Là, il se coucha et s'endormit sur-le-champ. La jeune fille sourit, quitta la chambre après avoir refermé la porte et s'en alla trouver Morgane. « Dame, dit-elle, Lancelot est déjà couché et endormi. – J'en suis bien heureuse », répondit Morgane.

Elle sortit de sa chambre et prit dans une armoire une boîte qui contenait une poudre qu'elle avait également préparée spécialement pour lui. Elle vint alors à son chevet, et vit qu'il était plongé dans un sommeil si profond qu'on aurait eu bien de la peine à l'en tirer. Elle remplit alors de sa poudre un tuyau d'argent qu'elle plaça dans le nez de Lancelot, et elle souffla le contenu dans son cerveau. Cela fait, elle dit à la jeune fille : « Je me suis bien vengée de lui, car je pense vraiment qu'il ne retrouvera pas ses esprits tant que la vertu de cette poudre agira dans sa tête ! » Puis elle recueillit le reste de la poudre et le rangea soigneusement dans un écrin. « Elle peut encore être utile, dit-elle. – A quoi donc ? demanda la jeune fille. – Il faut prévoir l'avenir, répondit Morgane. Lorsqu'on ne verra pas revenir Lancelot à la cour du roi et quand on sera longtemps sans nouvelles de lui, les compagnons de la Table Ronde partiront à sa recherche, à travers toutes les terres du royaume. De plus, il a deux cousins, de très braves chevaliers, qui se nomment Lionel et Bohort. Pour l'affection qu'ils portent à Lancelot, je les déteste autant que je les crains. S'ils venaient ici, par hasard, je sais comment je les réduirais à ma merci. C'est pourquoi je range précieusement cette poudre dans un étui pour leur en servir si besoin est. »

Elle fit ensuite transporter Lancelot dans une vaste chambre fortifiée, qui avait bien dix toises de largeur et une vingtaine de longueur, munie de fenêtres de fer qui s'ouvraient sur le jardin. Elle fit dresser dans cette chambre une couche d'une grande beauté, comme si c'était le roi Arthur en personne qui devait s'y étendre. « C'est ici, dit Morgane, que Lancelot croupira désormais jusqu'à la fin de sa vie. » Et elle parut se réjouir fort de cette perspective.

Elle quitta ensuite la chambre, laissant Lancelot tout seul. Il dormit toute la nuit. Le matin, quand il se réveilla, il fut très perplexe de se retrouver en un tel lieu, sûr qu'il était de ne s'y être pas couché la veille au soir. « Comment suis-je venu ? » se demanda-t-il. De plus, il se sentait malade et mal en point. Il lui semblait que la maison tournait autour de lui et il ne savait que faire. Il se doutait bien qu'il ne pourrait pas chevaucher dans cet état mais, ne voyant personne venir, il commença à s'inquiéter. Se levant avec difficulté, il alla vers la porte en titubant, mais elle était fermée. Il revint s'allonger sur le lit et resta ainsi, sans force, jusque vers l'heure de midi.

C'est alors que Morgane vint regarder à travers l'une des fenêtres de fer pour savoir s'il dormait. Quand elle le vit malade, elle dit à la jeune fille qui était avec elle : « Ma boisson a fait son effet, et je ne pense pas que Lancelot ait jamais la force de se lever. Va donc le trouver, demande-lui comment il va, mais garde-toi bien de lui dire qu'il est en prison : s'il le savait, je pense qu'il en mourrait de douleur. »

Elle rentra dans le logis et vint à la chambre forte dont elle ouvrit la porte. Elle le trouva très pâle et épuisé, et lui demanda comment il allait. « Très mal, dit-il. Je serais incapable de me tenir à cheval. – Tu peux donc rester au lit, lui dit-elle, car dans l'état où tu es, tu ne pourras pas partir aujourd'hui. – Tu as raison. Même si je le voulais absolument, je n'aurais pas la force de chevaucher. »

Lancelot demeura ainsi un mois entier avant de savoir qu'il était en prison. Quand Morgane apprit qu'il était guéri, elle dit à la jeune fille de le renseigner sur son sort. Celle-ci entra donc dans la chambre forte, et Lancelot lui demanda quand elle comptait l'emmener où elle avait dit qu'il y avait une aventure.

« Il n'est pas possible de sortir, avoua la jeune fille en rougissant. Il te faudra rester dans cette prison. » Lancelot se mit en colère : « Comment cela ? Que signifie cette diablerie ? Jeune fille, pourquoi m'as-tu ainsi trahi alors que je te faisais confiance ? – J'y ai été contrainte, balbutia-t-elle. – Et par qui donc, je te prie ? – Par ma dame. – Et qui est ta dame ? – Morgane, sœur du roi Arthur. » Lancelot se mit à rire, mais son rire était rempli d'amertume. « Encore elle ! s'écria-t-il. Il est vrai que j'aurais dû m'en douter ! Et pour quelle raison ta maîtresse me retient-elle dans cette prison ? – Ce n'est pas à moi qu'il faut le demander ! » répondit la jeune fille. Et quelque peu confuse, elle se fit ouvrir la porte depuis l'extérieur, et quitta Lancelot.

Il resta enfermé de septembre à Noël. Après Noël, quand le froid fut passé, un jour, Lancelot alla s'accouder à l'une des fenêtres de fer, d'où l'on avait vue sur le palais. Ouvrant le vitrail, il vit un homme qui peignait une histoire des anciens temps, avec une inscription sous chaque image. Il comprit que c'était l'histoire d'Enée et sa fuite de Troie. Il songea alors que si sa chambre était peinte de ses propres actions, il aurait grand plaisir à admirer les comportements de Guenièvre, et ce serait un grand allégement à ses maux.

Il demanda au vieillard qui peignait de lui donner quelques-unes de ses couleurs pour faire un tableau dans sa chambre ; et l'autre, n'y voyant aucun mal, accepta volontiers et lui fournit les instruments indispensables. Lancelot prit le tout et referma le vitrail, pour qu'on ne le vît point. Il peignit d'abord la scène où la Dame du Lac l'envoya à la cour d'Arthur, celle où il y arriva et où il fut ébloui par la beauté de Guenièvre, et celle où il alla porter secours à la Dame de Nohant. Il occupa ainsi toutes ses journées à ce travail :

les peintures étaient si parfaites et si bien dessinées qu'on eût dit qu'il n'avait fait que cela durant toute sa vie.

Mais, tous les soirs, vers minuit, Morgane venait le voir quand il était endormi. Elle l'aimait d'un violent amour, plus qu'aucune femme ne peut aimer un homme. Elle souffrait de ses refus et elle le retenait prisonnier non par haine, mais s'accrochant à la pensée qu'un jour il vaincrait ses répugnances et la prendrait pour amie. Lancelot était le seul homme qu'elle eût jamais aimé d'un amour profond et absolu. Mais, à voir les peintures que Lancelot avait faites, et qu'elle déchiffrait sans peine, elle sombrait dans la mélancolie. Tant que Lancelot aimerait la reine Guenièvre, il ne la regarderait pas, et son pouvoir magique demeurerait sans effet. Tout au plus aurait-elle pu prendre, elle aussi, l'aspect de Guenièvre, et passer une nuit avec Lancelot. Mais Morgane savait très bien que l'effet de ses charmes ne durait pas. D'ailleurs, si elle désirait Lancelot, elle voulait également que Lancelot la désirât, elle, et non pas une autre femme dont elle prendrait l'apparence.

Chaque nuit, Morgane revenait donc contempler Lancelot endormi et découvrir les nouvelles peintures qu'il avait faites dans la journée. « Ma foi, dit-elle un soir à la jeune fille qui l'accompagnait, ce chevalier est une merveille ! Il est non seulement habile en l'art de chevalerie, mais dans tous les domaines. Vraiment, on voit que l'amour peut faire d'un homme rude un être intelligent et ingénieux. Je suis sûre que Lancelot n'aurait jamais exécuté de si belles peintures si la détresse amoureuse ne l'y avait poussé. Avec de tels dons, il est vraiment celui qu'on peut aimer sans honte. » Et, en lui montrant les différentes scènes, elle lui en expliquait la signification. « Je connais toute sa vie, dit-elle, mais d'autres ne la connaissent pas et s'imaginent qu'il est vertueux. Ces images sont le reflet de son âme et de toutes ses actions. Certes, je me garderai bien de relâcher Lancelot avant qu'il n'ait couvert ces murs de peintures. Je sais qu'il y représentera toute sa relation avec la reine Guenièvre, jusqu'au moindre détail, j'en suis convaincue. Alors, j'aurai un moyen de pression sur lui, car je pourrai, si je le veux, faire venir ici mon frère et lui montrer ces peintures. Ainsi, Arthur sera-t-il édifié sur la conduite de sa fidèle et tendre épouse ! » Et Morgane se mit à rire. « Voilà un plan qui risque fort de réussir », conclut la jeune fille. Elles sortirent alors et refermèrent soigneusement la porte.

Il en fut ainsi jusqu'au printemps. Pâques était déjà passé quand Lancelot vit refleurir le jardin qu'il apercevait de sa chambre forte. Les arbres étaient en feuilles et déjà chargés de fleurs odorantes ; les roses s'épanouissaient chaque jour devant sa fenêtre. Morgane, en effet, avait fait planter un beau verger afin qu'il soit bien aise de contempler ce spectacle. L'hiver lui avait pesé, mais il aurait été encore plus pénible pour lui sans les peintures et les portraits dont il avait recouvert les murs de sa chambre. Il n'avait rien oublié, il avait tout représenté de façon saisissante. Et chaque matin, à son lever, il venait à chacune des images de la reine, les baisait tendrement sur les yeux et sur la bouche, comme si elle eût été présente charnellement. Mais le moment d'extase passé, il pleurait et se désolait à fendre l'âme. Et, après s'être ainsi lamenté, il revenait aux images qui lui tenaient le plus à cœur, les baisait, leur rendait les plus grands honneurs, puis reprenait courage pour une partie de la journée : voilà le seul remède qui convenait à sa solitude et à sa longue captivité.

Ainsi, en ce début de mai, quand il vit les arbres couverts de feuilles et de fleurs, la verdure qui lui réjouissait le cœur, et la rose chaque jour épanouie, le souvenir de Guenièvre se fit encore plus précis. La rose, n'était-ce pas le visage de celle qu'il aimait de toutes ses forces ? Laquelle préférait-il des deux ? Qui, de la rose ou de Guenièvre, avait le plus d'éclat ? Et le jeu subtil des comparaisons sans cesse remises en cause le transportait dans un état de ravissement tel qu'il en oubliait l'existence du monde extérieur.

Un dimanche matin, Lancelot se leva dès qu'il entendit chanter les oiseaux. Il s'approcha de la fenêtre aux barreaux de fer, s'accouda pour admirer l'herbe tendre et resta là, immobile, jusqu'à ce que le soleil se fût répandu à travers le jardin. Il contempla le rosier et vit une rose nouvellement éclose, encore plus belle que toutes les autres. « C'est ainsi, pensa-t-il, qu'un jour j'ai vu Guenièvre pour la première fois, plus belle que toutes les autres femmes, lorsque je suis arrivé à la cour d'Arthur. Aussi, puisque je ne peux hélas avoir Guenièvre dans mes bras, il me faut cette rose ! »

Il passa sa main à travers les barreaux de la fenêtre et tendit son bras pour atteindre la rose. Mais elle était trop loin, et il ne put y parvenir. Il retira alors sa main et, considérant les barreaux, constata qu'ils étaient d'une solidité à toute épreuve. Mais, brusquement, il se rappela comment, dans la cité de Gorre, il avait tordu les barreaux de la fenêtre qui le séparait de Guenièvre. « Quoi ! s'écria-t-il, cette forteresse m'empêcherait de satisfaire mon désir ? Par Dieu tout-puissant, je prétends que non ! » Il saisit alors deux des barreaux de ses deux mains, les tira avec tant de force qu'il les brisa, et les jeta au milieu de sa chambre. La peau de ses doigts en était toute déchirée, et le sang coulait sur le sol, mais il ne s'en souciait nullement. Il se glissa à travers la fenêtre, sortit de sa prison, marcha vers la rose. Pour l'amour de Guenièvre, il la baisa longuement, la porta à ses yeux, à sa bouche et la serra contre sa poitrine, à même la chair.

Il était libre. Il marcha vers le donjon dont la porte était ouverte, y pénétra, y découvrit des heaumes, des hauberts et des armes à profusion. Il s'arma sans tarder du mieux qu'il put et saisit une épée posée sur un coffre. Une fois sorti du donjon et équipé contre tout éventuel adversaire, il erra de salle en salle et finit par découvrir deux destriers fougueux et rapides qui se trouvaient à l'attache dans les écuries. Il passa une selle sur celui qui lui parut le meilleur, et ne perdit pas son temps : sautant sur le dos de l'animal, il se dirigea vers la porte. On était encore de si bon matin que personne n'était levé, sauf le gardien de la grande porte du château. Il fut bien surpris en voyant ce chevalier inconnu lui demander d'ouvrir. Il se garda bien cependant de refuser d'obéir, car l'inconnu avait une allure farouche et résolue. Quand la porte fut ouverte, il piqua des deux et partit au galop, empli d'une joie intense, désireux de mettre le plus de distance entre lui et le maudit château où Morgane l'avait tant fait souffrir.

Mais il était à peine dans la vallée qu'il s'arrêta net, pensant soudain qu'il lui fallait retourner au château pour châtier durement Morgane de son forfait. N'avait-il point le droit de mettre un terme à sa vie après ce qu'elle lui avait fait subir ? « Hélas, non, ce n'est pas possible, se dit-il, regagnant malgré tout le château à petite allure, c'est une femme et c'est la sœur de mon roi. »

« Ami très cher, lança-t-il au portier, tu diras à ta dame que Lancelot du Lac sort d'ici, qu'il la salue comme il se doit en tant que femme de sang royal, qui s'est montrée cependant la plus déloyale de toutes les femmes. Sache donc que, sans l'affection indéfectible que j'éprouve pour le roi Arthur, je l'aurais châtiée comme le mérite une traîtresse. Voilà le message que je te charge de lui transmettre ! » Et Lancelot, faisant demi-tour, s'élança vers la vallée.

Le portier, ayant du mal à comprendre ce qui venait de se passer, se hâta d'exécuter sa mission. Outrée par les propos tenus par Lancelot, Morgane passa sa chemise et se précipita dans la chambre où elle avait enfermé son prisonnier. La voyant vide, elle donna libre cours à son indignation. « Nous avons été joués d'une impardonnable façon ! » s'exclama-t-elle, se tordant les mains de désespoir. C'est alors que jetant les yeux sur la fenêtre, elle aperçut les barreaux brisés et les traces de sang qui maculaient le sol. « Je n'en crois pas mes yeux ! maugréa-t-elle à l'intention de ses serviteurs. Regardez tous ce que ce diable a fait : il a rompu avec ses mains des fers d'une solidité à toute épreuve. Personne n'a jamais accompli pareil prodige ! » Mais ce que Morgane se garda bien de dire, c'est qu'au fond de son cœur, elle n'en aimerait désormais que davantage Lancelot du Lac.

Lancelot pendant ce temps poursuivait son chemin. Après avoir longé la vallée et traversé une belle forêt touffue, il était parvenu dans une prairie verdoyante, devant une tour où une trentaine de splendides pavillons de couleurs vives étaient dressés à l'abri de trois pins, montant haut dans le ciel. Plantés à égale distance les uns des autres, ils formaient un triangle. Au centre, avait été placé un trône d'ivoire recouvert d'une soie vermeille sur laquelle scintillait une couronne d'or imposante. Des dames et des chevaliers en armes, ou en pourpoint de soie brochée, menaient tout autour une ronde étrange, au son d'une musique divine jouée par des musiciens invisibles.

Emerveillé par ce spectacle, Lancelot arrêta sa monture sur une petite éminence qui dominait la clairière. Visiblement, les danseurs prenaient beaucoup de plaisir à leur jeu, car les rondes ne s'interrompaient pas et ne semblaient susciter chez eux la moindre fatigue. Lancelot remarqua alors qu'il y avait davantage d'hommes que de femmes, et parmi celles-ci, beaucoup qui paraissaient très jeunes et très enjouées. « Par Dieu tout-puissant ! se dit-il, voici spectacle bien surprenant ! Danser de si bonne heure et ne pas s'arrêter un instant est tout à fait inhabituel ! Comme ces gens paraissent heureux ! Que le diable m'emporte si je devine pourquoi ils font la fête ! »

Piquant des deux, Lancelot fit bondir son cheval dans leur direction, et dès qu'il fut près d'eux, il ressentit une joie intense, tout heureux de se trouver parmi eux, ne pensant plus qu'à participer lui-même à la joie collective. D'un seul coup, ses mois de prison chez Morgane s'effaçaient de ses pensées, son amour pour Guenièvre s'estompait même dans sa mémoire. Et pourtant, le refrain de la chanson que scandaient les danseurs y faisait nettement allusion : « Vraiment, vraiment, nous avons la plus belle reine de toutes les reines, la plus belle reine du monde ! » Alors, Lancelot mit pied à terre. Il attacha son cheval au tronc d'un arbre, s'avança vers les danseurs après avoir jeté sa lance et son bouclier, et entra dans la ronde en saisissant la main de la première fille qui passait à sa portée. Comme les autres, il se mit à chanter et à battre du pied. Comme les autres, il devint déluré et joyeux, prêt à continuer sans fin cette ronde enchantée, clamant à tue-tête avec ses compagnons : « Oui, vraiment, vraiment, nous avons la plus belle de toutes les reines du monde ! »

Quelqu'un d'autre cependant observait la scène sur la petite butte qui dominait la clairière. C'était Morgane, toute droite sur son cheval blanc, immobile telle une statue de pierre. Elle, au moins, ne se posait pas de questions sur ce qu'elle voyait. Abandonnant soudain son attitude pétrifiée, elle éclata d'un grand rire, puis fit faire demi-tour à sa monture. Comme elle se disposait à repartir, elle aperçut un vieillard qui venait à pied dans la clairière. Intriguée, elle retint son cheval et, de ses yeux perçants, scruta la silhouette de l'inconnu. Revêtu d'un grand manteau blanc et noir, sa chevelure toute blanche et abondante flottant sur les épaules, il marchait lentement, s'appuyant sur un long bâton fourchu. Il avait maintenant atteint les danseurs et passait au milieu d'eux, apparemment indifférent à ce qui se passait. Il alla directement vers Lancelot et le saisit par un pan de son haubert. « Seigneur, dit-il, il est grand temps de quitter cette danse et de t'en aller ! » Lancelot se retourna, l'air furieux : « De quoi te mêles-tu, vieil homme ! s'écria-t-il. Que tu aies passé l'âge de danser ne t'autorise pas pour autant à importuner ceux qui peuvent en jouir ! Laisse-moi en paix et va dormir dans la forêt ! »

Le vieillard n'insista pas. Il reprit sa marche hésitante à travers le cercle des danseurs, traversa de nouveau la clairière et se perdit dans les profondeurs des bois.

Intriguée, Morgane sauta à terre. Elle prit son cheval par la bride, l'emmena à l'écart pour l'attacher au tronc d'un bouleau et, à demi masquée par les branches, continua d'observer la scène. Lancelot s'ébattait toujours et tapait du pied. Un léger sourire aux lèvres, elle se dit alors qu'il était plutôt piquant de voir le redoutable Lancelot du Lac se conduire comme un petit garçon échappé pour la première fois des jupes de sa mère !

Mais comme le temps passait et que le soleil commençait à décliner, le persiflage de Morgane se changea peu à peu en agacement, puis en inquiétude, jusqu'au moment où, voyant soudain ce qu'elle redoutait, elle se mit à frémir : le vieillard, traversant la clairière, revenait de son même pas tranquille. Il s'avança vers Lancelot et, de son bâton, le frappa sur l'épaule. Exaspéré, Lancelot se retourna : « Encore toi, vieil homme ! Ne t'ai-je pas dit de me laisser en paix ? » Et il se remit à danser de plus belle, criant à gorge déployée : « Vraiment, vraiment, nous avons la plus belle reine de toutes les reines du monde ! »

C'est alors qu'une jeune fille s'approcha de Lancelot et lui dit : « Seigneur, c'est bientôt l'heure du souper. S'il te plaît, prends place sur ce trône, et nous poserons la couronne sur ta tête ! » Lancelot répliqua vertement qu'il n'avait nulle envie de s'asseoir sur le trône, pas davantage qu'on le couronnât. D'ailleurs, il n'avait pas faim et ne souhaitait que s'amuser et rire. Et déjà il avait regagné la ronde et hurlait le refrain.

La poigne du vieillard s'abattit d'un seul coup sur l'épaule de Lancelot qui, guidé par une force irrésistible, se retrouva devant le trône et s'y assit malgré lui.

La jeune fille en profita pour poser la couronne sur sa tête et déclara : « Cher seigneur, tu peux dire maintenant que tu portes la couronne de ton père sur la tête ! » Elle n'avait pas plus tôt fini sa phrase que, du haut de la tour qui surplombait la clairière, une statue représentant un roi sur un cheval tomba et s'écrasa sur le sol si brutalement qu'elle éclata en mille morceaux. Morgane poussa un cri de rage, et instantanément dans la clairière toutes les danses et les musiques s'arrêtèrent. Quant aux danseurs, ils se précipitèrent vers Lancelot et se prosternèrent à ses pieds : « Seigneur, s'écrièrent-ils ensemble, sois béni entre tous sur cette terre, car tu viens de nous libérer du sortilège qui nous accablait ! » Alors Lancelot se leva, ne comprenant pas bien ce qui s'était passé. Puis, sentant la couronne d'or sur sa tête, il la saisit et la jeta violemment sur le sol. « Mais je ne suis pas roi ! protesta-t-il, et n'ai par conséquent aucun droit sur cette couronne ! – Certes, intervint le vieillard qui l'avait obligé à s'asseoir sur le trône, tu n'es pas roi, Lancelot, mais ton père l'était. » Et sans en dire davantage, le vieillard s'éloigna, abandonnant hommes et femmes qui se pressaient autour du meilleur chevalier du monde, pour se diriger vers le tertre.

Morgane, comme il passait à côté d'elle, l'interpella à mi-voix : « Pourquoi ? demanda-t-elle, pourquoi es-tu intervenu ? Ces gens se croyaient tous heureux dans leur folie. Quel besoin avais-tu de te mêler de leurs affaires ? » Le vieillard s'arrêta, regarda Morgane et répondit d'un air absent : « Peut-être, peut-être... Mais les hommes sont parfois incapables de retrouver leur chemin. Il est alors nécessaire de leur indiquer leur voie au carrefour de leur destin. – Qui es-tu donc, vieillard ? demanda encore Morgane. D'où viens-tu et où vas-tu ? – Un vieillard de mon âge n'a plus de nom. Il vient de partout et ne s'en va nulle part. » Et, martelant le sol de son bâton fourchu, il se remit à cheminer.

Morgane, à pas lents, rejoignit son cheval, le détacha et monta sur son dos. Une infinie tristesse l'envahissait et l'angoisse lui étreignait le cœur. Lancelot était perdu pour elle, perdu à jamais. Jamais plus il ne retomberait dans ses pièges. En fait, elle le savait, c'est elle qui l'avait conduit au carrefour de son destin, c'est elle qui lui avait permis de choisir sa route là où il croyait devoir s'engager. Quelle étrange destinée était la sienne, si ambiguë, si paradoxale... Les larmes aux yeux, Morgane regarda le vieillard qui disparaissait lentement dans l'ombre de la forêt. Alors elle frissonna, et murmura tout bas : « Merlin... Ah ! Merlin [1] !... »

1. D'après la version dite de Gautier Map.

TABLE

Introduction :
L'ombre de Merlin 5

1. Le Val sans Retour 23
2. Notre-Dame de la Nuit 52
3. La Dame de la Fontaine 82
4. Les impossibles Sortilèges 112
5. Le Chevalier au Lion 143
6. La Princesse lointaine 183
7. Les vaines Aventures 202
8. Les Enchantements de Corbénic 229
9. La Fée des Brumes 245
10. Les Intrigues malheureuses 261
11. Le Siège Périlleux 278
12. Le Château de Morgane 292

4745

PCA – 44400 Rezé
Achevé d'imprimer en Europe (France)
par Maury-Eurolivres – 45300 Manchecourt
le 11 octobre 1999.
Dépôt légal octobre 1999. ISBN 2-290-04745-7

Éditions J'ai lu
84, rue de Grenelle - 75007 Paris
Diffusion France et étranger : Flammarion